Sammlung Vandenhoeck

V&R

Volker Sellin

Einführung in die Geschichtswissenschaft

2., durchgesehene Auflage

Vandenhoeck & Ruprecht

Volker Sellin ist o. Professor für Neuere Geschichte
an der Universität Heidelberg.

Die Deutsche Bibliothek – CIP Einheitsaufnahme

Sellin, Volker:
Einführung in die Geschichtswissenschaft / Volker Sellin. –
2., durchges. Aufl. –
Göttingen: Vandenhoeck und Ruprecht, 2001
(Sammlung Vandenhoeck)
ISBN 3-525-01358-2

Umschlagbild: Bruchstücke von Skulpturen der Berliner
Siegesallee im *Lapidarium.* © VISUM / Rudi Meisel.

© 2001, 1995 Vandenhoeck & Ruprecht in Göttingen.
http://www.vandenhoeck-ruprecht.de
Printed in Germany. Alle Recht vorbehalten.
Das Werk einschließlich seiner Teile ist urheberrechtlich
geschützt. Jede Verwendung außerhalb der engen Grenzen
des Urheberrechts ist ohne Zustimmung des Verlages
unzulässig und strafbar. Dies gilt insbesondere für
Vervielfältigungen, Übersetzungen, Mikroverfilmungen
und die Einspeicherung und Verarbeitung in elektronischen
Systemen.
Druck und Bindung: Hubert & Co., Göttingen.

Inhalt

Vorwort	7
Einleitung	9
1. Die historische Tatsache	17
2. Das historische Urteil	32
3. Quellen, Quellenkritik, Quelleneditionen	44
4. Archive, Bibliotheken, Museen	54
5. Frage und Antwort	69
6. Über Methode	83
7. Verstehen und Erklären	98
8. Die wissenschaftliche Literatur	113
9. Die Sprache des Historikers	125
10. Typus und Struktur	140
11. Mentalität und Ideologie	154
12. Geschichte und andere Geschichten	170
13. Über Objektivität	185
14. Vom Sinn der Historie	197
15. Weiterführende Literatur	211
Systematisches Register	219

Für Beate

Vorwort

Zum Nachdenken über geeignete Methoden der Einführung in die Geschichtswissenschaft haben mich über nahezu zwanzig Jahre hinweg meine Studenten in Stuttgart und Heidelberg immer wieder neu herausgefordert. Ihrer sei daher an dieser Stelle zuerst gedacht. Darüber hinaus habe ich während der Arbeit an diesem Buche von verschiedener Seite vielfältige Anregungen und Unterstützung erfahren. Mein besonderer Dank gilt Frau Dr. Francisca Loetz, die das Manuskript in einer ersten Fassung gelesen und mit hilfreichen Kommentaren versehen hat. Ebenfalls danke ich Frau cand. phil. Katja Becht und Herrn cand. phil. Hansjörg Schächtelin, die mir vor allem bei der Beschaffung der Literatur und bei der Verifikation von Daten geholfen haben. Frau Becht hat außerdem Korrektur gelesen. Frau Gerda Weißenbacher danke ich für das Schreiben des Manuskripts und für ihre Geduld gegenüber meinen ständigen Änderungswünschen, zu denen der Computer heute verleitet.

Schließlich danke ich Herrn Dr. Winfried Hellmann für die Aufnahme des Bandes in das Programm des Verlags Vandenhoeck & Ruprecht und für die Sorgfalt, mit der er ihn betreut hat.

Heidelberg, im Juli 1995   Volker Sellin

Einleitung

Noch eine Einführung in die Geschichtswissenschaft? Zugegeben: An Titeln dieser Art herrscht auf dem Buchmarkt kein Mangel. Angesichts der besonderen Schwierigkeit der Aufgabe könnte man sich jedoch ebensogut darüber wundern, daß es nicht noch mehr Versuche gibt, der damit verbundenen Herausforderung gerecht zu werden.

Wie eine Einführung beschaffen sein sollte, darüber gehen die Meinungen auseinander. Hartmut Boockmann hat sich in seiner »Einführung in die Geschichte des Mittelalters« zum Ziel gesetzt, »dem Studienanfänger« zu zeigen, »über welche Probleme diejenigen nachdenken, die sich mit mittelalterlicher Geschichte beschäftigen«; in diesem Sinne soll das Buch »ein Teilfach vorstellen«.[1] Winfried Schulze möchte mit seiner »Einführung in die Neuere Geschichte« »über inhaltliche und methodische Fragen der Beschäftigung mit dieser Epoche in knapper Form informieren«; zugleich soll das Buch »als Hilfsmittel dienen, wenn in der ersten Phase des Studiums Jahreszahlen und Namen, Buchtitel und Begriffe für Verwirrung sorgen«.[2]

Die vorliegende Einführung beruht auf einer anderen Konzeption. Das Reiten lernt man, indem man reitet, und der Reitlehrer gibt nur Ratschläge und Hinweise, wie man das Pferd in die Hand bekommt. Ganz ebenso soll auch der Leser dieses Buches dadurch wissenschaftlich zu denken und zu arbeiten lernen, daß er von Anfang an in die wissenschaftliche Argumentation hineingezogen wird. Ohne zuvor eine allgemeine Information über die Geschichtswissenschaft empfangen zu haben, wird er schon auf der ersten Seite gleichsam aufs Pferd gesetzt. Die Wissenschaft soll nicht dogmatisch, sondern im Vollzug des wissenschaftlichen Denkens selbst vermittelt und

---

1 Hartmut Boockmann, Einführung in die Geschichte des Mittelalters, München [5]1992, S. 10.
2 Winfried Schulze, Einführung in die Neuere Geschichte, Stuttgart [2]1991, S. 10.

angeeignet werden. Dementsprechend zielt das Buch auf die Einübung in die wissenschaftliche Praxis, allerdings nicht im Sinne praktischer Anleitung zur Lösung konkreter Probleme, sondern im Sinne einer Diskussion elementarer Fragen, die sich bei der Durchführung jeder geschichtswissenschaftlichen Aufgabe stellen. So wird zwar erörtert, warum es in einer wissenschaftlichen Abhandlung unabdingbar ist, die Nachprüfbarkeit der Ergebnisse sicherzustellen, und es werden die wichtigsten Verfahren genannt, die zu diesem Zweck entwickelt worden sind, aber die Technik im einzelnen – also etwa die Gestaltung des Anmerkungsapparats oder des Quellen- und Literaturverzeichnisses – wird nicht beschrieben.

In der Absicht, den Leser von Anfang an tatsächlich in die wissenschaftliche Auseinandersetzung hineinzuziehen, so daß er am Ende nicht so sehr ein allgemeines Grundwissen über die Geschichtswissenschaft erlangt, als vielmehr wissenschaftliches Denken eingeübt und wissenschaftliche Argumentationsformen kennengelernt hat, folgt die vorliegende Einführung folgenden Grundsätzen:

1. Die Darstellung präsentiert nicht in systematischer Anordnung ein von anderen erarbeitetes Wissen, sondern sie entfaltet einen Argumentationsgang, in dem ein Gedanke aus dem anderen entwickelt und unter Umständen auch Fährten verfolgt werden, die sich später als Sackgassen erweisen können. Der Leser begleitet den Prozeß der Suche nach brauchbaren Lösungen.

2. Ausgangspunkt ist grundsätzlich die Vorstellungswelt dessen, der eingeführt werden soll. Daher werden geschichtswissenschaftliche Probleme immer wieder aus Alltagserfahrungen entwickelt oder an Beispielen aus der Literatur erläutert: das einfühlende Verstehen etwa an der Tötung der Desdemona durch Othello, das Phänomen der Ideologie an der Fabel vom Bauern und dem Esel. Außerdem wird versucht, die von Menschen gestaltete Wirklichkeit, in der wir leben, vor allem die gebaute Umwelt, als eine historisch gewordene sehen zu lehren. In dieser Hinsicht kann das Buch nicht ganz verleugnen, daß es aus Vorlesungen an der Universität Heidelberg hervorgegangen ist. Die Bezugnahme auf das Heidelberger Stadtbild beispielsweise kann jedoch selbstverständlich sinngemäß auf jede beliebige andere Stadt übertragen werden; worauf es an der betreffenden Stelle ankommt, ist nichts ande-

res, als den Blick dafür zu schärfen, daß Städte und Gebäude, ganz gleich wann sie errichtet worden sind, immer auch etwas über ihre Entstehungszeit und ihre Entstehungsumstände aussagen. Im übrigen kommen auch andere historische Denkmäler zu ihrem Recht: der Kölner Dom zum Beispiel, das Siegestor in München, das Kloster Cluny oder die Kirche S. Maria degli Angeli in Rom. Ob im übrigen die Sammelleidenschaft der spätmittelalterlichen und frühneuzeitlichen Fürsten an der Gemäldesammlung Franz' I. in Fontainebleau oder an der einst weltberühmten Bibliotheca Palatina der Kurfürsten von der Pfalz verdeutlicht wird, bleibt sich gleich, wenn nur einsichtig wird, daß solchen Sammlungen die Erhaltung wertvollen Kulturguts zu verdanken ist und daß späterhin bedeutende Museen und Bibliotheken aus ihnen hervorgegangen sind. Die historischen Beispiele werden nach Möglichkeit aus Bereichen gewählt, die auch dem Nichthistoriker wenigstens in Umrissen vertraut sein dürften: etwa aus der Geschichte der Amerikanischen Unabhängigkeitsbewegung, der Französischen Revolution oder der deutschen Sozialgeschichte im Zeitalter der Industrialisierung. In jedem Fall werden die Beispiele so präsentiert, daß ihre jeweilige Funktion für den Gang der Argumentation auch ohne Vorkenntnisse verstanden werden kann. Ganz bewußt sind in ganz unterschiedlichen Zusammenhängen nach Möglichkeit immer wieder dieselben Beispiele gewählt worden, um auf solche Weise an bereits Bekanntes anzuknüpfen.

3. Ein leitendes Prinzip der Darstellung bildet der Gedanke, daß der Leser sich immer auf der Höhe der Argumentation wissen muß. Wenn, wie René Descartes einst schrieb, der gesunde Menschenverstand in allen Menschen gleich ist, dann lassen sich die methodischen Grundprobleme der Geschichtswissenschaft auch in einer Einführung in ihrem vollen Gewicht darstellen. Auf die Erörterung von Ausnahmen oder Besonderheiten und die zugehörigen wissenschaftlichen Kontroversen kann im allgemeinen ohne Einbuße an Substanz verzichtet werden. Die Ausbreitung von Gelehrsamkeit wirkt ohnehin eher abschreckend. Daher werden auch nur ganz selten Autoren der Gegenwart zitiert, auch wenn sie für einen wichtigen Sachverhalt eine noch so treffende Formulierung gefunden haben. Das Buch möchte durch das Argument und nicht durch die Berufung auf Autoritäten überzeugen.

4. Um den Leser auf der Höhe des Gedankengangs zu halten, wird den zahlreichen historischen Beispielen nicht nur die Funktion zugewiesen, einen zuvor behaupteten Tatbestand nachträglich zu erläutern oder zu illustrieren, sondern es wird immer wieder versucht, die Notwendigkeit einer methodischen Reflexion erst aus den Schwierigkeiten der Deutung und Interpretation zu entwickeln, welche die empirischen Beispiele von sich aus darbieten. Nicht wenige Probleme lassen sich überhaupt nur am Gegenstand demonstrieren: etwa verschiedene Sprachebenen, auf denen derselbe Sachverhalt beschrieben werden kann (Kapitel 9), oder die Möglichkeit, daß jemand die falschen Fragen stellt (Kapitel 5). Wichtiger als die systematische und erschöpfende Diskussion methodischer und theoretischer Fragen erscheint in jedem Fall die Anschaulichkeit und die Nähe zur Anwendung. Abstrakte theoretische Erörterungen, die mit der historischen Wirklichkeit nicht vermittelt sind, eignen sich nicht zur Einführung in die Geschichtswissenschaft. Aus all diesen Gründen wurde den empirischen Beispielen ein breiter Raum zugestanden.

5. Die Gliederung orientiert sich an den praktischen Erfordernissen historischer Forschung bis hin zur schriftlichen Fixierung der Ergebnisse. Über die Beispiele wird jedoch gleichzeitig versucht, unter der Hand ein möglichst breites Spektrum von Methoden und Teildisziplinen der Geschichtswissenschaft vorzustellen: unter den Methoden etwa die historisch-philologische, die serielle oder die biographische Methode, dazu die *Oral History*; unter den Teildisziplinen unter anderem die politische Geschichte, die Sozialgeschichte, die Strukturgeschichte, die Begriffsgeschichte, die Mentalitätsgeschichte. Hierbei Vollständigkeit oder auch nur Ausgewogenheit anzustreben, hätte wiederum der Konzeption widersprochen, vor allen Dingen zu selbständigem wissenschaftlichen Denken anzuregen.

6. Um den Charakter eines Kompendiums auszuschließen, wird ganz darauf verzichtet, die gängigen Hilfsmittel, die fundamentalen Entwicklungen, die zentralen Begriffe oder die jüngsten Kontroversen der Geschichtswissenschaft vorzustellen. Eine solche Vorstellung bliebe notwendig vorläufig. Die hier versuchte Einführung möchte den Eindruck jedoch gerade vermeiden, daß sie nur vorläufige Einsichten vermittle und

daß der Autor dem Leser in Bezug auf das, was er vorträgt, kraft seines Wissens weit überlegen sei.

7. Der Kompetenz des Autors entsprechend, sind die Beispiele sämtlich der Geschichte der Neuzeit entnommen. Die Konzentration auf methodische Grundfragen und der Verzicht auf die systematische Vorstellung von Hilfsmitteln und Teilgebieten rechtfertigen es dennoch, dieses Buch als Einführung in die Geschichtswissenschaft schlechthin und nicht nur als Einführung in die Neuere Geschichte anzusehen. Denkweisen und Argumentationsformen sind in allen Bereichen der Geschichte dieselben, und diese zu vermitteln, ist das eigentliche Anliegen der Einführung.

8. Das Buch ist in der Überzeugung geschrieben, daß nicht so sehr irgendwelche handwerklichen Kenntnisse, sondern neben einem kritischen Verstand vor allem Phantasie und Erfindungskraft die wichtigsten Voraussetzungen für jede historische Arbeit bilden. Die Wissenschaft ist eine Leistung der Subjektivität. Der Historiker allein prüft, begreift, vergleicht und urteilt. Die Geschichte präsentiert sich nicht von selbst. Vielmehr muß man sie befragen, man muß ihr mit immer wieder neuen Methoden zu Leibe rücken, um sie zum Sprechen zu bringen. Dem Leser Mut zu machen, hierbei seinen eigenen Verstand und seine Phantasie einzusetzen und seinen Zweifeln wie seinen Ideen zu vertrauen, ist vielleicht die wichtigste Aufgabe einer Einführung in die Geschichtswissenschaft.

Auch wenn diese Einführung nicht die Absicht verfolgt, die heutige Geschichtswissenschaft in ihren Grundzügen vorzustellen, so erscheinen Konzeption und Aufbau doch dazu geeignet, einen genauen Begriff von Arbeitsweise und Verfahren des Historikers zu vermitteln. Auf solche Weise mit der geschichtswissenschaftlichen Praxis vertraut zu werden, muß dem Anfänger besonders dringlich erscheinen, denn er möchte wissen, worauf er sich mit dem Studium der Geschichte einläßt, oder vielleicht auch, ob er sich wirklich darauf einlassen soll.

Das Buch setzt nichts voraus als die Bereitschaft, die vorgetragenen Gedankengänge mitzudenken. Entsprechend der skizzierten Konzeption möchte es ohnehin mehr Zwiesprache mit dem Leser sein als Abhandlung im eigentlichen Sinne. Am Anfang steht eine Vergewisserung über Tatsache und Urteil – die Grundbestandteile jeder historischen Aussage; das Urteil bezieht sich auf Tatsachen; Tatsachen sind historische Tatsachen nur kraft eines Urteils, das sie dazu macht (Kapitel 1 und 2). Grundlage alles historischen Wissens sind Quellen; deren Verfügbarkeit versteht sich nicht von selbst; sie müssen gesucht und kritisch gesichtet werden (Kapitel 3 und 4). Die Quellen sprechen nicht für sich; sie müssen gezielt befragt werden; die Aussagen der Quellen sind ebensoviele Antworten auf die Fragen des Historikers (Kapitel 5). Um Quellen zum Sprechen zu bringen, bedarf es der Anwendung geeigneter Methoden; deren Zahl ist prinzipiell unbegrenzt (Kapitel 6). Das methodische Ziel der Geschichtswissenschaft besteht darin, Aussagen und Handlungsmotive zu verstehen und Ereignisse und Prozesse zu erklären (Kapitel 7). Um die Ergebnisse der Forschung festzuhalten und anderen zur Verfügung zu stellen, müssen sie nach bestimmten Regeln niedergeschrieben werden; diese Regeln muß man auch kennen, wenn man die in der wissenschaftlichen Literatur ausgebreiteten Forschungsergebnisse anderer für sich selbst fruchtbar machen möchte (Kapitel 8). Um sich anderen verständlich zu machen, muß der Historiker sich um eine Sprache bemühen, die den Abstand zur Vergangenheit überbrückt, die also gegenstandsadäquat bleibt, ohne nur dem Eingeweihten zugänglich zu sein, und zeitgemäß, ohne zugleich anachronistisch zu werden (Kapitel 9). Zu den wichtigsten Verfahren, um die Mannigfaltigkeit des Gegebenen zum Zwecke der Erkenntnis zu organisieren, zählen die Bildung von Typen und die Herausarbeitung von Strukturen (Kapitel 10). Eine Schwierigkeit eigener Art bildet die Interpretation von Selbstaussagen der geschichtlichen Akteure über ihr Tun und ihre Motive; daher ist Mentalitäten und Ideologien ein eigenes Kapitel gewidmet (Kapitel 11).

Zur Praxis der Wissenschaft gehört auch die Beseitigung von Hindernissen, die sich namentlich am Anfang auftürmen und den Historiker mitten in der fruchtbarsten Arbeit vom Wege abführen können. Von einem dreifachen Zweifel ist die Rede: dem Zweifel, ob die Geschichte überhaupt einen spezifischen Gegenstand habe (Kapitel 12); dem Zweifel, ob die Geschichtswissenschaft, wie man zu sagen pflegt, objektiv und insofern wirklich eine Wissenschaft sei (Kapitel 13); und schließlich dem Zweifel, ob diese Wissenschaft irgendeinen praktischen Sinn habe (Kapitel 14).

Der Anmerkungsapparat beschränkt sich auf die Nachweise von Zitaten. Außer den englischen wurden alle fremdsprachlichen Zitate eingedeutscht. Wird als Nachweis gleichwohl der fremdsprachliche Originaltitel genannt, stammt die Übersetzung vom Verfasser.

In den Literaturhinweisen am Ende jedes Kapitels finden sich die bibliographischen Angaben zu den im Text genannten Titeln sowie Lektüreempfehlungen zu den wichtigsten historischen Beispielen. Gesichtspunkte der Auswahl waren hierbei Zugänglichkeit, Verständlichkeit, Ausgewogenheit des Urteils und Konzentration der Darstellung auf das Wesentliche. Von wenigen Ausnahmen abgesehen, wird für jeden Problemkreis nur ein Titel genannt. Aufsätzen und Lexikonartikeln wird grundsätzlich der Vorzug vor Büchern gegeben, es sei denn, daß Handbücher mit weiterführenden Literaturangaben empfohlen werden können. Sind dieselben Titel für mehrere Kapitel von Bedeutung, werden sie jeweils erneut aufgeführt.

Literaturhinweise zu den methodischen Fragen finden sich in dem bibliographischen Essay am Ende des Bandes. Entsprechend der Konzeption dieser Einführung beschränkt sich die Auswahl auch dort auf solche Titel, die sich für den Anfang eignen.

1.
Die historische Tatsache

Die Geschichtswissenschaft, so kann man sagen, dient der Erforschung der Vergangenheit. Die Vergangenheit ist ein wirklich abgelaufenes Geschehen, das sich ohne unser Zutun vollzogen hat, ein Meer von Tatsachen, die sich teils gleichzeitig, teils nacheinander ereignet haben. Die Ermittlung von Tatsachen erscheint demnach als eine vordringliche, vielleicht als die zentrale Aufgabe der Geschichtswissenschaft.

Tatsachenerkenntnis ist offenbar das Kennzeichen jeder empirischen Wissenschaft; der Bezug auf Tatsachen wäre somit geradezu der Ausweis der Wissenschaftlichkeit im Gegensatz zur bloßen Vermutung, zur unbewiesenen Behauptung, zum Ausdruck eines Wünschens und Wollens oder aber zur moralischen oder rechtlichen Bewertung. Was geschehen *ist*, will das Publikum vom Historiker wissen, nicht was er meint, daß hätte geschehen sollen, aber auch nicht, ob er das Geschehene für gut oder schlecht hält.

Die Hochschätzung der Tatsache findet sich auch außerhalb der Wissenschaft. Wenn Tatsachen einen so hohen Rang besitzen, muß dasjenige Argument besonders durchschlagend erscheinen, das sich auf Tatsachen berufen kann. Das soll an einem Beispiel demonstriert werden, und zwar an einem Text aus dem Jahr 1776; sein Verfasser heißt Thomas Jefferson; sein Titel: »Declaration of Independence«. Erklärt wurde die Unabhängigkeit der dreizehn amerikanischen Kolonien – bzw. jetzt: Staaten - vom Mutterland, also Großbritannien.

Für diese Erklärung hätte ein einziger Satz genügt. Daß der Text tatsächlich aus sehr vielen Sätzen besteht, hängt damit zusammen, daß der Schritt der dreizehn Kolonien gerechtfertigt werden mußte. Die Rechtfertigung war aus zwei Gründen erforderlich: Zum einen brauchten die Befürworter der Loslösung von Großbritannien eine möglichst breite Unterstützung im eigenen Lande, denn die Amerikaner waren über dieser Frage durchaus gespalten; zum andern hoffte man auf die Hilfe des Auslands, vor allem Frankreichs, im Unabhängigkeitskrieg, aber man konnte nicht erwarten, daß die monarchische Regierung dieses Landes Rebellen und Rechtsbrecher unterstützen würde. Also mußte man beweisen, daß der Rechtsbruch von der Gegenseite ausgegangen war.

Die Rechtfertigung der Unabhängigkeitserklärung bedient sich zweier Klassen von Argumenten. Am bekanntesten ist der philosophisch-naturrechtliche Argumentationsgang in der Tradition von John Locke. Danach haben die Menschen sich vor unvordenklicher Zeit Regierungen gegeben, damit diese ihre unveräußerlichen Rechte schützen. Zu diesen Rechten zählt Jefferson »Life, Liberty and the pursuit of Happiness«.[1] Verfehlt eine Regierung diese Aufgabe, so haben die Menschen das Recht und die Pflicht, sich eine neue Regierung zu schaffen. Die andere Klasse von Argumenten ist juristisch, und zwar im Sinne ständischer oder mittelalterlicher Rechtstraditionen. Entsprechend diesen Traditionen war das Verhältnis zwischen Fürst und Untertan ein Verhältnis wechselseitiger Verpflichtung: Der Untertan schuldete Gehorsam, der Herrscher Schutz. Versagte der Herrscher seinen Schutz, so entfiel auch die Gehorsamspflicht des Untertanen. Er wurde frei.

Entsprechend diesem Gedankengang mußte Jefferson also belegen, daß König Georg III. von England seine Herrscherpflichten verletzt und seinen amerikanischen Untertanen seinen Schutz entzogen habe. Um sein Plädoyer möglichst durchschlagend zu gestalten, stellte er eine lange Liste königlicher Verfehlungen zusammen. Die Liste wird mit den folgenden beiden Sätzen eingeleitet:

»The history of the present King of Great Britain is a history of repeated injuries and usurpations, all having in direct object the establishment of an absolute Tyranny over these States. To prove this, let Facts be submitted to a candid world.«[2]

Tatsachen also sollten beweisen, daß Georg III. das Recht gebrochen und seine Herrscherpflichten verletzt habe.

---

1 The Declaration of Independence, July 4, 1776, in: Hans Hochuli/Hans Gustav Keller (Hg.), Der Aufbau der Vereinigten Staaten von Amerika, Bern ²1960, S. 49.
2 Ebd., S. 50.

Greifen wir aus der Liste eine Tatsache heraus, die einen zentralen Streitpunkt bezeichnet: »He has combined with others to subject us to a jurisdiction foreign to our constitution, and unacknowledged by our laws; giving his Assent to their acts of pretended legislation.« Es folgt eine Aufzählung der Materien dieser Gesetzgebung. Darunter findet sich unter anderem der Satz: »For imposing taxes on us without our Consent«.[3]

Die »Anderen«, mit denen sich Georg III. verbündet haben soll, waren das britische Parlament, und die Auferlegung von Steuern ohne Zustimmung der Amerikaner bezieht sich auf das Stempelsteuergesetz, den Stamp Act von 1765.

Ist das nun eine Tatsache, die den Treubruch des Königs beweist?

Unzweifelhaft richtig ist, daß das britische Parlament den Stamp Act beschlossen und der König seine Zustimmung gegeben hatte. Aber das ist nicht der springende Punkt, denn Gesetze zu machen, war die Aufgabe des Parlaments. Entscheidend ist vielmehr, daß Jefferson dem britischen Parlament das Recht bestreitet, Gesetze zu machen, die den amerikanischen Kolonien Steuern auferlegen. Das heißt aber, die Tatsache, die Jefferson hier anführt, beweist nicht als solche die Missetat des Königs, sondern nur unter der Voraussetzung, daß man die Rechtsauffassung der aufständischen Amerikaner teilt, wonach das britische Parlament sie nicht besteuern dürfe.

Mit anderen Worten: Das Faktum, die Tatsache, für sich genommen beweist gar nichts, es sei denn im Lichte einer bestimmten Interpretation. Plötzlich erscheint somit Jeffersons Berufung auf die Tatsachen wie ein Propagandamanöver, das auf die Hochschätzung von Tatsachen im allgemeinen Bewußtsein spekulierte, während er in Wahrheit nur eine Rechtsauffassung vortrug – also etwas Subjektives, jedenfalls etwas Bestreitbares, eine bloße Rechtsmeinung.

Kann man diese Beobachtung verallgemeinern? Gilt allgemein, daß Tatsachen nichts sind ohne ihre Deutung, und daher – für sich allein genommen – auch nichts beweisen können?

---

3 Ebd., S. 51.

Man muß das Problem auch von einer anderen Seite her beleuchten. Das britische Parlament hat zwischen – sagen wir – 1763 und 1776 unzählige Beschlüsse gefaßt. Von diesen erwähnt die Declaration of Independence nur ganz wenige, darunter eben den Stamp Act. Der Grund dafür war, daß die Amerikaner in diesem Fall die Kompetenz des Parlaments bestritten. Ohne diese Rechtsauffassung hätte kein Grund bestanden, den Stamp Act zu erwähnen, so wie ja auch die meisten anderen Beschlüsse des Parlaments nicht erwähnt werden.

Die Frage, die sich aufdrängt, ist nun: Verhalten sich die Historiker wie Jefferson in der »Declaration of Independence«? Das würde bedeuten, sie berufen sich auf unbezweifelbare Tatsachen und geben sich damit den Anschein besonderer Glaubwürdigkeit. Sie greifen sich aus dem Meer der Tatsachen in der Vergangenheit aber nur diejenigen heraus, mit denen sie eine bestimmte Auffassung über einen Gegenstand glauben untermauern zu können. Geschichtsschreibung gliche dann einem Plädoyer für eine bestimmte Geschichtsauffassung. Andere Historiker würden wenigstens teilweise andere Tatsachen anführen, um eine abweichende Auffassung zu begründen.

In jedem Fall bezöge die einzelne Tatsache ihre Bedeutung aus einem Interpretationszusammenhang, in dem ihr ein bestimmter Platz zugewiesen wird. Bloß als solche, für sich genommen, wäre die Tatsache, so könnte es scheinen, wertlos, bedeutungslos. Sie würde dem Vergessen anheimgegeben. Statt sich für die möglichst vollständige Aufklärung der Vergangenheit einzusetzen, wäre der Historiker demnach vielleicht ein Mensch, der bestimmte Meinungen, deren Herkunft unklar ist, durch geschickte Aneinanderreihung von ganz wenigen raffiniert ausgewählten Tatsachen als Erkenntnisse einer empirischen Wissenschaft ausgibt, während die Masse der Tatsachen, welche die Vergangenheit ausmachen, völlig unberücksichtigt bliebe.

Wäre das wirklich eine Wissenschaft, die solchermaßen verführe?

Nun könnte jemand kommen und folgendes einwenden. Schon bei der Schilderung eines ganz einfachen Vorfalls muß man zwischen wichtigen und unwichtigen Details unterscheiden. Welche Details aber wichtig sind, ergibt sich in hohem

Maße aus der Sache selbst. So ist es z.B. bei einem Verkehrsunfall für die Klärung der Schuldfrage ganz unerheblich, ob die Beteiligten Männer oder Frauen waren. Ebenso unerheblich ist die Frage, wohin die Beteiligten fahren wollten. Umgekehrt ist jedermann von selbst klar, daß bestimmte Angaben in den Unfallbericht unbedingt hineingehören: wer die Vorfahrt hatte, wie hoch die mutmaßliche Geschwindigkeit war, usw. Dies also wären Tatsachen, deren Wichtigkeit unbestreitbar ist. In analoger Weise könnte es auch in der Geschichte Tatsachen geben, bei denen weder das Gewicht für sich genommen, noch die Funktion und Bedeutung im Hinblick auf andere Tatsachen in Zweifel stehen.

Woran erkennt man aber die Tatsachen von derartigem Gewicht? Kann man sie z.B. daran erkennen, daß sie in der kollektiven Erinnerung einer Nation oder größeren Gemeinschaft fortleben als Gedenktage? Am letzten Tag des Monats Oktober gedenken die Protestanten der Reformation. Warum gedenken sie ihrer gerade am 31. Oktober? Sie gedenken der Reformation an diesem Tag, weil Martin Luther am 31. Oktober 1517 seine 95 Thesen über den Ablaß an der Tür zur Schloßkirche in Wittenberg angeschlagen hat. Hat er das wirklich? Die heutige Forschung neigt zu der Meinung, daß dieses Ereignis niemals stattgefunden hat. Wenn die Protestanten den 31. Oktober trotzdem als Reformationstag begehen, so heißt dies nur wieder, daß diese einzelne Tatsache für sich wenig zählt. Entscheidend erscheint vielmehr, daß Luther die 95 Thesen verfaßt, bekanntgemacht und damit den Prozeß der Reformation in Gang gesetzt hat. Nur in diesem Zusammenhang konnten die Hammerschläge an der Kirchentüre historische Bedeutung erlangen. Aber gerade wegen dieser Abhängigkeit der Bedeutsamkeit kommt es paradoxerweise für die Reformationsgeschichte gar nicht darauf an, ob der Thesenanschlag wirklich erfolgt ist oder nicht.

Vielleicht haben wir mit einem anderen, nationalen Gedenktag mehr Glück! Am 14. Juli begehen die Franzosen ihren Nationalfeiertag. Welches Ereignisses wird an diesem Tage gedacht? Und war es ein Ereignis von so unbezweifelbarem Gewicht und so eindeutigem Sinn, daß es ohne weitere Interpretation für sich stehen kann, ohne Einbettung in einen Zusammenhang, der es zugleich relativieren und vielleicht sogar entbehrlich machen könnte? Die erste Frage ist leicht beantwortet. Das Gedenken gilt der Erstürmung der Bastille durch eine Volksmenge 1789. Die Bastille war eine Festung in Paris, die seit Richelieu als Staatsgefängnis diente. Die zweite Frage ist sehr viel schwerer zu beantworten. Zunächst ist klar, daß die Erstürmung der Bastille im Gedenken des Nationalfeiertags der Franzosen gewissermaßen die Französische Revolution repräsentiert. Die Französische Revolution aber war ein Prozeß, der sich über viele Jahre erstreckte. Im Laufe dieses Prozesses gab es auch zahlreiche andere Ereignisse, die der herausgehobenen Erinnerung wert erscheinen könnten. Allein aus dem Jahr 1789 fallen einem wenigstens fünf weitere Begebenheiten von epochaler Bedeutung ein: der Zusammentritt der Generalstände am 5. Mai; die Selbsterklärung des Dritten Stands zur Nationalversammlung am 17. Juni; der sog. Ballhausschwur der Nationalversammlung, nicht auseinanderzugehen, ohne eine Verfassung verabschiedet zu haben, am 20. Juni; die Abschaffung des Feudalregimes am 4. August; und die Verabschiedung der Erklärung der Menschen- und Bürgerrechte am 26. August.

Für das Verhältnis zwischen der Erstürmung der Bastille und den fünf genannten Ereignissen sind nun mehrere Möglichkeiten der Erläuterung denkbar:

1. Die Ereignisse könnten alle gleich wichtig sein. Man kann aber nicht fünf Nationalfeiertage begehen. Deshalb mußte ein Ereignis herausgehoben werden.

2. Die Wichtigkeit der fünf Ereignisse könnte von zweierlei Art sein, je nach ihrer Bedeutung für den Verlauf der Revolution und nach ihrer Bedeutung überhaupt, also für die Geschichte der Menschheit oder wenigstens für die Geschichte Europas.

3. Die Wichtigkeit könnte unterschiedlich sein, je nach dem, welche Auffassung man von der Französischen Revolution hat. Es ist offenkundig nicht dasselbe, ob die Abgeordneten in Versailles als Repräsentanten einer bürgerlich-adeligen Elite des Landes durch eine bloße Erklärung die verfassunggebende Gewalt an sich zu reißen versuchen, oder ob das Volk von Paris zu den Waffen greift und unter Einsatz des Lebens eine Festung des Königs tatsächlich erobert.

Es soll nun versucht werden, die Tatsache der Eroberung der Bastille unter drei Gesichtspunkten zu beleuchten: 1. Bedeutet das Ereignis für sich genommen etwas, ohne unmittelbaren Bezug auf den Gang der Revolution? 2. Was bedeutet das Ereignis für den Gang der Revolution? 3. Hängt die Bedeutung des Ereignisses von der Auffassung ab, die man über die Französische Revolution besitzt?

Bei der Beantwortung dieser Fragen geht es, wie bereits betont, immer zugleich darum, herauszufinden, ob das Ereignis ohne eine wie auch immer geartete Deutung – sei es der Mithandelnden und Mitlebenden, sei es der Nachlebenden oder eines Teils von ihnen – überhaupt etwas besagt, ja der Erwähnung wert erscheint. Denn wir wollen ja wissen, ob Tatsachen für sich selber sprechen und Gewicht besitzen oder nur in Abhängigkeit von Auffassungen, die diesen Tatsachen einen bestimmten Stellenwert zumessen.

Zur ersten Frage ist zunächst zu sagen, daß die Erstürmung einer Festung oder eines Gefängnisses durch eine Volksmenge an sich kein welthistorisches Ereignis darstellt. Die Aufrührer haben – in ihrer subjektiven Sicht – jedoch nicht irgendeine Festung erobert, sondern das Symbol des Despotismus, und sie haben damit zugleich einen bevorstehenden Angriff der Monarchie auf das Volk abgewendet. Das Volk hat somit nicht einfach ein Gefängnis, sondern einen Mythos erobert. Die Eroberer waren überzeugt, daß in dem Gebäude zahlreiche politische Gefangene schmachteten, aufgeklärte Kritiker der absoluten Monarchie, die im Namen der Menschenrechte eine Reform des Systems gefordert hatten. Da war die Enttäuschung natürlich groß, als man in dem weitläufigen Gebäude nur sieben Gefangene fand, von denen zwei geistesgestört waren und gewissermaßen auf geschlossener Station gehalten wurden, während die fünf übrigen als gemeine Verbrecher angesehen werden müssen. Um nun die eigene Handlungsperspektive mit dem Ergebnis der Handlung in Übereinstimmung zu bringen, griff man zu einem einfachen Mittel. Man erfand einfach einen Häftling, der den Erwartungen entsprach – einen Comte de Lorges, der wegen seiner republikanischen Gesinnung seit 1757 in der Bastille gesessen haben soll.

Das ist im Sinne unserer Überlegungen natürlich ein interessanter Vorgang. Jefferson fand Tatsachenbeweise für seine vorgefaßte Meinung, indem er tatsächliche Vorgänge in passender Weise interpretierte. Die Sieger der Bastille *erfanden* einfach Tatsachen, um ihre Aktion nachträglich zu rechtfertigen. Nicht viel anders verhält es sich mit der Meinung, ein drohender Angriff der Monarchie auf das Volk habe abgewendet werden müssen. Die Kanonen auf den Zinnen der Festung waren Schiffskanonen, die dort schon lange gestanden hatten und zu nicht viel mehr taugten als zum Salutschießen.

Der Fall der Bastille rief unter den Zeitgenossen ungeheures Aufsehen hervor. Der englische Arzt Dr. Rigby, der sich damals in Paris aufhielt, schrieb nach Hause: »Ich bin Zeuge der außergewöhnlichsten Revolution geworden, die vielleicht jemals in der menschlichen Gesellschaft stattgefunden hat«.[4] Der englische liberale Politiker Charles James Fox erklärte: »Es ist mit Abstand das gewaltigste Ereignis, das die Welt je sah. Und auch das beste«.[5] Camille Desmoulins, der das Volk im Palais Royal wenige Tage zuvor aufgerufen hatte, sich zu bewaffnen, kommentierte das Geschehen mit den Worten: »Der 14. Juli ist der Tag der Befreiung von der Knechtschaft Ägyptens und der Durchquerung des Roten Meeres. Er ist der erste Tag des Jahres I der Freiheit«.[6] Man ersieht aus diesen Kommentaren, daß der Bastillesturm von vielen Mitlebenden als ein welthistorisches Ereignis angesehen wurde. Das ist jedoch nur zu verstehen, wenn man die Bastille nicht so sehr als das betrachtet, was sie damals war, ein ziemlich nutzlos gewordenes Staatsgefängnis, dessen Auflösung schon vor dem 14. Juli erörtert worden war, sondern wenn man das Gebäude in seiner symbolischen Bedeutung nimmt, als Symbol nämlich für die absolute Monarchie. Für die genannten Zeitgenossen lag die eigentliche Bedeutung des Bastillesturms dementsprechend nicht in seiner Funktion für den Fortgang der Revolution, sondern in der symbolischen Verdichtung des Revolutionsgeschehens selbst in diesem Ereignis. Er besaß eine Bedeutung über die Revolution hinaus, nämlich für die Geschichte Frankreichs insgesamt, ja für die Weltgeschichte.

Die zweite Frage zielt auf die Bedeutung des Ereignisses für den Gang der Revolution. Um diese Frage beantworten zu können, muß man die Vorgeschichte des 14. Juli betrachten. Seit Tagen schon suchte das Volk von Paris sich zu bewaffnen, um eine Gegenrevolution abzuwehren. Auf der Suche nach Waffen gelangte die Menge auch zur Bastille. Man wußte, daß

---

[4] Zit. nach Winfried Schulze, Der 14. Juli 1789. Biographie eines Tages, Stuttgart 1989, S. 190.
[5] Zit. nach ebd., S. 191. [6] Zit. nach ebd., S. 192.

dort zumindest große Mengen Pulver lagerten. Als Anzeichen der drohenden Gegenrevolution wurden die Zusammenziehung von Truppen in und um Paris und Versailles und die Entlassung des Finanzministers Jacques Necker am 11. Juli angesehen. Der Fall der Bastille bewirkte, daß der König die Truppen abzog und Necker zurückberief. Insofern kann man behaupten, daß das Volk von Paris die Revolution gerettet habe. Das Gewicht dieser Aussage hängt natürlich davon ab, für wie wahrscheinlich man es hält, daß Ludwig XVI. tatsächlich einen Schlag gegen die Revolution geplant hatte und die Generalstände bzw. die Nationalversammlung hatte nach Hause schicken wollen. Die Monarchie war dringend auf eine Lösung ihres Finanzproblems angewiesen. Dazu brauchte sie die Hilfe der Generalstände oder der Nation. Die Auflösung der Versammlung hätte den König in dieser Frage keinen Schritt vorangebracht, sondern hätte seine Lage nur verschlimmert. Insofern muß man feststellen, daß die Rettung der Revolution durch das Volk von Paris letztlich eine Vermutung bleibt.

Da dies kein Buch über die Französische Revolution ist, brauchen wir diese Überlegungen hier nicht weiter auszuspinnen. Worauf es für uns ankommt, ist folgendes. Auch unter der Fragestellung, was der Bastillesturm im Zusammenhang der Revolution bedeutete, erweist sich der Stellenwert dieser einen Tatsache als abhängig von zahlreichen anderen Tatsachen, vor allem aber von der Bewertung dieser Tatsachen durch den Historiker. Insofern kann man sagen: Die Tatsachen gewinnen ihre Bedeutung und ihr Gewicht im Bewußtsein des forschenden, prüfenden, vergleichenden und deutenden Historikers, nicht einfach aus sich selbst.

Damit gelangen wir zur dritten Frage: Hängt die Bedeutung, die der Historiker dem Bastillesturm gibt, von der Auffassung ab, die er von der Revolution überhaupt hat?

In den hundert Jahren nach dem Jahre 1789 hat Frankreich eine große Reihe von Regimen erlebt. Auf das Jahrzehnt der Revolution folgte die Militärdiktatur Napoleons. Auf Napoleon folgte 1814 das Restaurationsregime Ludwigs XVIII. und Karls X. 1830 – nach der Julirevolution – bestieg Louis Philippe als Bürgerkönig den Thron. Die Revolution von 1848 brachte für drei Jahre die Republik zurück, gefolgt von der plebiszitären Diktatur Napoleons III. Nach der Niederlage

Napoleons III. gegen deutsche Truppen bei Sedan am 2. September 1870 wurde am 4. September 1870 die Dritte Republik proklamiert. Es ist nun bemerkenswert, daß erst in der Dritten Republik, offiziell durch Gesetz vom 6. Juli 1880, der 14. Juli zum französischen Nationalfeiertag erklärt wurde. Das spricht dafür, daß der Bastillesturm in seiner Wirkungsgeschichte als eine spezifisch republikanische, und das heißt zugleich als eine antimonarchische Tat angesehen wurde.

Darum haben weder die beiden monarchischen Regime zwischen 1814 und 1848, noch das Regime Napoleons I. oder Napoleons III. eine Veranlassung gesehen, den Tag als nationales Ereignis zu begehen. Doch zu einem bestimmten Zeitpunkt wurde die Frage nach der politischen Bewertung des Tages auch in dieser Periode der Französischen Geschichte aufgeworfen. Kurz nach der Juli-Revolution petitionierten mehrere »Sieger der Bastille« um eine Staatspension. Dadurch kam es in beiden Kammern 1832 und 1833 zu einer Diskussion darüber, ob die Leistung dieser Sieger eine öffentliche Auszeichnung verdiene. Bei dieser Debatte stießen zwei vollkommen gegensätzliche Bewertungen des Bastillesturms aufeinander. Wortführer der einen Gruppe war der greise Marquis de Lafayette. Er behauptete noch einmal, daß der Fall der Bastille die Gegenrevolution und die Auflösung der Nationalversammlung abgewendet und damit die Revolution gerettet habe. Diese Deutung kennen wir schon. Eine ganz andere Deutung dagegen präsentierte der Herzog von La Rochefoucauld. Für ihn war der Bastillesturm eine nicht zu rechtfertigende Erhebung gegen den gerechtesten König gewesen, der durch die Berufung der Generalstände und die Verdoppelung der Stimmen des Dritten Stands die wirkliche Revolution bereits herbeigeführt hatte. Wörtlich erklärte er: »Also, es ist nicht die Einnahme der Bastille, die die Revolution gemacht hat. Sie hat sie, im Gegenteil, von ihrem wahren Ziel abgelenkt und hat sie somit in die Exzesse der Anarchie hineingetrieben. Sie hat das Beispiel für Aufruhr, für Massaker und andere Grausamkeiten gegeben«.[7] Ein solches Ereignis aber sei nicht würdig, gefeiert zu werden.

Die »Sieger der Bastille« erhielten eine Pension. Aber darauf kommt es hier nicht an. Wichtig ist etwas anderes. Wir er-

---

[7] Zit. nach ebd., S. 220f.

kennen, daß ein und dieselbe Tatsache völlig gegensätzlich gedeutet werden kann: als Symbol des Sieges der Revolution hier, als Beginn der Entartung, ja des Verkommens der Revolution dort. Denn wohin hat die Entwicklung geführt? La Rochefoucauld würde antworten: in die Schreckensherrschaft des Wohlfahrtsausschusses und in die Militärdiktatur Napoleons, der mehr als den halben Kontinent unter seine Gewalt bringen sollte. Immerhin stimmen die beiden Kontrahenten wenigstens darin überein, daß sie die Erstürmung der Bastille für eine Tatsache von großer Bedeutung halten, wenn auch aus entgegengesetzten Gründen. Zweifellos könnte man aber auch gute Argumente für die Auffassung finden, daß der Bastillesturm weder im einen noch im anderen Sinne gewirkt habe und insofern für den Fortgang der Revolution ohne Bedeutung gewesen sei.

Die Historiker haben es mit dem Geschehen zu tun, lateinisch *factum*. Dieses *factum* als Inbegriff alles Vergangenen ist in Wahrheit eine unendliche Vielheit von einzelnen *facta* oder Tatsachen. Erkenntnis ist offenbar nur möglich, wenn die Tatsachen nach einem bestimmten Verfahren gewichtet und geordnet werden. Das geschieht dadurch, daß die Tatsachen in einen Kontext gerückt werden, in dem sie einen bestimmten Stellenwert und eine bestimmte Bedeutung erhalten. Die überwiegende Mehrzahl der Tatsachen allerdings wird in einem gegebenen Kontext keinen Platz finden. Das Verfahren der Ordnung und Gewichtung der Tatsachen läßt sich als Verknüpfung zu einer Geschichte beschreiben. So altmodisch es klingen mag, Historiker erzählen fortgesetzt Geschichten.

Zu Anfang hatten wir die Vermutung ausgesprochen, unsere Aufgabe bestehe darin, Tatsachen zu ermitteln und also festzustellen, was und wie etwas gewesen ist. Jetzt müssen wir diese Vermutung ergänzen, indem wir erklären, daß wir uns nur für diejenigen Tatsachen interessieren, die für die jeweilige Geschichte, die wir gerade erzählen wollen, von Bedeutung sind.

Wenn wir also die Geschichte erzählen wollen, wie das Volk von Paris im Juli 1789 die drohende Gegenrevolution abwehrte, greifen wir die für dieses Geschehen bedeutsamen Tatsachen heraus und bringen sie in eine solche Ordnung, daß ein Ereignis sich plausibel aus dem anderen ergibt: das Vorrücken der Truppen und die Entlassung Neckers, die Suche des Volks von Paris nach Waffen, die Belagerung und Erstürmung der Bastille, die Wiederberufung Neckers und der Abzug der Truppen. Das Einlenken des Königs wäre das Ende der Geschichte »Rettung der Revolution durch das Volk von Paris«: eine kurze Geschichte und nur ein kleiner Ausschnitt aus der Geschichte der Französischen Revolution insgesamt und erst recht aus der Geschichte der Menschheit, aber doch eine in sich abgeschlossene Geschichte.

Sie ist in sich abgeschlossen, weil sie ihren Zweck erfüllt: den Zweck nämlich, den Abzug der Truppen und die Rückberufung Neckers zu erklären. Historiker verknüpfen Tatsachen zu Geschichten, um etwas zu erklären. Dabei stellen sie diejenigen Tatsachen heraus, die für die Erklärung von Bedeutung sind, und sie lassen diejenigen weg, die zur Erklärung nichts beitragen. Also berichten sie nur einen Bruchteil des wirklich abgelaufenen Geschehens, und daß sie das tun, ist kein Mangel, sondern ein Vorteil. Würde ein Historiker die Fülle des Geschehens wiedergeben wollen, würde man nicht mehr verstehen, was er eigentlich sagen will. Man verlangt vom Historiker aber, daß er bei der Sache bleibt, wenn er etwas erzählt.

Die Sache, um die es geht, die Erklärungsabsicht also, liefert den Maßstab dafür, was zu einer Geschichte gehört und was nicht. Mit Bezug auf die Behandlung von Tatsachen heißt dies offenbar, daß die Arbeit des Historikers sich nach folgendem Modell vollzieht. Am Anfang steht eine Tatsache, die er kennt und auch nicht in Frage stellt. Diese Tatsache als solche zu entdecken oder zu verifizieren, ist nicht Ziel seiner Forschung. Forschungsziel ist vielmehr die Erklärung dafür, daß diese Tatsache eingetreten ist: Hitlers Machtergreifung, die Reformation oder eben die Rückberufung Neckers am 15. Juli 1789. Um nun die Tatsache, die, weil schon bekannt, nicht selber ermittelt zu werden braucht, zu erklären, sucht der Historiker nach anderen Tatsachen, aus denen er die zu erklärende Tatsache ableiten kann.

So scheint es, daß der Historiker Tatsachen überhaupt immer unter zwei verschiedenen Blickwinkeln betrachtet. Auf der einen Seite stehen die Tatsachen, die er schon kennt und darum nicht mehr feststellt, die er aber erklären möchte. Auf der anderen Seite stehen die Tatsachen, die er noch nicht kennt, die er aber in der ausschließlichen Absicht sucht, die schon bekannten Tatsachen zu erklären. Das Ganze ist nun aber natürlich ein Prozeß, und eine Tatsache, die wir heute entdecken, weil wir eine Erklärung für eine andere, schon bekannte Tatsache suchen, ist morgen bereits eine bekannte Tatsache, die ebenfalls nach einer Erklärung verlangt. Doch auch wenn Tatsachen gewissermaßen vom einen Lager in das andere wechseln können, hat der Historiker in der Perspektive seiner konkreten Forschung doch immer mit den beschriebenen zwei Klassen von Tatsachen zu tun.

Das Gesagte hat erhebliche Konsequenzen auch für das Studium der Geschichtswissenschaft. Dieses Studium kann nicht im Erlernen *der* historischen Tatsachen bestehen, denn *die* historischen Tatsachen gibt es gar nicht. In Wirklichkeit prägen wir uns immer nur solche Tatsachen ein, die im Kontext einer Erklärung für andere Tatsachen stehen. Diese Tatsachen ihrerseits stehen wiederum in größeren Erklärungszusammenhängen und so fort. Dementsprechend besteht der Sinn des Studiums der Geschichte nicht in der Erwerbung von Tatsachenwissen um seiner selbst willen, sondern in der Aneignung von Tatsachenwissen in der Weise, daß die Erklärungsbedeutung der einzelnen Tatsache in einem größeren oder kleineren Kontext immer schon mitgedacht wird. Mit anderen Worten: Das Erlernen von Tatsachen wird vernünftigerweise immer mit der Reflexion darauf verbunden werden, worin ihre Bedeutung jeweils liegt, warum es also wichtig ist oder sein könnte, sie zu kennen.

Nun sind Historiker sich über Erklärungen und Deutungen keineswegs immer einig. Für den Ausbruch der Französischen Revolution sind ganz verschiedene Erklärungen gegeben worden, und dementsprechend haben Historiker aus der Vorgeschichte der Revolution ganz unterschiedliche Tatsachen zur Ursachenanalyse herangezogen. Natürlich haben sie dabei jeweils diejenigen Tatsachen herausgestellt, die ihre einmal gefundene Auffassung zu stützen vermochten. Insofern scheinen sie sich nicht viel anders verhalten zu haben als Jefferson, der nur diejenigen Tatsachen aus der Vorgeschichte der amerikanischen Revolution in die Unabhängigkeitserklärung aufnahm, die als Rechtsbrüche des Königs von England hingestellt werden konnten.

Jetzt wird man erneut fragen: Was hat ein solches Verfahren eigentlich mit Wissenschaft zu tun? Ist es nicht reine Willkür, wenn man einfach alle Tatsachen zusammensucht, die zu einer vorgefaßten Meinung passen, und alle anderen übergeht? Nun, die *anderen* Tatsachen, die entdecken die anderen Historiker. Die Geschichtswissenschaft vollzieht sich nicht nur in der einsamen Auseinandersetzung des einzelnen Historikers mit seinen Tatsachen, sondern die Wissenschaft ist eine kollektive Anstrengung. Sie ist einem ständigen Gespräch vergleichbar, wo ein Plädoyer das andere ablöst. Eine Chance hat nur derjenige, der auch die vom wissenschaftlichen Gegner angeführten Tatsachen in seine Interpretation miteinbezieht. Das Verschweigen und Unterdrücken entgegenstehender Tatsachen wird rasch aufgedeckt, solange die Wissenschaft frei ist und nicht von Staats wegen bestimmte Auffassungen für verbindlich erklärt werden.

Wenn aber jede neue Interpretation, die ein Historiker vorlegt, nicht einfach neben die bisherigen tritt, sondern sie einbezieht und berücksichtigt, dann zeigt sich auch, wie sich in der Geschichtswissenschaft der Fortschritt vollzieht. Wir verstehen die Dinge nicht einfach anders als unsere Eltern und Großeltern, sondern wir dringen immer tiefer in die Phänomene ein; unsere Kenntnis wird differenzierter und vielschichtiger. Damit ist zugleich auch klar geworden, daß der Historiker an die Tatsachen gebunden bleibt, selbst wenn er nur einen minimalen Teil von ihnen berichtet.

Der Historiker weist den Tatsachen zwar ihre Bedeutungen zu, aber diese Bedeutungen stehen notwendig im Zusammenhang einer übergreifenden Interpretation oder Erklärung. Solche Erklärungen – der Reformation, der Wiederberufung Neckers, der Französischen Revolution insgesamt usw. – können nicht willkürlich formuliert werden. Vielmehr muß ihre Plausibilität und Stimmigkeit sich jederzeit an den Tatsachen überprüfen lassen.

Im Grunde gilt dies auch für ein politisches Manifest wie die »Declaration of Independence«, und so kann es nicht überraschen, daß die Vertreter des britischen Standpunkts in der Auseinandersetzung zwischen den amerikanischen Kolonisten und dem Mutterland andere Tatsachen aufboten, um den Tatsachenbeweis Jeffersons zu widerlegen. Sie wiesen z.B. darauf hin, daß der Grundsatz, wonach nicht besteuert werden dürfe, wer nicht im britischen Parlament vertreten sei, durch die Verabschiedung des Stempelsteuergesetzes gar nicht verletzt worden sei. Der unmittelbaren (»actual«) Vertretung entbehrten auch manche englischen Städte, z. B. Manchester; gleichwohl käme dort niemand auf den Gedanken, die Steuern zu verweigern, weil die Stadt durch die unmittelbar vertretenen Wahlkreise »virtuell« mitvertreten sei. An dieser »virtuellen« Repräsentation partizipierten auch die amerikanischen Kolonisten.

Der Hauptunterschied zwischen einer politischen Debatte dieser Art und einer geschichtswissenschaftlichen Auseinandersetzung um die richtige Erklärung und Deutung eines Vorgangs liegt offenbar darin, daß die politische Streitfrage in verhältnismäßig kurzer Frist – wie man nun wieder sagen muß – durch die Tatsachen entschieden wird, während die Diskussion der Historiker prinzipiell – und sei es über Generationen hinweg – unabgeschlossen bleibt.

Literaturhinweise

Erich Angermann, Ständische Rechtstraditionen in der Amerikanischen Unabhängigkeitserklärung, in: Historische Zeitschrift 200 (1965), S. 61–91.

François Furet / Denis Richet, Die Französische Revolution, Frankfurt 1968.

Erwin Iserloh, Luther zwischen Reform und Reformation. Der Thesenanschlag fand nicht statt, Münster ³1968.

Winfried Schulze, Der 14. Juli 1789. Biographie eines Tages, Stuttgart 1989.

2.
Das historische Urteil

Im vorhergehenden Kapitel wurde die Frage erörtert, ob das eigentümliche Geschäft des Historikers darin bestehe, daß er Tatsachen feststellt. Dabei hat sich ergeben, daß der Historiker sich nur für eine kleine Zahl aus den unendlich vielen Tatsachen der Vergangenheit interessiert, nämlich für solche, die aus bestimmten Gründen und in bestimmten Zusammenhängen für ihn von Bedeutung sind. Der Historiker unterscheidet also bedeutsame und belanglose Tatsachen. In dieser Unterscheidung steckt ein *Urteil* über Tatsachen: zunächst über die Bedeutsamkeit bestimmter Tatsachen überhaupt, aber damit verknüpft natürlich zugleich auch über die Art und den Grad der Bedeutsamkeit. Es ist darum sinnvoll, nach der historischen Tatsache jetzt über das historische Urteil nachzudenken.

Im logischen Sinne ist jede Aussage ein Urteil, in der einem Gegenstand A ein Prädikat B zugesprochen wird. In diesem Sinne soll hier nicht von historischen Urteilen gehandelt werden, denn es gibt unendlich viele wahre Urteile, das heißt Aussagen über Vergangenes, die dennoch meilenweit entfernt sind von einem brauchbaren historischen Urteil. Wenn einer auf die Frage »Wer war Karl Marx?« antwortet: »Ein politischer Schriftsteller des 19. Jahrhunderts«, so wäre dies zwar eine wahre historische Aussage, aber man würde trotzdem sagen: Wer so antwortet, der hat kein Urteil, denn er verschweigt all das, weswegen wir uns überhaupt dieses Mannes erinnern, also seine eigentliche Bedeutung.

Am Anfang seines Buches über den 14. Juli 1789 erzählt Winfried Schulze eine Geschichte, die sich in der Nacht vom 14. auf den 15. Juli in Versailles abgespielt haben soll. Die Nachricht von der Erstürmung der Bastille durch eine Pariser Volksmenge sei mitten in der Nacht in Versailles eingetroffen. Daraufhin habe es der erste königliche Kammerherr – der Herzog von La Rochefoucauld-Liancourt – für nötig gehalten, den König zu wecken und ihm die Neuigkeit zu berichten. Der König habe mit den Worten reagiert: »Aber, das ist eine

Revolte!« Darauf der Herzog: »Nein, Sire, das ist eine Revolution!«[1] Kein Zweifel: Hier geht es um die angemessene Einordnung der Vorgänge, die als solche nicht strittig sind; also um die zutreffende Beurteilung. Das Beispiel zeigt sehr schön, was zum historischen Urteil gehört. Offenbar geht es darum, die Phänomene auf den richtigen *Begriff* zu bringen.

Man könnte sagen: *Eine* Sache ist es, noch am Tage eines wichtigen Ereignisses eine Einschätzung vorzunehmen, die auch vor der Geschichte Bestand hat; eine *andere* Sache ist eine solche Einschätzung aus dem Abstand von zweihundert Jahren. Der Herzog habe offensichtlich eine besondere Gabe der Intuition und der Hellsichtigkeit besessen. Für den Historiker dagegen – im Besitze vieler Informationen und mit der Kenntnis dessen, wie es weiterging – sei es keine besondere Schwierigkeit, eine Revolution als Revolution zu identifizieren.

Soll man das wirklich glauben?

In unserem historischen Bewußtsein nimmt die Tatsache einen festen Platz ein, daß zwischen 1763 und 1783 in Amerika eine Revolution stattgefunden hat. Vor Jahren hat Robert R. Palmer die Amerikanische und die Französische Revolution als die beiden zusammengehörigen herausragenden Manifestationen der atlantischen Revolution der zweiten Hälfte des 18. Jahrhunderts dargestellt, neben kleineren revolutionären Bewegungen in anderen Teilen Europas. Der Titel seines zweibändigen Werkes bringt die Gesamttendenz dieser großen revolutionären Bewegung zum Ausdruck: »The Age of the Democratic Revolution«.[2] Palmer zeigt zahlreiche Gemeinsamkeiten der Amerikanischen und der Französischen Revolution auf, darunter den Grundsatz der Volkssouveränität, das heißt die Lehre von der verfassunggebenden Gewalt des Volkes, und daraus abgeleitet den Grundsatz, daß eine Verfassung von eigens dazu gewählten verfassunggebenden Versammlungen (Conventions) erarbeitet und gebilligt werden müsse; ferner den Grundsatz, daß eine Verfassung geschrieben sein müsse, daß sie einen Grundrechtekatalog enthalten und daß

---

[1] Zit. nach Winfried Schulze, Der 14. Juli 1789. Biographie eines Tages, Stuttgart 1989, S. 7.

[2] Robert R. Palmer, The Age of the Democratic Revolution. A Political History of Europe and America 1760–1800, Bd. 1: The Challenge, Princeton 1959; Bd. 2: The Struggle, Princeton 1964.

sie schließlich auf dem Grundsatz der Gewaltenteilung beruhen müsse. Trotz dieser Gemeinsamkeiten beginnt Palmer das Kapitel über die Amerikanische Revolution mit der Frage, ob es damals in Amerika wirklich eine Revolution gegeben habe. Es könne doch sein, daß es sich bei den politischen Bewegungen lediglich um einen Unabhängigkeitskrieg gegen Großbritannien gehandelt habe. »The British lid may have been removed from the American box, with the contents of the box remaining as before. Or there may have been a mechanical separation from England, without chemical change in America itself. Perhaps it was all a conservative and defensive movement, to secure liberties that America had long enjoyed, a revolt of America against Great Britain, carried through without fundamental conflict among Americans ...«.[3]

Im vorhergehenden Kapitel haben wir aus der amerikanischen Unabhängigkeitserklärung zitiert. In dieser Erklärung hat Thomas Jefferson tatsächlich etwa so argumentiert, daß die Amerikaner seit Generationen in einem gesetzlich geordneten Gemeinwesen mit klarer Bestimmung von Rechten und Pflichten gelebt hätten, zugleich mit einem geregelten Gesetzgebungsverfahren in der Hand von demokratisch gewählten Körperschaften. Da komme nun eines schönen Tages der britische König, setze sich kühn über das Staatsrecht Großbritanniens und der Kolonien hinweg und belege seine amerikanischen Untertanen nach reiner Willkür mit Steuern.

In der Tat haben einige amerikanische Historiker erklärt, man könne schon deswegen nicht von einer demokratischen Revolution sprechen, weil die Kolonien bereits vorher in hohem Maße demokratisch gewesen seien. In vielen Teilen des kolonialen Massachusetts z.B. hätten bis zu 95 Prozent der erwachsenen Männer das Wahlrecht besessen. Tatsächlich haben die Amerikaner nicht das geltende Recht, die bestehende Verfassung in Frage gestellt; sondern sie haben sich gegen die angeblichen Rechtsbrüche des Königs von England auf das bestehende Recht, auf die britische Verfassung, berufen.

Das spricht doch sehr für ein defensives, ja konservatives Motiv der aufständischen Amerikaner und scheint überhaupt nicht mit den Vorstellungen vereinbar, die wir uns von einer

---

3 Ebd., Bd. 1, S. 185f.

Revolution zu machen pflegen. Zu diesen Vorstellungen zählen etwa der Umsturz der bestehenden und die Schaffung einer ganz neuen Ordnung; die Verwirklichung von Ideen, die gegen die bestehende Ordnung entwickelt worden waren; die Ersetzung der bisherigen durch eine neue Elite oder aber die Verminderung sozialer Unterschiede usw.

Trotz allem hält nun Palmer daran fest, daß die Amerikanische Revolution eine wirkliche Revolution gewesen sei. Für uns ist dabei vor allem wichtig, mit welchen Argumenten er diese Auffassung stützt, wie er also dieses historische Urteil begründet. Die Antwort darauf steht im Grunde bereits in den wenigen vorhin zitierten Sätzen, wenn auch überwiegend in metaphorischer Form. Palmer will sagen, daß man nicht von einer Revolution sprechen könne, wenn der Inhalt der amerikanischen Schachtel derselbe geblieben wäre, obwohl der britische Deckel entfernt wurde; wenn die mechanische Trennung Amerikas vom Mutterland keine chemische Veränderung in Amerika selbst hervorgerufen hätte; und wenn schließlich die Trennung von Großbritannien ohne tiefgreifende Konflikte unter den Amerikanern selbst herbeigeführt worden wäre. Das ist natürlich so gemeint, daß keine dieser Bedingungen erfüllt gewesen ist. Vielmehr sei die Trennung der Kolonien von Großbritannien von tiefgreifenden und schmerzhaften Konflikten in Amerika selbst und zwischen den Amerikanern begleitet gewesen, und eben darin sei ein wesentliches Kriterium für den revolutionären Charakter des Gesamtvorgangs zu erblicken.

Wir lassen dies als Kriterium für eine Revolution einmal so stehen. Dann bleibt die Frage, ob man die Schwere des Konflikts demonstrieren oder messen kann, ob es dafür also zweifelsfreie Indikatoren gibt. Palmer schlägt zwei quantitative und objektive Maßstäbe vor und fragt, wieviele Flüchtlinge oder Emigranten es während der Amerikanischen Revolution in Amerika gegeben habe und wieviel Vermögen diese verloren hätten, beides im Vergleich zur Französischen Revolution. Die Zahl der während der Amerikanischen Revolution nach Kanada oder England emigrierten Loyalisten werde auf rund 100.000 Personen geschätzt; Palmer setzt sie sicherheitshalber nur mit 60.000 Personen an. Die Zahl der Emigranten in Frankreich werde auf 129.000 geschätzt. Die Bevölkerung in den dreizehn amerikanischen Kolonien habe im Jahr 1776 zweieinhalb Millionen Menschen betragen, davon seien ein Fünftel Sklaven gewesen. Die Bevölkerung in Frankreich dagegen habe 1789 fünfundzwanzig Millionen betragen. Das bedeutet, daß auf tausend Einwohner in Amerika vierundzwanzig, in Frankreich dagegen nur fünf Emigranten gekommen seien. Dann vergleicht Palmer die Größenordnung des beschlagnahmten Eigentums der Emigranten und kommt auf indirektem Wege zu einem zwar weniger frappierenden, gleichwohl ebenfalls klaren Ergebnis. Danach hat das revolutionäre Frankreich, das an Bevölkerung zehnmal so groß gewesen ist wie die dreizehn amerikanischen Kolonien, zwölfmal soviel Eigentum konfisziert wie Amerika. Das heißt im Sinne des Nachweises, daß der Wert des konfiszierten Emigranteneigentums, bezogen auf die Gesamteinwohnerzahl, in Amerika fast ebenso hoch gewesen ist wie in Frankreich.

Folgende Schlußfolgerung bietet sich an. La Rochefoucauld nannte den Bastillesturm aufgrund intuitiver Erfassung des Vorgangs eine Revolution, in vermutlich unreflektiertem Sprachgebrauch. Der Historiker Palmer nennt die Amerikanische Revolution eine wirkliche Revolution aufgrund – einmal – eines reflektierten Begriffs von Revolution und – zum andern – der Anlegung eines Maßstabs, der nachweisen soll, daß die im Begriff Revolution enthaltenen Merkmale auch tatsächlich gegeben gewesen waren. Der Umfang der Emigration soll die Schwere der sozialen und politischen Konflikte und damit zugleich die Eigentumsumschichtungen und die Neugruppierung der Eliten anzeigen. Schließlich stützt sich das Urteil des Historikers Palmer stark auf die Methode des Vergleichs. Schon der Revolutionsbegriff kann demnach nicht ohne Berücksichtigung anderer historischer Revolutionen gebildet werden. Weiterhin zeigt sich an einzelnen Elementen des Revolutionsvorgangs, hier der Emigration, auf welche Weise der Vergleich im Einzelfall tatsächlich durchgeführt werden kann.

Das Beispiel steht für einen großen Teil der Aufgaben, die dem Historiker gestellt sind. Die Dinge auf den richtigen Begriff zu bringen, das ist in der Tat eine charakteristische Bemühung des Historikers. Diese Feststellung führt uns noch einmal zur historischen Tatsache zurück. Es war uns so erschienen, als habe der Historiker gegenüber Tatsachen in der Geschichte eine zweifache Aufgabe: einmal die Aufgabe der *Verifikation*, das heißt der Prüfung der Tatsächlichkeit einer angeblichen Tatsache – ob also der Trojanische Krieg stattgefunden hat, ob die Bastille am 14. Juli 1789 erstürmt wurde, ob unter den Gefangenen ein Comte de Lorges gefunden wurde, und so fort; zum anderen die Aufgabe der *Interpretation*; denn es hat sich gezeigt, daß der Historiker den Tatsachen eine bestimmte Bedeutung zuschreiben muß: dem Bastillesturm also eine Bedeutung im Hinblick auf die Rückberufung Neckers und damit möglicherweise die Rettung der Revolution oder aber im Hinblick auf die Entartung der Revolution in Blutvergießen und Terror; und natürlich kann ein Historiker auch zu dem Ergebnis kommen, daß eine bestimmte Tatsache für einen gegebenen Zusammenhang ohne jede Bedeutung war.

Diese Operationen – *Verifikation* und *Interpretation* – setzen offenbar voraus, daß wir Tatsachen und das Urteil über Tatsachen immer auseinanderhalten können. Der von Palmer erörterte Zweifel daran, ob die Amerikanische Revolution in Wirklichkeit nicht bloß eine Unabhängigkeitsbewegung gewesen sein könnte, zeigt nun jedoch, daß wir Tatsachen unter Umständen mit Namen benennen, die bereits ein Urteil über diese Tatsachen einschließen. Das kann dazu führen, daß die Meinungen der Historiker darüber, welches die richtigen Benennungen für bestimmte geschichtliche Erscheinungen seien, weit auseinandergehen, und wir verstehen jetzt, daß diese Meinungsunterschiede zunächst Unterschiede der Beurteilung und nicht der Tatsachenfeststellung sind.

Dafür einige Beispiele. Für die einen ist Gegenreformation, was für die anderen katholische Reform heißt. Der Unterschied der Akzentuierung liegt auf der Hand: Im ersten Fall wäre das eigentliche Ziel der Bewegung die Zurückdrängung der Reformation, im zweiten Fall die Durchführung von Reformen auch in der alten Kirche gewesen. Die einen sprechen in empirischer Annäherung an den Tatbestand von Bauernkrieg, die anderen im Versuch der Einbettung des Vorgangs in die marxistische Interpretation der Geschichte von frühbürgerlicher Revolution, die einen von einer plötzlich eintretenden industriellen Revolution, die anderen von einem sich über längere Zeit hinziehenden industriellen Ausbau.

Wenn also schon die Tatsachenbenennungen historische Urteile einschließen, dann müssen wir unsere Begriffe offenbar sehr sorgfältig wählen. Aus guten Gründen sprechen wir von der Vertreibung der Deutschen aus den Gebieten jenseits von

Oder und Neiße und nicht einfach von Umsiedlung. Wir sprechen von der Entlassung Bismarcks, obwohl es sich in Wahrheit um ein bewilligtes Rücktrittsgesuch handelte. Den 1990 erfolgten Zusammenschluß der alten Bundesrepublik mit der Deutschen Demokratischen Republik nennen wir die deutsche Vereinigung, wenn wir uns auf die Ebene des Staatsrechts stellen; wir sprechen aber von der deutschen Wiedervereinigung, wenn wir die Überwindung der Spaltung der deutschen Nation meinen.

Im Kapitel über die historische Tatsache haben wir eine für die Geschichtswissenschaft charakteristische Aufgabenstellung in die Form eines Modells gebracht. Es war darum gegangen, Tatsachen zu suchen, die eine gegebene und als solche nicht bezweifelte Tatsache erklären würden. Nennen wir das Modell daher *Erklärungsmodell*.

Jetzt stoßen wir auf ein weiteres Modell geschichtswissenschaftlicher Arbeitsweise. Robert R. Palmer suchte Tatsachen, an denen sich erweisen ließ, ob zwischen 1763 und 1783 in den dreizehn britischen Kolonien in Nordamerika eine Revolution oder bloß eine Unabhängigkeitsbewegung stattgefunden hat. Um auch diesem Modell einen Namen zu geben, könnten wir von einem *Identifikationsmodell* sprechen. Aufgrund der von ihm gefundenen Tatsachen ausgedehnter Emigration und massiver Vermögenskonfiskation hielt Palmer sich für berechtigt, das Geschehen in Amerika als eine Revolution zu identifizieren.

An dieser Stelle sei im Vorgriff auf eine spätere Erörterung darauf hingewiesen, daß die beiden Modelle bestimmte zentrale Grundsätze eines wissenschaftlichen Verfahrens überhaupt deutlich machen. In beiden Fällen sind die Tatsachen, die – hier zur Erklärung, dort zur Identifikation eines Vorgangs – gebraucht werden, nicht einfach gegeben, sondern sie müssen gesucht werden. Dabei gibt es natürlich kein Lehrbuch der Revolutionsgeschichte, in dem man Emigration und Vermögenskonfiskation als wesentliche Umstände abgehandelt fände. Man muß erst einmal auf den Gedanken kommen, verschiedene Revolutionen nach diesen Kriterien zu vergleichen.

Eine andere für die Wissenschaft typische Verfahrensweise liegt darin, daß Palmer nicht einfach erklärt, daß er die Amerikanische Revolution für eine wirkliche Revolution halte, sondern daß er ganz genau die Gründe angibt, die ihn zu dieser Auffassung bestimmt haben. Damit macht er es dem Leser möglich, sich selbst ein Urteil über die Stichhaltigkeit dieser Identifikation zu bilden.

Es soll aber auf keinen Fall der Eindruck entstehen, als lasse sich das Problem des historischen Urteils auf die Wahl der richtigen Begriffe zurückführen. Schon das erklärende Urteil nach dem Muster – »Die Bastille wurde gestürmt, weil sie als Symbol des Despotismus angesehen wurde« – war kein Identifikationsurteil, und so läßt sich auch über die Amerikanische Revolution natürlich eine große Zahl von historischen Aussagen machen, welche die Frage Palmers, ob es sich nicht bloß um eine Unabhängigkeitsbewegung gehandelt habe, gar nicht berühren. An einem Beispiel aus der deutschen Geschichte sollen deshalb drei andere Arten von historischen oder angeblich historischen Urteilen vorgestellt werden, die in der wissenschaftlichen Diskussion immer wieder vorkommen.

Der Frankfurter Frieden von 1871, der den deutsch-französischen Krieg beendete, sah unter anderem die Annexion Elsaß-Lothringens durch Deutschland vor. Über diesen Schritt Bismarcks gibt es eine umfangreiche Literatur. Wir greifen fünf Urteile über den Vorgang heraus, die in der Literatur zu finden sind, um sie dann nacheinander zu analysieren:

1. Die Annexion war gerecht, weil das Gebiet früher zu Deutschland gehört hatte und von Frankreich im 17. Jahrhundert geraubt worden war, als das Deutsche Reich schwach war.

2. Die Annexion war geboten, weil es sich bei den Bewohnern des Gebiets um Deutsche handelte. Im Augenblick der politischen Einigung der deutschen Nation durften diese Deutschen nicht unter fremder Herrschaft gelassen werden.

3. Die Annexion entsprach den strategischen Bedürfnissen des neuen Reiches, sich durch vorgeschobene Festungen vor künftigen französischen Übergriffen zu schützen.

4. Die Annexion war ein Fehler, weil sie in Frankreich den Gedanken nach Revanche hervorrief und daher die Schaffung einer dauerhaften Friedensordnung in Europa erschwerte.

5. Die Annexion war ursächlich für die Entstehung der Bündniskonstellationen, die zum Ausbruch des Ersten Weltkriegs führen sollten.

Wenn wir diese fünf Urteile im folgenden diskutieren, so kommt es nicht so sehr darauf an, ob sie richtig sind, sondern ob Urteile dieser Art dem Historiker prinzipiell überhaupt möglich sind.

1. Die Annexion soll gerecht gewesen sein, weil das Gebiet Deutschland zweihundert Jahre früher geraubt worden war. Ob man den Vorgang nun als Raub bezeichnet oder nicht, fest steht, daß in der Zwischenzeit zahlreiche völkerrechtliche Verträge diese Gebiete ausdrücklich oder stillschweigend Frankreich zugesprochen hatten. Insofern kann die Frage nach der Gerechtigkeit allenfalls im Sinne einer über dem Völkerrecht stehenden abstrakten Gerechtigkeitsidee beurteilt werden, die der eine vertritt, der andere nicht. Das Urteil beruht also auf einer subjektiven Wertung und ist daher kein wissenschaftliches, in diesem Sinne also auch kein historisches Urteil.

2. Auch das zweite Urteil ist ein reines Werturteil. Daß alle Angehörigen einer Nation in einem und demselben Staat leben sollen, ist ein Glaubenssatz, nicht aber eine wissenschaftliche Aussage und damit auch kein historisches Urteil. Was der Historiker sagen könnte, wäre lediglich, daß ein großer Teil der national gesinnten deutschen Öffentlichkeit die Annexion des Elsaß gefordert habe, weil er darin eine Erfüllung seiner nationalistischen Träume erblickt habe. In diesem Fall würde der Historiker eine politische Entscheidung durch Bezugnahme auf zeitgenössische Wertvorstellungen erklären. Er würde sich aber nicht selbst diese Wertvorstellungen zu eigen machen.

3. Ob die Annexion strategisch vorteilhaft war und aus diesen Gründen gefordert wurde: Dies beides zu prüfen, ist dem Historiker selbstverständlich möglich. Aussagen über strategische Vorzüge oder Nachteile und über militärpolitische Forderungen einer Zeit sind ohne Zweifel historische Urteile.

4. In der vierten Aussage stecken gleich zwei Urteile. Einmal handelt es sich um das Kausalurteil, daß die Annexion den Revanche-Gedanken in Frankreich hervorgerufen habe. Zum andern handelt es sich um ein Zweckmäßigkeitsurteil, in dem die Annexion als Fehler bezeichnet wird. Daß es sich bei dem einen Urteil um ein Kausalurteil handelt, ist leicht zu erkennen. Die Kausalität ist allerdings eine besonders schwierige Kategorie für den Historiker. Im vorliegenden Fall war es so, daß es in Frankreich tatsächlich einen Revanche-Gedanken gegeben hat, der nachweisbar auf die Annexion des Elsaß und Lothringens Bezug nahm. Allerdings ist der Revanche-Gedanke in den neunziger Jahren des 19. Jahrhunderts abgeflaut und

zurückgetreten. Außerdem könnte man darauf hinweisen, daß nach den Erfahrungen aus der Zeit nach dem preußisch-österreichischen Krieg von 1866 nicht ausgeschlossen werden kann, daß die Niederlage von 1871 auch ohne Abtretung von Gebieten in Frankreich den Revanche-Gedanken hervorgerufen hätte. So ist am Ende weder der Satz eindeutig beweisbar, daß die Annexion unweigerlich eine nicht zur Ruhe gekommene Revanche-Idee nach sich gezogen habe, noch der Satz, daß es ohne die Annexion keine Revanche-Idee gegeben hätte. Gleichwohl muß man daran festhalten, daß Kausalurteile als Urteile über Ursachen und Folgen dem Historiker prinzipiell möglich sind.

Das Zweckmäßigkeitsurteil, das in der Aussage steckt, ist von einem Werturteil klar zu unterscheiden. Wenn man eine Handlung als einen Fehler bezeichnet, dann mißt man den Vorgang nicht an einer Wertvorstellung, sondern an einem Zweck, den der Handelnde entweder nachweislich hatte, oder an einem Zweck, den man ihm als notwendig unterstellen muß. Der Zweck, von dem hier die Rede ist, war die dauerhafte Friedensordnung in Europa. Eine solche Friedensordnung war das Hauptziel der Bismarckschen Politik nach 1871. Er erklärte das Deutsche Reich für saturiert und suchte vor allen Dingen nach politischer Stabilität in Europa. Bekanntlich war diese Politik nicht zuletzt von der Furcht vor einem Zweifrontenkrieg bestimmt. Wenn man die Annexion Elsaß-Lothringens als Fehler bezeichnet, mißt man also die Entscheidung Bismarcks an Bismarcks eigenen übergeordneten Zielen. Ein solches Urteil ist dem Historiker prinzipiell möglich.

5. In der fünften Aussage hatte es geheißen, die Annexion sei ursächlich gewesen für die Entstehung der Bündniskonstellationen in Europa vor dem Ersten Weltkrieg. Dieses Urteil ist wiederum ein klares Kausalurteil, von dem wir bereits festgestellt haben, daß es prinzipiell möglich ist. Eine ganz andere Frage ist, ob die Aussage in diesem Fall sachlich zutrifft. Vielleicht wäre es richtiger gewesen, die Annexion für mitursächlich für die Entstehung der Bündniskonstellationen vor dem Ersten Weltkrieg zu erklären, denn einmal war der Revanche-Gedanke nicht immer gleichmäßig stark, und zum andern kamen weitere Gründe hinzu, welche die Konstellation von 1914 herbeiführen sollten.

Was also sind historische Urteile?

Das historische Urteil ist das methodisch kontrollierte Verfahren, um geschichtlichen Erscheinungen eine bestimmte Bedeutung zuzusprechen. Ein solches Urteil bedarf stets eines Maßstabs. So maß Palmer die Vorgänge in Amerika an einem begründeten Begriff von Revolution. Den Umfang der amerikanischen Emigration maß er am Umfang der französischen Emigration. Die Bedeutung von Karl Marx messen wir an der Wirkung und der Verbreitung seiner Schriften. Die Zweckmäßigkeit der Annexion von Elsaß-Lothringen haben wir an Bismarcks übergeordneten politischen Zielen gemessen. Den Grad der Ursächlichkeit der Annexion für den Ausbruch des Ersten Weltkriegs messen wir an der Summe der übrigen in Frage kommenden Ursachen dieses Krieges.

Wichtig ist nun die Feststellung, daß alle diese Maßstäbe geschichtsimmanent sind. Sie sind allesamt aus der Geschichte selbst genommen und insofern zugleich dem historischen Wandel unterworfen. So wird unser Revolutionsbegriff sich ohne Zweifel weiterentwickeln, entsprechend den Revolutionen, welche die Menschheit vielleicht noch erleben wird. Wer hatte bis vor sechs Jahren schon den Begriff »friedliche Revolution« gehört! Es handelt sich also in keinem Fall um übergeschichtliche Maßstäbe oder Werte. Absolute Wahrheit oder absolute Gerechtigkeit zu erkennen, ist dem Historiker verwehrt, und wenn er keine Geschichts*philosophie* treiben will, kann er auch die Bedeutung eines Vorgangs immer nur durch Bezugnahme auf andere geschichtliche Phänome, niemals absolut definieren, also z.B. die Bedeutung des Bastillesturms für den Fortgang der Französischen Revolution oder die Bedeutung der Französischen Revolution für die Geschichte der Menschheit.

Die wissenschaftlich erkennbare Bedeutung von Geschichte ist immer nur Bedeutung im Rahmen und im Zusammenhang des Geschichtlichen selbst und letztlich für die Gegenwart als die geschichtliche Situation der jetzt Lebenden. Dagegen kann die Geschichtswissenschaft niemals von absoluter und überzeitlicher Bedeutung sprechen, und ihre Urteile bleiben der Geschichte immanent. Daher darf man auch nicht hoffen, aus der Beschäftigung mit der Geschichte Erkenntnisse über die überzeitliche Bestimmung des Menschen zu gewinnen.

Man mag es bedauern, daß der Bereich des möglichen Wissens insoweit beschränkt ist. Auf der anderen Seite bleibt die Aufgabe wichtig genug, in den vielen als wissenschaftlich und unwiderleglich drapierten Behauptungen über geschichtliche Vorgänge, die uns täglich begegnen, die verborgenen Wertungen aufzuspüren oder die aufgrund willkürlich gewählter Maßstäbe getroffenen Zuordnungen in Frage zu stellen.

Literaturhinweise

Lothar Gall, Zur Frage der Annexion von Elsaß und Lothringen 1870, in: Historische Zeitschrift 206 (1968), S. 265–326.
Ders., Bismarck. Der weiße Revolutionär, Frankfurt 1980.
Robert R. Palmer, The Age of the Democratic Revolution. A Political History of Europe and America 1760–1800, Bd. 1: The Challenge, Princeton 1959; Bd. 2: The Struggle, Princeton 1964.
Winfried Schulze, Der 14. Juli 1789. Biographie eines Tages, Stuttgart 1989.

# 3.
Quellen, Quellenkritik, Quelleneditionen

In den beiden vorangegangenen Kapiteln hat sich gezeigt, daß der Historiker sich nicht für alle Tatsachen der Vergangenheit interessiert, sondern nur für diejenigen, die ihm bedeutsam erscheinen. Die Bedeutsamkeit hängt ab von seinen wissenschaftlichen Urteilen über die fraglichen Zusammenhänge sowie davon, was er überhaupt wissen möchte. In diesem Kapitel wollen wir uns nun der Frage zuwenden, auf welche Weise der Historiker zur Kenntnis irgendwelcher Vorgänge und Tatsachen in der Geschichte gelangt.

Die Antwort ist einfach: durch das Studium der Quellen. Aber was ist das – die Quellen? Zunächst ist es eine einprägsame Metapher, in der die Erkenntnis mit den Wassern eines Stroms verglichen wird. Historische Quellen wären demnach alle nicht weiter ableitbaren Gegebenheiten, aus denen man historische Erkenntnisse gewinnt. Wie in fast allen derartigen Fällen, gibt es auch hier einen Historiker, der den Sachverhalt in eine unübertreffliche Definition gekleidet hat. So hat Paul Kirn als Quellen bestimmt »alle Texte, Gegenstände oder Tatsachen, aus denen Kenntnis der Vergangenheit gewonnen werden kann«.[1] Die Definition ist perfekt, und ihr ist vor allem darin zuzustimmen, daß sie den Quellenbegriff ganz weit faßt und ihn nicht auf Texte und auch nicht auf Texte und Gegenstände beschränkt. Wir werden gleich sehen, an wieviele Arten von anderen Tatsachen mit Quellencharakter wir denken müssen.

Die Quellenmetapher und so auch die Definition von Paul Kirn sind allerdings auch geeignet, bestimmte Assoziationen zu wecken, die ein einseitiges Bild vom Geschäft des Historikers entstehen lassen könnten. Das Wort Quelle ruft Vor-

---

[1] Paul Kirn, Einführung in die Geschichtswissenschaft, Berlin [5]1968, S. 29.

stellungen von Reinheit, Klarheit, Frische und Unerschöpflichkeit hervor. Studierende der Geschichtswissenschaft dagegen scheinen häufig vor allem an die Mühen zu denken, überhaupt Quellen zu finden. Sie vergleichen ihre Quellenarbeit vielleicht eher mit der zweitausendjährigen Suche nach den Quellen des Nils, statt mit dem Schöpfen aus dem Unerschöpflichen.

Solchen Assoziationen müssen wir zuerst einmal die Behauptung entgegenstellen, daß die ganze Welt, in der wir leben, historische Quelle oder – wie man auch sagen kann – Überlieferung ist. Die Welt ist Geschichte. Man muß nur sehen lernen.

Texte, Gegenstände oder Tatsachen seien die Formen der Überlieferung, hatte Paul Kirn geschrieben. Daß Texte dazugehören müssen, leuchtet sofort ein. Es seien nur drei Beispiele für ganz unterschiedliche Gattungen von Texten genannt: Machiavellis »Fürst« von 1513, die Friedensverträge von Osnabrück und Münster von 1648 und die Protokolle der Deutschen Nationalversammlung von 1848/49. Daß Gegenstände dazugehören müssen, läßt sich auf einem Gang durch ein beliebiges Museum bestätigen. Aber Tatsachen? Welche Tatsachen sollen als Quellen historischer Erkenntnis dienen?

Wir haben gesagt, unsere Welt sei Geschichte. In der Tat: unsere Bräuche und Institutionen, unsere Lebensweise, unsere Ansichten und Wertvorstellungen: all dies sind ebensoviele Quellen der Erkenntnis für den Historiker. Wir können das auch anders ausdrücken und sagen: Diese Tatsachen und Sachverhalte sind Teil unserer Überlieferung, Teil der Traditionen, in denen wir stehen. Jede Tradition verweist als solche zurück auf ihre Ursprünge und auf ihr Fortwirken bis in die Gegenwart. Insofern ist die heute bestehende Tradition eine unmittelbare Erkenntnisquelle für geschichtliches Leben.

Daß es Universitäten gibt, ist das Ergebnis einer Entwicklung, die in dieser Form nur in Europa stattgefunden hat. Daß es in Heidelberg eine Universität gibt, hängt damit zusammen, daß Heidelberg die Residenz der Kurfürsten von der Pfalz war, daß dynastischer Ehrgeiz im 14. Jahrhundert eine Universitätsgründung durch einen Wittelsbacher wünschenswert und das Große Abendländische Schisma von 1378 sie zugleich aussichtsreich erscheinen ließ. Die Gründung der Universität Berlin im Jahre 1810 stellte die Krönung der maßgeblich von Wilhelm von Humboldt gestalteten Bildungsreform in Preußen dar, die ihrerseits einen Teil der umfassenden Reformen bildete, mit denen Preußen auf die Niederlage gegen Napoleon reagierte. Die Gründung zahlreicher neuer Universitäten in der Bundesrepublik wie Bochum, Konstanz, Trier, Augsburg, Regensburg und andere ist aus der Politik der Bildungsexpansion und der Demokratisierung der Bildungschancen in der westdeutschen Gesellschaft seit den sechziger Jahren dieses Jahrhunderts zu verstehen.

Selbstverständlich ist die gebaute Umwelt, in der wir leben, ein Bereich, aus dem uns ganz unmittelbar Zeugnisse der Vergangenheit entgegentreten. In Heidelberg zeigt allein der Unterschied zwischen dem Baustil der spätgotischen Heiliggeistkirche auf der einen und dem Stil fast aller übrigen Gebäude der Altstadt auf der anderen Seite, daß die Stadt am Ende des 17. Jahrhunderts vollständig zerstört worden sein muß. Die Schlichtheit und die bescheidenen Dimensionen der allermeisten Häuser aus der ersten Hälfte des 18. Jahrhunderts lassen erahnen, daß Heidelberg damals keine besonders wohlhabende Stadt war, keine Gewerbe- oder Handelsstadt, sondern – als kurpfälzische Residenz – eine Beamtenstadt. In München dokumentiert die Gestaltung der Ludwigstraße mit Feldherrnhalle und Siegestor das Selbstbewußtsein, den Geltungswillen und das Integrationsbedürfnis des durch Napoleon zum Königreich erhobenen neubayerischen Staates. So könnte man fortfahren, aber es ist genug gesagt worden, um zu demonstrieren, daß die gesamte menschliche Welt aus lauter Elementen besteht, die zugleich als Quellen der Erkenntnis von geschichtlichen Entwicklungen und vergangenem Leben dienen können.

Nun möchte man vielleicht einwenden, die angeführten Beispiele verdeutlichten zwar das Gewordensein all der genannten Gegenstände, Tatsachen oder Sachverhalte und verwiesen insofern auf geschichtliche Entwicklungen. Zur Feststellung dieser Entwicklungen selbst werde man jedoch zu anderen Zeugnissen greifen. Darauf ist zunächst zu antworten, daß die Eigenschaft, Quelle zu sein, nicht davon berührt wird, daß es zur selben historischen Erscheinung auch noch andere und vielleicht aussagekräftigere, präzisere und verläßlichere Quellen gibt. Daß noch andere und brauchbarere Quellen zur Verfügung stehen, ist im übrigen im Einzelfall keineswegs ausgemacht, und schon gar nicht, daß dadurch der Augenschein entbehrlich wird. Gerade im Bereich der gebauten Wirklichkeit wird im allgemeinen durch den Augenschein vieles einsichtig, was aus Plänen und Akten allein nicht ebensogut zu erkennen ist.

Auf die zweifelnde Frage, ob die aufgeführten Tatsachen wirklich historische Quellen genannt werden können, wäre zweitens zu erwidern, daß selbst eine Quelle, die sich am Ende als weniger aussagekräftig erweisen sollte als andere, eine ganz wichtige, geradezu strategische Funktion erfüllen kann, die neben die bloße Erkenntnisfunktion tritt, von der Paul Kirn gesprochen hatte, nämlich die Funktion, überhaupt historische Neugier anzustoßen, also zu Fragen zu veranlassen von folgender Art, um auf einige unserer Beispiele zurückzukommen: Warum hat sich in Europa die Universität entwickelt, nicht aber in einer Hochkultur wie China? Warum haben Heidelberg und Berlin eine Universität, nicht aber Worms oder Speyer? Ist Architektur ein Instrument, um Herrschaft zu befestigen?

Aus dem Studium der Quellen entstehen neue Fragen, und diese Fragen erfordern zu ihrer Beantwortung neue und andere Quellen. Je tiefer man sich in einen Sachverhalt einarbeitet, desto genauer erkennt man, welche Zusammenhänge sonst noch aufgeklärt werden müssen, bevor man ihn wirklich durchschaut. Historische Forschung vollzieht sich als Prozeß der Auseinandersetzung, ja des Ringens mit immer neuen Quellen. Dabei kommt es allerdings alsbald mit Notwendigkeit zur gezielten Suche nach ganz bestimmten Quellen, von denen sich der forschende Historiker eine Antwort auf seine immer präziser werdenden Fragen verspricht. Insofern hat der Vergleich der Historie mit der Suche nach den Quellen des Nils am Ende doch eine Berechtigung. Allerdings beginnt mit der Suche nur, wer einen Blick entwickelt hat für die Geschichtlichkeit der menschlichen Welt und das Gewordensein von allem, was wir sind und was uns umgibt, und der sich noch ein Stück von der kindlichen Fähigkeit des Staunens bewahrt hat.

Unsere Beispiele haben über alles Gesagte hinaus nebenbei auch einen Begriff davon vermittelt, was zur Quellenkritik gehört. Vor allem zwei Überlegungen müssen angestellt werden, bevor eine beliebige Quelle im Prozeß geschichtswissenschaftlicher Erkenntnis benutzt werden kann. Zum einen muß geprüft werden, ob die Quelle das wirklich ist, was sie zu sein vorgibt, das heißt also, ob sie echt ist. Zum andern muß kritisch reflektiert werden, was aus einer Quelle entnommen werden kann und was nicht, mit anderen Worten, wieweit die Aussagekraft einer Quelle reicht.

Im Hinblick auf die Aussagekraft von Quellen unterscheidet die Geschichtswissenschaft seit langem zwischen zwei Quellengruppen, nämlich zwischen Tradition und Überrest. Überrest ist alles, was unmittelbar aus dem Lebensvollzug hervorgegangen und davon übrig geblieben ist. So zeugt der Überrest heute durch sein bloßes Dasein von dem Lebenszusammenhang, in dem er einst entstanden ist. Zu den Überresten gehören sämtliche Gegenstände, die zu praktischen Zwecken hergestellt wurden: Hausgeräte, Münzen, Kleidungsstücke, Werkzeuge, Möbel, Waffen und dergleichen. Zu den Überresten zählen wir aber auch einen großen Teil der schriftlichen Überlieferung. Der weite Bereich des in Verwaltungen, bei Gerichten oder in Unternehmen entstandenen Schriftguts – also Behörden- und Geschäftsakten – ist im Prinzip Überrest, denn solches Material ist in bestimmten Handlungszusammenhängen entstanden – in der Verfolgung jeweils rekonstruierbarer praktischer Zwecke.

Allerdings gibt es innerhalb dieses Geschäftsschriftguts auch Traditionsquellen. Darunter verstehen wir solche Quellen, in denen jemand etwas berichtet, also tradiert, das heißt, in denen uns Nachlebenden die Kenntnis über einen historischen Sachverhalt durch einen Bericht darüber vermittelt wird. An die Stelle des heute noch anschaubaren leibhaftigen Siegestors träte die irgendwann aufgezeichnete Nachricht, daß an dieser Stelle ein so und so beschaffenes Bauwerk gestanden habe. Daß sich solche Berichte auch in den Akten finden, die wir eigentlich zu den Überrestquellen rechnen, verdeutlicht eine einfache Überlegung. Wenn jemand sich um eine ausgeschriebene Stelle bewirbt, verfaßt er einen Brief, in dem er seine besondere Eignung für die Position hervorhebt, und einen Lebenslauf, in dem er seine Biographie darstellt. Auf diese Weise produziert er Akten, aber in diesen Akten berichtet er über sich, so wie er sich sehen oder wie er gesehen werden möchte, und insofern stellt er zugleich eine Traditionsquelle her. Solche Traditionsquellen gibt es innerhalb der

Behördenakten in großer Zahl: diplomatische Berichte, Aktenvermerke über Besprechungen und andere Vorgänge, Rechenschaftsberichte usw. Außerhalb des Geschäftsschriftguts kommen als Traditionsquellen in der Neuzeit Zeitungen, Tagebücher, Memoiren und Briefe in Frage.

Ist die Unterscheidung zwischen Überrest und Tradition nun eine müßige Spielerei, oder hat sie einen guten Sinn? Man kann diese Frage nur beantworten, wenn man sich noch einmal vor Augen stellt, daß dies eine Unterscheidung aus der Perspektive dessen ist, der ein Stück aus der Überlieferung als Quelle historischer Erkenntnis benutzen will. Jede solche Benutzung muß notwendig mit der kritischen Frage verbunden werden, wieweit das Stück als Erkenntnisquelle taugt, was man also daraus entnehmen kann und was nicht. Dabei nun macht es in der Tat einen großen Unterschied, ob man das Siegestor selber vor sich hat oder nur einen Bericht darüber, daß es in München gestanden habe. Jeder, der etwas berichtet, kann sich täuschen; er kann den Adressaten des Berichts irreführen wollen; er wird in der Regel unvollständig berichten, z.B. weil ihm anderes wichtiger war, als was wir wissen wollen, oder weil er das wegließ, wovon er annehmen durfte, daß es seinem Adressaten ohnehin bekannt war. Ist der Bericht im Zusammenhang mit bestimmten praktischen Zielsetzungen geschrieben, so muß man annehmen, daß diese Ziele den Bericht beeinflußt haben. Berichtet jemand über sich selbst, seine Taten und Absichten, so wird seine Darstellung naturgemäß und ganz unwillkürlich von seinen persönlichen Interessen gefärbt sein. Kein Staatsmann wird Memoiren schreiben, um darzulegen, wieviele Fehler er gemacht habe.

Die Unterscheidung zwischen Tradition und Überrest hat somit ihren Sinn mit Bezug auf die kritische Reflexion über die Verwertbarkeit von Quellen.

Die Aussagefähigkeit einer Quelle hängt freilich auch davon ab, was der Historiker aus ihr herauslesen möchte, das heißt, welche Fragen er an sie stellt. Quellen sprechen nur, wenn man sie befragt, und sie sprechen so oder anders, je nach dem, wie man sie befragt. Man kann Memoiren studieren, um sich über Vorgänge zu unterrichten, die sonst nicht überliefert sind; man kann sie aber auch studieren, um zu erfahren, wie ein Bismarck, ein Brüning, ein Adenauer, ein Kissinger usw. ihre Rolle dargestellt, wie sie sich und ihre Politik selbst gesehen haben, vielleicht auch, was für Menschen sie eigentlich gewesen sind.

Quellen können auf vielfältige Art und Weise befragt und zum Sprechen gebracht werden. Niemand kann von einer bestimmten Quelle behaupten, sie sei vollständig ausgeschöpft worden, denn niemand vermag zu sagen, was künftige Historiker durch intelligentes Fragen noch alles aus ihr herausholen werden. In den »Weltgeschichtlichen Betrachtungen« des großen Basler Kulturhistorikers Jacob Burckhardt – geschrieben 1868 – findet sich folgende Bemerkung: »Die Quellen aber, zumal solche, die von großen Männern herrühren, sind unerschöpflich, so daß jeder die tausendmal ausgebeuteten Bücher wieder lesen muß, weil sie jedem Leser und jedem Jahrhundert ein besonderes Antlitz weisen und auch jeder Altersstufe des Einzelnen. Es kann sein, daß im *Thukydides* z.B. eine Tatsache ersten Ranges liegt, die erst in hundert Jahren jemand bemerken wird«.[2] Vielleicht liegt in dieser Feststellung Burckhardts eine Ermutigung für all diejenigen, die angesichts der Fülle der geschichtswissenschaftlichen Literatur glauben, die Geschichte sei längst erforscht und bekannt.

Man muß also Quellen lesen und immer wieder lesen. Der Zugang zu ihnen und damit solche suchende Lektüre werden erleichtert durch die Existenz von Quelleneditionen. Sofern ein bestimmter Quellenbestand ediert ist, wird dem Historiker dadurch die Reise in die Archive erspart, und er kann das gesuchte Stück in einer wissenschaftlichen Bibliothek lesen.

Vom Nutzen solcher Editionen kann man sich nur eine Vorstellung machen, wenn man wenigstens einige Bände einer mustergültigen Edition in die Hand nimmt, sich darin festliest und sich genau ansieht, wie die Edition angelegt ist. Zunächst wird man feststellen, daß die edierten Stücke häufig aus ganz verschiedenen und zum Teil weit verstreuten Archiven stammen. Sofern Quellenarbeit zunächst Sucharbeit ist, ist diese Arbeit dem Forscher durch die Edition schon einmal abgenommen. Dann werden beigegebene Faksimiledrucke einzelner Briefe oder Tagebuchseiten demonstrieren, welche zum Teil mühevolle Arbeit der Transskription von unter Umstän-

---

2 Jacob Burckhardt, Weltgeschichtliche Betrachtungen, hg. von Albert Oeri/Emil Dürr (Jacob Burckhardt-Gesamtausgabe, Bd. 7), Berlin 1929, S. 15f.

den schwer zu entziffernden Handschriften die Herausgeber bereits erledigt haben. Mehr noch: Die Herausgeber haben die Herkunft von Korrekturen und Einschüben von fremder Hand in einem Manuskript nachgewiesen. Sie haben Entwürfe identifiziert und in die richtige zeitliche Reihenfolge gebracht. Sie haben die Entstehungszeit undatierter Stücke ermittelt oder wenigstens eingegrenzt. Vor allem aber haben sie festgestellt, ob ein Stück überhaupt echt ist und in die Edition hineingehört.

Doch nicht genug damit. Die Herausgeber haben kenntlich gemacht, welche Stücke inhaltlich zusammengehören, worauf z.B. ein bestimmter Brief sich bezieht. Sie haben Namen von Personen und von Orten, die in den Quellen erscheinen, identifiziert und so z.B. die Funktion einer Person charakterisiert, mit der ein Autor in Beziehung stand. Zur Erleichterung der Lektüre haben sie über jedes publizierte Dokument ein sog. Regest gesetzt – eine knappe Inhaltsangabe, die auf einen Blick über die Quelle informiert. Schließlich haben sie ein Register erarbeitet – im Idealfall ein Personen-, ein Orts- und ein Sachregister –, durch das es möglich wird, in kürzester Zeit die Quellenstellen zu ermitteln, in denen bestimmte Zusammenhänge vorkommen.

Viele wichtige Quellen finden sich nicht nur in wissenschaftlichen Editionen, sondern auch in preiswerten Studienausgaben. Die haben ihren guten Sinn. Man kann sie nach Hause tragen und mit in die Ferien nehmen, und sie eignen sich gut dazu, um ein Werk im Zusammenhang zu lesen und kennenzulernen. Aber zur wissenschaftlichen Arbeit reichen sie im allgemeinen nicht aus.

In einer beliebigen Ausgabe von Bismarcks »Gedanken und Erinnerungen« lautet der erste Satz: »Als normales Produkt unseres staatlichen Unterrichts verließ ich Ostern 1832 die Schule als Pantheist«.[3] Ein Blick in die »Große Friedrichsruher Ausgabe« der Werke Bismarcks zeigt, daß in der ersten Fassung gestanden hatte: »verließ ich Ostern 1832 die Schule als Atheist«.[4] Worin liegt der Unterschied? Sollte der Pantheismus

---

3 Otto von Bismarck, Gedanken und Erinnerungen, München 1952, S. 37.
4 Ders., Erinnerung und Gedanke, hg. von Gerhard Ritter/Rudolf Stadelmann (Bismarck, Die gesammelten Werke, Bd. 15), Berlin 1932, S. 5.

den Atheismus beschönigen? Drei andere Beispiele. Erst durch die kritische Edition des Textes und anderer dazugehöriger Aktenstücke wird deutlich, daß das berühmte Oktoberedikt von 1807 beim Amtsantritt des Freiherrn vom Stein als Minister bereits ausgearbeitet vorlag und von ihm nur noch in wenigen Punkten modifiziert wurde. Nur eine kritische Edition kann zeigen, wie Metternich den Entwurf des Zaren Alexander I. für die Heilige Allianz veränderte und, wie er meinte, unschädlich machte. Nur durch die kritische Edition wird erkennbar, auf welche Weise Bismarck die Depesche König Wilhelms aus Bad Ems mit dem Bericht über die Unterredung mit dem französischen Gesandten Benedetti in Berlin redigierte, um sie dann der Presse zu übergeben.

Auch wenn wissenschaftliche Editionen dem Benutzer viele mühsame und zeitaufwendige Arbeitsschritte abnehmen, bleibt ihm doch die entscheidende kritische Prüfung überlassen, welche Erkenntnisse aus einer dort publizierten Quelle zu gewinnen sind. Die Edition präsentiert nur den Text, gegebenenfalls mit einer oder mehreren Varianten, und erleichtert seine Interpretation durch die beigegebenen Informationen. Neue Tatsachen darin zu entdecken, um mit Jacob Burckhardt zu sprechen, das bleibt die Aufgabe jedes Benutzers.

Noch in anderer Hinsicht sind Editionen mit kritischer Aufmerksamkeit zu benutzen. Jede Edition folgt einer bestimmten Konzeption. Diese Konzeption muß der Benutzer kennen, denn entsprechend dieser Konzeption haben die Herausgeber entschieden, welche Stücke überhaupt in die Edition aufgenommen werden sollen. Bei den Schriften eines Staatsmanns etwa stellt sich die Frage, ob nur die politischen oder auch die privaten Papiere abgedruckt worden sind, und wie man beides voneinander abgegrenzt hat. Des weiteren muß man wissen, ob wirklich jeder Notizzettel und jedes Höflichkeitsbillet berücksichtigt worden ist. Wissen sollte der Benutzer auch, ob überhaupt alles erhalten ist, was der Betreffende geschrieben hat, oder ob schon die Überlieferung lückenhaft ist.

Es gibt große Editionen, die mit der Absicht erarbeitet wurden, eine bestimmte Auffassung zu belegen. Ein Beispiel hierfür ist die vierzig Bände umfassende Edition aus dem Archiv des Auswärtigen Amts: »Die große Politik der europäischen Kabinette 1871–1914«. Sie ist in den zwanziger Jahren in Angriff genommen worden mit dem Ziel, die These von der deutschen Alleinschuld am Ausbruch des Ersten Weltkriegs, wie sie in Art. 231 des Versailler Friedensvertrags festgeschrieben worden war, dadurch zu widerlegen, daß die diplomatischen Akten allgemein zugänglich gemacht werden und auf diese Weise jedermann Gelegenheit gegeben wird, sich von der friedfertigen Politik des Deutschen Reiches vor 1914 zu überzeugen.

Quellen – viele Quellen, ganz verschiedene Quellen – aufmerksam zu lesen: Es gibt keine bessere Methode für den Historiker, die nötige Sensibilität für geschichtliche Lebenszusammenhänge zu entwickeln und das Auge zu schulen für Tatsachen, die andere übersehen. Kein noch so gutes Buch eines Historikers kann die unmittelbare Anschauung ersetzen, die aus der Lektüre der Quellen zu gewinnen ist. Es ist der Unterschied zwischen demjenigen, der im Reiseführer über Paris liest, und demjenigen, der in Paris lebt oder Paris besucht.

Literaturhinweis

Johannes Lepsius / Albrecht Mendelssohn Bartholdy / Friedrich Thimme (Hg.), Die Große Politik der Europäischen Kabinette 1871–1914. Sammlung der Diplomatischen Akten des Auswärtigen Amtes, 40 Bde., Berlin 1926/1927.

4.
Archive, Bibliotheken, Museen

Geschichte kann eine Last sein. Goethe blickte einst neidvoll auf die Neue Welt und dichtete:

> »Amerika, Du hast es besser
> Als unser Kontinent, der alte,
> Hast keine verfallenen Schlösser
> Und keine Basalte.
> Dich stört nicht im Innern
> Zu lebendiger Zeit
> Unnützes Erinnern
> Und vergeblicher Streit«.[1]

Sofern Goethe in diesen Versen einen Gegensatz herausstellen wollte zwischen dem Leben »zu lebendiger Zeit« und der Erinnerung, so weist er voraus auf Friedrich Nietzsche, bei dem zu lesen steht:

»Es ist möglich, fast ohne Erinnerung zu leben, ja glücklich zu leben, wie das Tier zeigt; es ist aber ganz und gar unmöglich, ohne Vergessen überhaupt zu *leben*. Oder, um mich noch einfacher über mein Thema zu erklären: *Es gibt einen Grad von Schlaflosigkeit, von Wiederkäuen, von historischem Sinne, bei dem das Lebendige zu Schaden kommt und zuletzt zugrunde geht, sei es nun ein Mensch oder ein Volk oder eine Kultur*«.[2]

Wir wollen diesen Alptraum jetzt nicht ausdeuten; dazu werden wir später Gelegenheit haben. Statt dessen wollen wir von einem sozusagen entgegengesetzten Alptraum sprechen, der speziell der Alptraum jedes Historikers sein müßte: der

---

1 Johann Wolfgang Goethe, Den Vereinigten Staaten, in: Ders., Gedichte 1800–1832 (= Goethe, Sämtliche Werke, Briefe, Tagebücher und Gespräche, hg. von Hendrik Birus u. a., Abtlg. I, Bd. 2), hg. von Karl Eibl, Frankfurt 1988, S. 739.

2 Friedrich Nietzsche, Unzeitgemäße Betrachtungen, Zweites Stück: Vom Nutzen und Nachteil der Historie für das Leben, in: Ders., Werke, hg. von Karl Schlechta, Bd. 1, München ²1960, S. 213.

Gedanke nämlich, daß es keine Überlieferung, keine Quellen gäbe.

Der Gedanke ist gar nicht weit hergeholt. Durch Brand, durch Krieg, durch Raub, durch willkürliche Zerstörung, durch natürlichen Zerfall oder durch Umweltbelastungen gehen bis in unsere Tage unwiederbringliche Zeugnisse der Geschichte verloren. Ganze Bibliotheken sind vom Säurefraß bedroht, und in der Zeitung war zu lesen, daß »schon drei Viertel der vor den fünfziger Jahren gedrehten Filme durch chemische Verfallsprozesse vernichtet worden seien«. Jetzt wolle die UNESCO »zum Erhalt des vom Zerfall bedrohten filmischen Erbes beitragen«.[3] Das Beispiel zeigt, daß es durchaus einer gezielten Anstrengung bedarf, um das Überkommene zu bewahren. Wo diese Anstrengung fehlt, zerfallen alte Städte, Kirchen und Paläste.

So besteht Anlaß zu der Frage, warum unsere Vorfahren überhaupt etwas überliefert haben, warum sie wenigstens einen Teil dessen bewahrt und von Generation zu Generation weitergereicht haben, was Menschen vor Jahrhunderten und Jahrtausenden geschaffen haben. Wie kommt es, daß wir überhaupt Zeugnisse der Vergangenheit besitzen?

Für einen Teil der Überlieferung ist die Frage ziemlich leicht zu beantworten. Überliefert worden ist zunächst all das, was nach wie vor gebraucht wurde. Das ist evident bei Kirchen, Altären und kultischem Gerät, und man kann dies im Sinne eines *argumentum e contrario* sogar an solchen Kirchen zeigen, die irgendwann in der Neuzeit säkularisiert wurden und infolgedessen ihre Bestimmung verloren haben. So ist die bis zum Bau der Peterskirche in Rom größte Kirche der Christenheit, die Abteikirche des Klosters Cluny in Burgund aus dem 12. Jahrhundert, im Jahr 1798 an einen Privatmann verkauft und in den folgenden fünfundzwanzig Jahren bis auf einen geringen Rest, der heute noch steht, abgebrochen worden. Manche säkularisierten Klöster sind uns aber auch trotz Zweckentfremdung erhalten geblieben, weil sie einer neuen dauerhaften Bestimmung zugeführt wurden. Die ehemalige Zisterzienserabtei Maulbronn blieb vor dem Abbruch verschont, weil Herzog Christoph von Württemberg nach der Re-

---

3 Frankfurter Allgemeine Zeitung, 5.11.1993, Nr. 258, S. 33.

formation dort eine evangelische Schule einrichtete, die bis heute besteht.

Umgekehrt sind einzelne heidnische bzw. profane Bauten und Denkmäler aus der Antike deshalb erhalten geblieben, weil sie in Kirchen umgewandelt oder integriert wurden, die bis zum heutigen Tag in Gebrauch sind. Unter der Kirche San Clemente in Rom ist ein Mithras-Heiligtum aus der Kaiserzeit erhalten. Das 27 v. Chr. errichtete Pantheon wurde 609 in eine Kirche umgewandelt und der Madonna und allen Märtyrern geweiht. An der Piazza della Repubblica in Rom befindet sich die Kirche S. Maria degli Angeli. Michelangelo hat sie zwischen 1563 und 1566 im Tepidarium der Thermen des Kaisers Diokletian eingerichtet, das auf diese Weise bis heute in gutem Zustand erhalten geblieben ist.

Wenn einige der irgendwann in der Vergangenheit errichteten Bauwerke deshalb auch heute noch stehen, weil sie ununterbrochen gebraucht worden sind – sei es für den ursprünglichen, sei es für einen anderen Zweck –, so ist das eigentlich Erstaunliche an der Tatsache der Überlieferung offenbar eher darin zu sehen, daß soviel erhalten geblieben ist, das keinen Gebrauchswert mehr besitzt. Man denke an Münzen, die vor Jahrhunderten aus dem Verkehr gezogen wurden, oder Bilder von Göttern, an die niemand mehr glaubt, oder wissenschaftliche Geräte, die längst überholt sind!

Nun könnte man vielleicht vermuten, die Münzen und all die anderen Dinge seien deswegen aufbewahrt worden, weil man sie als Zeugnisse der Vergangenheit um der historischen Wissenschaft willen für schutzwürdig gehalten hat. Warum ist dann aber die Kirche von Cluny abgebrochen worden? Warum sind soviele Bauten der Antike zerstört worden? Warum haben die Päpste das Forum Romanum als Steinbruch benutzt, um in Rom Kirchen zu bauen? Tatsächlich ist der historische Sinn für die prinzipielle Erhaltungswürdigkeit von Denkmälern und Zeugnissen der Geschichte erst im 19. Jahrhundert entwickelt worden. Hätte es nicht zuvor andere Motive für Sammlung, Pflege und Aufbewahrung bestimmter Gegenstände gegeben: Um unsere Kenntnis der Vergangenheit wäre es vermutlich schlimm bestellt.

Wir müssen also fragen, warum bestimmte Personen schon vor dem Zeitalter des Historismus bestimmte Gegenstände gesammelt und aufbewahrt haben, und wie es dann um die

Wende vom 18. zum 19. Jahrhundert zu einer ganz neuartigen Wertschätzung der Überlieferung gekommen ist. Wir wollen die Antwort auf diese Frage in Form von drei Geschichten geben, die sich ganz oder teilweise in Heidelberg zugetragen haben.

Die erste Geschichte handelt von der einst weltberühmten Bibliotheca Palatina, welche kostbare Handschriften aus der Zeit zwischen Spätantike und Reformation und zahlreiche Inkunabeln und Druckwerke des 15. und 16. Jahrhunderts umfaßte. Am Beginn ihrer Geschichte steht der Sammeleifer der Kurfürsten von der Pfalz. Ein neuer Entwicklungsabschnitt wurde erreicht, als Kurfürst Ludwig III. 1421 einen großen Teil seiner wertvollen Büchersammlung dem Heiliggeiststift zur Aufstellung auf der Empore vermachte, damit sie dort von Professoren, Magistern und Studenten unter der Aufsicht der Universität benutzt werden konnte. In der Folgezeit wuchs die Bibliothek durch neue Erwerbungen weiter. Besonders Kurfürst Ottheinrich (1556–1559) vergrößerte den Bestand durch seine umfangreichen Sammlungen, die zu einem erheblichen Teil aus den Bibliotheken säkularisierter Klöster gespeist wurden. Ottheinrich ist auch die Verbindung zu Ulrich Fugger zu danken, dessen reichhaltige Bibliothek 1584 ebenfalls in die Palatina eingefügt wurde. Nach der Eroberung Heidelbergs durch die Truppen der katholischen Liga unter Tilly zu Beginn des Dreißigjährigen Kriegs im Jahr 1622 bot Herzog Maximilian von Bayern die Bibliotheca Palatina dem Papst als Geschenk an. In 184 Kisten wurden über 8.000 Bände über die Alpen nach Rom transportiert. Nur ein kleiner Teil blieb in Heidelberg. Die 847 deutschen Handschriften der Palatina kehrten zweihundert Jahre später nach der Niederwerfung Napoleons an den Neckar zurück, ebenso neununddreißig griechische und lateinische Handschriften, die Napoleon Pius VI. im Frieden von Tolentino 1797 mit rund 500 anderen zusammen abgenötigt und nach Paris verbracht hatte. Der Hauptteil der ehemaligen Kriegsbeute und gerade die wertvollsten Handschriften befinden sich jedoch bis heute in der Vatikanischen Bibliothek.

Nicht in die Hände der bayerischen Truppen war die Manessische Liederhandschrift gefallen. Die kurfürstliche Familie schätzte sie in solchem Maße, daß sie sie auf Reisen wie eine kostbare Reliquie mit sich führte. Dennoch haben Friedrich V., der Winterkönig, oder seine Gemahlin Elisabeth Stuart sie nur wenige Jahre länger in Besitz behalten können. Um die Mitte des 17. Jahrhunderts tauchte sie in Paris auf und gelangte schließlich in die Bibliothèque Nationale, von wo sie erst im Jahre 1888 in einem komplizierten Ringtausch für die Universitätsbibliothek Heidelberg zurückgekauft werden konnte.

Diese Geschichte zeigt, daß Fürsten Sammlungen anlegten. Sammelten die pfälzischen Kurfürsten Bücher und Handschriften, so sammelten andere Fürsten antike Münzen und Gemmen oder Waffen oder Gemälde. Viele der großen Museen, Bibliotheken und Galerien Europas sind aus solchen Sammlungen hervorgegangen. Zu den großen Bibliotheken zählt die Vaticana. Zu den großen antiken Museen zählt das Vatikanische Museum, in dem sich unter anderem die berühmte Laokoon-Gruppe befindet, die Gotthold Ephraim Lessing zu seinen Betrachtungen über die Grenzen der Malerei und Poesie anregte. Den Grundstock des Bilderbestands des Louvre in Paris bilden die Sammlungen, die Ludwig XII. und vor allem Franz I. angelegt haben; die berühmte *Mona Lisa* von Leonardo da Vinci war schon vor 1525 im Besitz des Königs Franz.

Warum aber sammelten die Fürsten? Warum war die Bibliotheca Palatina für den Papst im Jahre 1622 ein passendes und willkommenes Geschenk? Eine Kirche stand im Mittelalter in um so höherer Verehrung, je mehr Reliquien sie besaß. Die Reliquien steigerten gleichzeitig das Ansehen des Abts oder Bischofs, der über sie verfügte. Dabei hatte die Reliquie selbstverständlich keinen Gebrauchswert. Ihr Wert bestand darin, auf eine unsichtbare Welt zu verweisen. Durch die Reliquie wurde die unsichtbare Welt präsent und wirksam. Analoges ist über die Kunstwerke, die kostbaren Handschriften und die Raritäten in den fürstlichen Sammlungen gesagt worden. Sie seien »Semiophoren«[4] (Zeichenträger), die eine unsichtbare, weil vergangene oder exotische Welt präsent machten und eben dadurch – ganz ähnlich wie bei Reliquie und Klerus – das Ansehen dessen erhöhten, der über sie verfügte. Durch seine Sammlungen suchte ein Fürst sich unter seinesgleichen auszuzeichnen. Zugleich hob er sich durch sie von seinen Un-

---

4 Krzysztof Pomian, Der Ursprung des Museums. Vom Sammeln, Berlin 1993, S. 50.

tertanen ab, gewann Distanz und Erhabenheit. So war es nur naheliegend, daß alsbald auch Bürger Sammlungen anlegten, z.B. jener Ulrich Fugger, der in der Geschichte der Bibliotheca Palatina ebenfalls eine wichtige Rolle spielte.

Die zweite Heidelberger Geschichte kreist um das Palais Boisserée am Karlsplatz, in dem heute das Germanistische Seminar untergebracht ist. Das ehemalige Sickingensche Palais trägt seinen heutigen Namen nach den Brüdern Melchior und Sulpiz Boisserée, die zwischen 1810 und 1819 dort wohnten. Die Brüder sind denkwürdig wegen ihrer Sammlung von zuletzt über 250 altdeutschen und niederländischen Gemälden, die sie nach der Aufhebung zahlreicher Klöster links des Rheins im Gefolge der Französischen Revolution seit 1803 zusammengetragen und in ihrem Heidelberger Haus ausgestellt haben. Das Motiv für ihre Sammlung war letztlich ein nationalpolitisches. Im Verein mit ihrem Freund Bertram und vor allem mit Friedrich Schlegel entdeckten die Brüder die lange verkannte gotische Malerei neu und erblickten darin, zugleich in Abhebung von Renaissance und Barock, die eigentlich deutsche Kunst. Die Sammlung und Ausstellung der Bilder hatte somit zugleich die Funktion, die Deutschen zur Besinnung auf ihre nationale Eigenart und ihre besonderen Werte zu bewegen. Nicht zufällig steht Sulpiz Boisserée auch am Anfang der Bemühungen, die schließlich zur Vollendung des Kölner Doms führten. Die Sammlung der Brüder Boisserée läßt sich mit der Begründung der »Monumenta Germaniae Historica« durch den Freiherrn vom Stein im Jahre 1819 vergleichen. Der Freiherr vom Stein wollte die Quellen der deutschen Geschichte zusammentragen und edieren, damit sich aus der Kenntnis der deutschen Vergangenheit und ihrer Größe und Eigenart zugleich die Liebe zum eigenen Vaterland, ein deutsches Nationalgefühl, entwickle. Im Jahr 1827 erwarb König Ludwig I. von Bayern die Sammlung der Brüder Boisserée. Sie gelangte nach München und bildete dort den Grundstock der Alten Pinakothek.

Die dritte Heidelberger Geschichte beginnt beim Schloß und endet mit der Gründung des Kurpfälzischen Museums. Das kurfürstliche Schloß wurde im Pfälzischen Erbfolgekrieg von den Truppen Ludwigs XIV. zerstört. Das ist allseits bekannt und doch nur die halbe Wahrheit, wenn man diese Feststellung als Antwort auf die Frage nimmt, warum auf dem

Jettenbühl heute eine Ruine steht. Kaum zehn Jahre nach der Zerstörung durch die Franzosen wurden nämlich die nordöstlichen Partien des Schlosses – Friedrichsbau, Gläserner Saalbau und Ottheinrichsbau – wieder aufgebaut. Die weiteren Wiederherstellungspläne wurden wegen des Spanischen Erbfolgekriegs verschoben. Nach dem Friedensschluß nahm Kurfürst Karl Philipp die Pläne wieder auf. Entsprechend den inzwischen herrschenden Vorstellungen von einer fürstlichen Residenz, die durch das Vorbild von Versailles und die fortgeschrittene Kriegstechnik bestimmt waren, konnte ein Burgschloß auf einem Berg allerdings nicht mehr genügen. Der venezianische Architekt Matteo Alberti hatte deshalb eine riesige Schloßanlage in der Ebene westlich vor den Toren Heidelbergs, das heißt im heutigen Bergheimer Viertel, geplant. Gleichzeitig sollte jedoch auch der Westteil des Bergschlosses wiederhergestellt werden, allerdings im barocken Stil der Zeit, und beide Schlösser sollten durch eine Rampe – etwa von der Märzgasse an aufsteigend – miteinander verbunden werden.

Wegen seiner Differenzen mit dem reformierten Kirchenrat über die Nutzung der Heiliggeistkirche beschloß der katholische Kurfürst Karl Philipp im Jahre 1720 jedoch, seine Residenz nach Mannheim zu verlegen und dort ein neues Schloß im zeitüblichen Stil zu errichten. So blieben Albertis Pläne auf dem Papier. Als 1764 dann ein Blitzschlag die um 1700 wiederhergestellten Teile des Heidelberger Schlosses erneut vernichtete, unterblieb ein Wiederaufbau, weil das Gebäude nicht mehr gebraucht wurde. Was die Zerstörung durch die Franzosen und der Brand von 1764 übriggelassen hatten, war in den folgenden Jahrzehnten dem weiteren Verfall preisgegeben. Mutwillige Beschädigung und Souvenirjägerei beschleunigten den Prozeß. Zahlreiche Bürger Heidelbergs und der umliegenden Orte taten es den Päpsten auf dem Forum Romanum gleich und beschafften sich ihr Baumaterial auf dem Schloß. Da erschien 1810 ein in der Revolution emigrierter französischer Aristokrat in Heidelberg, der Graf Charles de Graimberg. Ihm ist die Erhaltung der Schloßruine zu verdanken, denn nach jahrelangem Kampf mit den badischen Behörden – Heidelberg war 1803 an Baden gefallen – erreichte er schließlich, daß der badische Staat seit den dreißiger Jahren den Schutz dieses Denkmals und die Sorge für seine Erhaltung übernahm. Wir erkennen an diesem Vorgang für Heidelberg den Beginn der modernen Denkmalpflege, des Denkmalschutzes, ebenfalls ein Symptom des Historismus im Sinne der Wertschätzung der Überlieferung um ihrer selbst willen.

Im Zuge seines Kampfes um die Erhaltung des Schlosses als Denkmal der pfälzischen, deutschen, ja europäischen Geschichte hat der Graf von Graimberg in Heidelberg auch angefangen, Münzen, Gemälde und andere Gegenstände zu sammeln, die von der Geschichte der Pfalz und ihrer Kurfürsten zeugten. Diese Sammlung war lange Zeit im Schloß, vorübergehend auch im Palais Graimberg am Kornmarkt ausgestellt. Graimberg starb 1864. Im Jahr 1879 verkaufte sein Sohn die Sammlung an die Stadt Heidelberg. Sie wurde zum Grundstock des seit 1921 so genannten Kurpfälzischen Museums der Stadt Heidelberg, das seit 1908 an seinem jetzigen Standort im Palais Morass in der Hauptstraße untergebracht ist. Der Ursprung des Heidelberger Museums geht im Unterschied zu den fürstlichen Sammlungen also auf einen Privatmann zurück, allerdings in einer vom Geist der Romantik und des Historismus geprägten Epoche, in der die Menschen aus der Besinnung auf ihre Herkunft ihre nationale, regionale, geistige oder soziale Eigenart zu verstehen suchten.

Wir haben gefragt, warum unsere Vorfahren uns überhaupt etwas überliefert haben. Dabei hat sich bis jetzt folgendes ergeben: Erhalten blieb, was fortwährend gebraucht wurde. Erhalten blieb ferner, was aus Gründen des Prestiges und der sozialen Distinktion des Sammelns für würdig erachtet wurde. Aus solchen Sammlungen sind viele unserer modernen Museen und Bibliotheken hervorgegangen.

Um die Wende vom 18. zum 19. Jahrhundert hat sich das Motiv für das Sammeln und Bewahren verändert. Jetzt trat das Ziel in den Vordergrund, die Denkmäler oder Altertümer der Vergangenheit, wie man sagte, zusammenzutragen, um daraus Kenntnis von der eigenen Geschichte und den eigenen Traditionen zu erlangen. Dabei stand im Zeichen der Romantik und der nationalen Erweckungsbewegungen in vielen Ländern der Gedanke im Mittelpunkt, durch geschichtliche Rückbesinnung das Bewußtsein der eigenen Nationalität zu entwickeln. Gesammelt wurden in dieser Zeit nicht nur schriftliche Quellen des Mittelalters oder gotische Gemälde, sondern auch Märchen, Sagen und Lieder. In Heidelberg gaben Achim von Arnim und Clemens Brentano in den Jahren 1806 und 1808 die Liedersammlung »Des Knaben Wunderhorn« heraus. Die Märchen der Brüder Grimm kennt jeder seit seiner Kindheit. Aber auch das große und bis heute maßgebende Deutsche Wörterbuch der Brüder Grimm ist letztlich als eine Sammlung und Sichtung des deutschen Wortschatzes zum Zwecke seiner Pflege und Bewahrung aufzufassen. Die Anfänge des Denkmalschutzes, die wir am Beispiel des Grafen Graimberg und des Heidelberger Schlosses kennengelernt haben, gehören in diesen Zusammenhang. Die nationalpolitische Triebfeder all dieser Bemühungen wird schließlich auch an der Gründung von Nationalmuseen erkennbar. In Deutschland wurde nach Jahren der Planung durch Hans Freiherr von Aufseß 1852 das Germanische Nationalmuseum in Nürnberg gegründet.

Nicht beantwortet worden ist bisher die Frage, warum Urkunden und vor allem Akten aufbewahrt wurden, die traditionell wichtigste Quellengruppe für den Historiker. Es ist leicht einzusehen, daß zwei Grundsätze, die bei den bisherigen Überlegungen deutlich geworden sind, auch für den Bereich der Urkunden und Akten gelten. Einmal wurde aufbewahrt, was aktuell oder potentiell für praktische Zwecke weiterhin gebraucht wurde, und zum andern kam um 1800 als neues Motiv für die Aufbewahrung die Erhaltung für historische und wissenschaftliche Zwecke hinzu.

Betrachten wir zunächst die Epoche des Heiligen Römischen Reiches deutscher Nation. Bekanntlich war dieses Reich kein straff organisierter Staat, sondern ein, wie Samuel Pufendorf 1667 meinte, einem Monstrum ähnliches Gebilde, das aus einer Vielzahl von Hoheitsträgern unterschiedlichen Rangs und unterschiedlicher Größe zusammengesetzt war. Das Ganze war überwölbt von einigen wenigen Reichsinstitutionen von fraglicher Kompetenz und Effektivität – dem Kaiser, dem Reichshofrat, dem Reichskammergericht und dem Reichstag. Es ist ein Grundthema der deutschen Geschichte, daß die vielen Hoheitsträger ihre Gerechtsame über die Jahrhunderte durch Privilegierung und Usurpation auf Kosten der Königsgewalt und in einem konfliktreichen Differenzierungsprozeß untereinander erworben haben. Dabei liegt auf der Hand, daß Art und Umfang der jeweils bestehenden Rechte Gegenstand unendlicher Streitigkeiten sein mußten. Um sich für solche Konflikte gewappnet zu halten, war es geboten, die Urkunden und Akten sorgfältig aufzubewahren, mit denen Rechtsansprüche notfalls bewiesen werden konnten, und zwar lange, denn Prozesse vor dem Reichskammergericht konnten sich über Jahrhunderte hinziehen.

In einem Zeitalter, in dem es kein allgemeines Staatsbürgerrecht gab, durch das die Rechte und Pflichten jedes Einzelnen generell festgelegt sind, kam es darüber hinaus darauf an, die Dokumente aufzubewahren, aus denen die Verpflichtungen derjenigen hervorgingen, die der Grund-, Leib-, oder Gerichtsherrschaft eines Herrn unterworfen waren. Nicht zufällig verbrannten die französischen Bauern im Sommer 1789 zahlreiche Archive ihrer Grundherren, um sich so ihrer Pflichten, wie sie meinten, zu entledigen. Im Revolutionsjahr 1848 folgten viele Bauern in Deutschland diesem Beispiel.

Für alle Hoheitsträger war es also existenznotwendig, ein Archiv anzulegen, gleichsam als Gedächtnis der Regierung oder Verwaltung. Das Wort kommt vom griechischen *arché*; das bedeutet Behörde oder Amt. Der unmittelbare Gebrauchswert dieser Archive wurde durch die staatliche Neuordnung im Zeitalter der Französischen Revolution weitgehend überholt. Die Schaffung moderner Verfassungen, eines allgemeinen öffentlichen Rechts, allgemeiner Gesetzbücher, dazu einer modernen Verwaltungsorganisation: All dies machte den Rückgriff auf alte Rechtstraditionen weitgehend überflüssig. Allerdings bedurften auch die neuen Staaten ihres politischen und administrativen Gedächtnisses, und so schuf die französische Nationalversammlung noch im Jahre 1789 ihr eigenes Archiv. 1793/94 wurde dieses Archiv als Nationalarchiv deklariert und mit der Archivierung des gesamten künftigen Aktenanfalls der Staatsverwaltung beauftragt. Für die Verwaltungen der in der Revolution geschaffenen Departements wurden 1796 Departementsarchive eingerichtet.

Was aber sollte mit den Archiven aus der Zeit vor der Revolution geschehen, die für praktische Zwecke kaum noch gebraucht wurden? Das französische Archivgesetz vom 25. Juni 1794 traf eine richtungweisende Regelung, die es, wie Eckhardt G. Franz formulierte, zum »Grundgesetz des modernen Archivwesens« machte. Maßgeblich für die Aufbewahrung im Archiv sollte künftig »nicht nur der rechtliche Beweiswert«, sondern auch »der historische, wissenschaftliche oder künstlerische Wert der Dokumente« sein.[5]

Im Jahr 1806 erlosch das Heilige Römische Reich deutscher Nation. Die politische Landkarte Deutschlands wurde durch Napoleon radikal umgestaltet. Durch die Bildung einer überschaubaren Zahl von mittelgroßen Einzelstaaten wurde die politische Zersplitterung reduziert. Ein Beispiel für den Vorgang ist die Entstehung des Großherzogtums Baden aus der Zusammenfassung einer großen Zahl ehemals reichsunmittelbarer Gebiete, die zusammen ein Vielfaches der alten badischen Markgrafschaften ausmachten. Auch dieser neue Staat brauchte ein Zentralarchiv, und so wurde in Karlsruhe das Badische Generallandesarchiv gegründet. Da zugleich auch in Deutschland das Bestreben vorhanden war, die älteren Aktenbestände für wissenschaftliche, historische und künstlerische Zwecke – also zum Studium der eigenen Vergangenheit – zu erhalten, wurden entsprechend der politischen Neuordnung durch Napoleon auch die Archive der in den Staat Baden inkorporierten ehemals selbständigen Territorien ins Generallandesarchiv überführt.

Die Kernlande der ehemaligen Kurpfalz mit Heidelberg und Mannheim sind 1803 an das neue Baden gefallen. Finden wir die Akten des pfälzischen Kurfürstentums heute in Karlsruhe? Die Antwort lautet: nur zum Teil, und dies aus folgenden Gründen. Nach dem Tode Maximilians III. Joseph, des letzten Kurfürsten von Bayern, im Jahre 1777 übernahm der in Mannheim residierende Kurfürst Karl Theodor von der Pfalz, zugleich Herzog von Berg, Jülich, Neuburg und Sulzbach, auch das Kurfürstentum Bayern. Er siedelte nach München über und nahm selbstverständlich alle Urkunden und Akten mit, die sich auf die kurfürstliche Familie bezogen. Ebenfalls mit sich nahm er diejenigen Akten, die seine Stellung als Reichsfürst und das Verhältnis zu anderen Staaten betrafen. Dementsprechend finden wir diese Aktenbestände bis heute in München: die Akten der wittelsbachischen Dynastie im Geheimen Hausarchiv, die Akten der Staatsregierung im Hauptstaatsarchiv. Nicht in München befinden sich dagegen die Ak-

---

5 Eckhart G. Franz, Einführung in die Archivkunde, Darmstadt [4]1993, S. 11.

ten der inneren Verwaltung, einschließlich der Akten der Ämter und Oberämter, in die das pfälzische Territorium administrativ gegliedert war. Die Akten der Zentralbehörden der inneren Verwaltung werden im Generallandesarchiv Karlsruhe aufbewahrt, z.B. die Protokolle des Geheimen Rats und der Hofkammer, die Akten der Ämter dagegen nur insoweit, als diese Ämter beim Untergang der Kurpfalz an Baden gelangt sind. Die Amtsakten der linksrheinischen ehemals kurpfälzischen Gebiete, die 1815 bayerisch wurden, befinden sich im Staatsarchiv Speyer.

Das Beispiel zeigt sehr deutlich, daß man unter Umständen ein gutes Stück weit in die Geschichte eines Staates eindringen muß, um feststellen zu können, in welchen Archiven man bestimmte Akten erwarten darf. Das Beispiel zeigt aber auch, daß staatliche Archive Behörden sind, die eine gesetzlich festgelegte Zuständigkeit haben. Das Generallandesarchiv in Karlsruhe ist seit seiner Gründung zuständig für die Übernahme des anfallenden Aktenmaterials der Behörden und Gerichte des badischen Staates, ebenso wie heute das Bundesarchiv in Koblenz die Akten der Bundesbehörden und Bundesministerien aufnimmt.

Neben den staatlichen Archiven gibt es selbstverständlich eine große Zahl nichtstaatlicher Archive. Städte und Universitäten besitzen Archive. Die Kirchen haben Archive angelegt; am wichtigsten ist hier das große Vatikanische Archiv. Wirtschaftsunternehmen, Gewerkschaften und Parteien besitzen Archive. Nicht vergessen sollte man auch die Rundfunkarchive, in denen die Bild- und Tonträger mit den gesendeten Programmen aufbewahrt werden. Im Grunde legt auch jeder Privatmann mehr oder weniger sein eigenes Archiv an mit wichtigen Urkunden – Geburtsurkunde, Reifezeugnis, Meisterbrief, Versicherungspolicen und privater sowie geschäftlicher Korrespondenz. Auf solche Weise entstehen Nachlässe. Handelt es sich um Personen von öffentlichem Interesse – sei es aus politischen, literarischen, künstlerischen oder wissenschaftlichen Gründen – so sind Archive (und übrigens auch Bibliotheken) an der Erwerbung der Nachlässe interessiert. Es gibt Verzeichnisse, in denen die Aufbewahrungsorte von Nachlässen in Archiven oder Bibliotheken aufgeführt sind.

Behördenschriftgut, das für die alltäglichen Geschäfte nicht mehr gebraucht wird, wandert zunächst in die Registratur der betreffenden Behörde. Nach einer gewissen Zeit wird es dann aus der Registratur an das zuständige Archiv abgegeben. Dort muß es gesichtet und geordnet werden, und diese Arbeit macht die Hauptaufgabe der Archivare aus. Betrachten wir kurz die Grundsätze, nach denen sie dabei verfahren.

Im allgemeinen gilt von Angelegenheiten größerer Bedeutung, daß mehrere Behörden oder Stellen damit befaßt sind. Bis weit ins 19. Jahrhundert hinein herrschte daher im Archiv der Grundsatz, daß die aus den Registraturen der verschiedenen Behörden oder Stellen einlaufenden Akten so geordnet werden müssen, daß die auf dieselbe Angelegenheit bezüglichen Akten unter einem Stichwort zusammengeführt werden. Man nennt diesen Gliederungsgrundsatz das Pertinenzprinzip. In den Repertorien oder Findbüchern der Archive – vergleichbar dem Katalog in einer Bibliothek – findet man dementsprechend Stichworte wie »Hofökonomie«, »Bausache«, »Frohnden« usw.

Dieses Verfahren riß Registraturen auseinander und erschwerte alle Forschungen, in denen es auf die Genese und den inneren Zusammenhang komplexer Entscheidungen ankam, ganz abgesehen von allen Schwierigkeiten eindeutiger Zuordnung des Materials zu einem Stichwort im Einzelfall. Daher setzte sich in der ersten Hälfte des 19. Jahrhunderts in Frankreich und England, aber auch in einzelnen deutschen Staaten der *respect des fonds*, das sogenannte Provenienzprinzip durch. Seit der Jahrhundertwende herrscht es allgemein. Es besagt, daß die aus einer bestimmten Registratur, das heißt aus derselben Provenienz (Herkunft) stammenden Bestände nicht auseinandergerissen, sondern in ihrem gewachsenen Zusammenhang belassen und so archiviert werden. Zur Aufklärung eines bestimmten Sachverhalts muß der Benutzer also prüfen, welche Stellen mit der Angelegenheit befaßt waren, und dann bei den entsprechenden Provenienzen suchen.

Doch auch innerhalb der Provenienzen, und zwar schon in der Registratur findet eine bestimmte Gliederung nach einem vorgegebenen Aktenplan statt. Am wichtigsten ist hierbei die Unterscheidung zwischen Serie und Sachakte. Als fortlaufende Serien werden beispielsweise Korrespondenzen – geordnet nach Korrespondenzpartnern – oder Sitzungsprotokolle regelmäßig tagender Gremien angelegt: des Bundeskabinetts, eines Universitätssenats usw., als Sachakten oder Dossiers dagegen die in derselben Behörde bzw. Registratur anfallenden Akten zu einem bestimmten Sachverhalt, einem bestimmten *Betreff* – im Bundesinnenministerium also etwa der Betreff »Umzug von Bundesbediensteten von Bonn nach Berlin«.

In dem einzigen Jahr 1972 produzierten die Staatsbehörden des Bundeslands Hessen Akten im Umfang von 16.000 Regalmetern. Es ist bei solchen Größenordnungen völlig ausgeschlossen, sämtliche bei den Behörden anfallenden Akten zu archivieren. Daher ist eine der wichtigsten Aufgaben des Archivars die Aktenausscheidung oder Kassation. Es gibt dafür bestimmte Regeln, teils auch gesetzliche Vorschriften, so daß Entscheidungshilfen bereitliegen. Dennoch bestehen größere oder geringere Ermessensspielräume, und auch die vorhandenen Regeln sind natürlich durchaus diskussionswürdig. Das Hauptproblem für die Wissenschaft liegt darin, daß heute nicht absehbar ist, welche Fragestellungen künftige Historiker entwickeln werden. Der Aufschwung der Sozialgeschichte in Deutschland nach dem Zweiten Weltkrieg z.B. hat das Interesse für Quellengruppen geweckt, die im 19. Jahrhundert als belanglos angesehen wurden. In Deutschland werden schätzungsweise immerhin fünf bis zehn Prozent des anfallenden Registraturguts archiviert, in England und Amerika dagegen nur ein bis zwei Prozent. Dabei liegt der Prozentsatz bei dem einen Bestand weit höher, bei einem anderen noch erheblich darunter.

Handbücher und andere Hilfsmittel erleichtern die Benutzung der Archive. Im übrigen kann jeder Benutzer auf die Beratung und Hilfestellung durch die Archivare zählen. Auf jeden Fall empfiehlt es sich, vor der Konsultation eines Archivs die wissenschaftliche Literatur über das jeweilige Thema genau zu studieren. Zumeist ergeben sich daraus schon Hinweise auf vorhandene Quellenbestände.

Am Beginn dieses Kapitels stand ein Wort Nietzsches, der angesichts der Last der Vergangenheit voller Neid auf das Tier blickte, weil das Tier nichts erinnern kann. Jeder Benutzer sollte sich bei einem Besuch eines großen Archivs wenigstens einmal ins Magazin führen lassen. Angesichts der unendlichen Regalreihen staubiger Aktenpakete könnte sich in der Tat Nietzsches Gefühl der Beklemmung einstellen. Aber der Anblick der an einem Ort konzentrierten Überlieferung von Jahrhunderten kann auch zum Staunen darüber veranlassen, daß der Mensch – gerade anders als das Tier – die Überreste seines Tuns aufbewahrt, um sich in aller Zukunft immer wieder neu vor sich selbst darüber Rechenschaft abzulegen.

Literaturhinweise

Richard Benz, Heidelberg. Schicksal und Geist, Konstanz 1961.
Elmar Mittler (Hg.), bibliotheca Palatina, 2 Bde., Heidelberg 1986.
Ders. (Hg.), Heidelberg. Geschichte und Gestalt, Heidelberg 1996.
Volker Sellin, Heidelberg und sein Schloß, in: Cyrus Hamlin u.a., Heidelberg. Stadt und Universität, Heidelberg 1997, S. 157–171.
Ders., Der Streit um die Heiliggeistkirche, in: Werner Keller (Hg.), Die Heiliggeistkirche zu Heidelberg 1398–1998, Heidelberg 1999, S. 51–53.
Friedrich Strack (Hg.), Heidelberg im säkularen Umbruch. Traditionsbewußtsei und Kulturpolitik um 1800, Stuttgart 1987.

5.
Frage und Antwort

Im Schlaraffenland fliegen uns die gebratenen Tauben in den Mund. Die Wissenschaft ist *kein* Schlaraffenland. Die Wissenschaft ist noch nicht einmal ein Restaurant, wo man die von anderen zubereiteten Erkenntnisse gegen Entgelt in sich aufnehmen und dabei satt werden kann. In der Wissenschaft muß man seine Speisen schon selber zubereiten; zumindest muß man an ihrer Zubereitung mitwirken.

Die Rede ist von *Erkenntnissen*, nicht von bloßen *Informationen*. Die Menschenwelt ist voll von Informationen. Sie sind gespeichert in Bibliotheken und Datenbanken. Zeitungen, Rundfunk und Fernsehen fügen der Masse der schon verfügbaren Informationen täglich neue hinzu. Informationen sind Tatsachenwissen. In ihren Speichern stehen sie auf Abruf bereit für jeden, der ihnen in bestimmten Zusammenhängen Bedeutung verleihen kann. Im Speicher selbst dagegen stehen sie vereinzelt da, beziehungslos, eine neben der anderen, ganz wie die Gegenstände, die unsere häuslichen Speicher füllen, um auf die nächste Benützung zu warten: der Christbaumständer, der Schlitten, der Sonnenschirm, die Reisekoffer. Als Speicher von Informationen kann jedes zuverlässige Buch dienen. Auch eine ganz auf Deutung und Interpretation zielende Darstellung enthält nebenbei die grundlegenden Daten, und insofern kann man jedes beliebige Buch auch als Nachschlagewerk benützen. Es gibt jedoch eine Klasse von Büchern, die nichts anderes bieten wollen als eine Sammlung von häufig benötigten Informationen. In diesem Sinne hat jede Wissenschaft vermutlich ihre besonderen Speicher. Nützliche Speicher für den Historiker sind die Handbücher des Verlags Ploetz – Sammlungen von Daten zur Weltgeschichte, so daß wir beispielsweise folgende Tatsachen dort niedergelegt finden: Am 14. Juli 1789 wurde die Bastille gestürmt; im Frieden von Lunéville vom 9. Februar 1801 wurde das linke Rheinufer an Frankreich abgetreten; im Jahre 1815 besaß Frankreich eine Bevölkerung von 28 Millionen. Als Tatsachenwissen beruhen derartige Informationen auf einfachen Feststellungen. Man kann feststellen, was im Vertrag von Lunéville vereinbart wurde.

Feststellungen lassen sich leicht überprüfen: Geburtstage, Bevölkerungszahlen, die Zusammensetzung einer Regierung, der Name eines Erfinders. *Erkenntnisse* dagegen entziehen sich der einfachen Überprüfung. Sie beruhen auf historischen Urteilen, die – wie wir gesehen haben – dadurch zustandekommen, daß unterschiedliche Tatsachen miteinander verknüpft werden. So verhält es sich zum Beispiel mit dem Urteil: Die Übervölkerungskrise im deutschen Vormärz mit den Folgen der Unterbeschäftigung und der Massenarmut wurde historisch durch zwei Vorgänge überwunden: durch die millionenfache Emigration und durch den Prozeß der Industrialisierung, der Arbeitsplätze schuf. Es liegt auf der Hand, daß ein solches Urteil sich der raschen Verifikation entzieht. Dagegen lassen sich die einzelnen Tatsachen, die in diesem Urteil zueinander in Beziehung gesetzt worden sind, durchaus mit Hilfe entsprechender Statistiken überprüfen: die Expansion der Bevölkerung, der Anstieg der Emigration, das wirtschaftliche Wachstum nach Indikatoren wie Bruttosozialprodukt, Industrieproduktion, Investitionsrate.

Wie man sieht, mußten diese Basisdaten erst in einen solchen Zusammenhang miteinander gebracht werden, daß daraus Erkenntnis entstünde. Diese Operation ist immer das Ergebnis gezielten Fragens, in unserem Beispiel also der Frage, wie es kam, daß die Massenarmut des Vormärz in Deutschland in der zweiten Hälfte des 19. Jahrhunderts verschwand. Wenn niemand danach gefragt hätte, wäre uns die Antwort unbekannt, denn die Basisdaten, bloß für sich genommen, vermitteln die Erkenntnis nicht.

Die Wissenschaft verfährt also dialogisch. Wir führen gleichsam Zwiesprache mit den Quellen und prüfen rückfragend zugleich das Wissen, das wir bereits zu haben glauben. Wenn wir nicht gezielt fragen, bringen wir keine Erkenntnis zustande. Wonach man aber fragen soll, dafür gibt es keine Regeln. Allerdings stehen wir, bevor wir mit dem Fragen beginnen, immer schon in einer Fragetradition. Unzählige Fragen sind bereits vor uns gestellt und beantwortet worden. Die Antworten stehen in Form von Erkenntnissen in der geschichtswissenschaftlichen Literatur zur Verfügung.

Es kann allerdings vorkommen, daß sich bei der Lektüre von historischen Büchern Zweifel daran regen, ob eine Frage auch richtig oder vollständig beantwortet wurde. Dann muß man die Frage noch einmal stellen und neu zu beantworten suchen. Oder wir finden, daß eine Frage nicht richtig, nicht angemessen, oder schließlich, daß ganz wichtige Fragen überhaupt nicht gestellt worden sind. Von diesen drei Möglichkeiten des Ungenügens an Erkenntnissen, die wir in der wissenschaftlichen Literatur ausgebreitet finden, sind die erste und die letzte am leichtesten zu verstehen. Die Zweifel, ob eine Frage richtig oder vollständig beantwortet wurde, beschleichen uns vor allem in den Fällen, in denen die Frage uns besonders wichtig erscheint, zugleich aber auch sehr komplex ist. Vergegenwärtigen wir uns nur einige der Antworten, die auf die Frage nach den Ursachen des Nationalsozialismus zu hören sind, und prüfen wir ihre Stichhaltigkeit!

Die traumatischen Kindheitserfahrungen und die diabolische Persönlichkeit Adolf Hitlers erklären *nicht*, warum ihm so viele Menschen nachgelaufen sind. Die harten Bestimmungen des Versailler Friedensvertrags haben vierzehn Jahre lang *nicht* zum Zusammenbruch der Weimarer Republik geführt. Die Weltwirtschaftskrise erfaßte auch die Vereinigten Staaten, Großbritannien und Frankreich, *ohne* daß dort faschistische Regime an die Macht gelangt wären. Die sozialökonomischen Transformationsprozesse, die den alten Mittelstand, also Handwerk und Einzelhandel, bedrohten, haben in *allen* Industriegesellschaften stattgefunden. Daß die Deutschen keine Gelegenheit gehabt hätten, sich mit der Demokratie vertraut zu machen, müßte auch für die Bundesrepublik gelten, denn zwischen 1933 und 1945 hatten sie diese Gelegenheit erst recht nicht.

Jetzt könnte jemand vielleicht einwenden, die angedeuteten Antworten auf die Frage nach den Ursachen des Nationalsozialismus und wahrscheinlich noch viele weitere geläufige Antworten mehr, die man in Kürze gar nicht alle aufzählen kann, vermöchten das Phänomen nicht als einzelne, sondern nur zusammengenommen zu erklären. Dann käme es freilich auf die wechselseitige Gewichtung an, und vielleicht müßte man sogar prüfen, ob nicht der eine oder der andere Faktor auch ganz hinweggedacht werden könnte. Jedenfalls ist die Abwägung allemal schwierig, und so wäre es durchaus nicht verwunderlich, wenn nicht einmal zwei Autoren exakt dieselbe Antwort auf die gestellte Frage gäben. An welche Erklärung sollen sich dann aber die Leser der verschiedenen Autoren halten?

Daß neue Fragen aufgeworfen werden, die zuvor noch niemand gestellt hatte: Darauf beruht zu einem großen Teil der Fortschritt unserer Wissenschaft. Im Prozeß dieses Fortschritts werden nicht nur die Antworten überholt, sondern auch die Fragen. An berühmten Beispielen fehlt es nicht. Auf der Suche nach einer Erklärung für die Ursachen dafür, daß nur im Okzident der moderne Kapitalismus entstanden ist, stellte Max Weber zu Anfang dieses Jahrhunderts die Frage, ob nicht ein Zusammenhang bestehe zwischen der protestantischen Ethik und dem Geist des Kapitalismus, und wirklich erklärte er den Kapitalismus als eine Fernwirkung der Reformation.

Außer den falschen oder unvollständigen Antworten und den Fragen, die erst noch gestellt werden müssen, gibt es schließlich auch Fragen, die zwar gestellt und auch längst und vielfältig beantwortet worden sind, denen gegenüber jedoch irgendwann ein Zweifel aufkommen kann, ob sie ihrem Gegenstand wirklich angemessen seien. Dieses Problem soll hier deshalb ausführlicher erörtert werden, weil sich daran besonders anschaulich zeigen läßt, in welchem Maße unsere Erkenntnisse von der Art und Weise abhängen, wie wir fragen. Daher soll versucht werden, zwei Frageperspektiven miteinander zu vergleichen, die sich auf denselben Gegenstand richten.

An früherer Stelle haben wir von Identifikationsurteilen gesprochen. Robert R. Palmer legte dar, warum die Unabhängigkeitsbewegung in Nordamerika als eine wirkliche Revolution anzusehen sei. Dieses Urteil ist eine Antwort auf die Frage: Was ist hier eigentlich geschehen? Auf solche Fragen sind gewöhnlich mehrere Antworten möglich, und für jede vernünftige Antwort gibt es zugleich triftige Argumente. Das Identifikationsurteil, für das man sich angesichts der Vielzahl möglicher Antworten entscheidet, muß daher seinerseits dadurch begründet werden, daß die Argumente, die für ein anderes Identifikationsurteil gesprochen hätten, entkräftet werden. Aussagen, mit denen Argumente entkräftet werden, sind nun ihrerseits Urteile und damit Antworten auf Fragen. Diese Fragen haben allesamt die folgende Struktur: Wenn das präferierte Identifikationsurteil gelten soll, wie lassen sich dann die Tatsachen, die ein anderes Identifikationsurteil hätten nahelegen können, damit vereinbaren?

An dieser Stelle ist daran zu erinnern, daß wir den historischen Erscheinungen im allgemeinen nicht unvoreingenommen, sondern mit einer Bedeutungserwartung gegenübertreten: der Amerikanischen Revolution also mit der Bedeutungserwartung, daß es sich wirklich um eine Revolution gehandelt habe. Solche Bedeutungserwartungen stellen wir im allgemeinen so lange nicht in Frage, als sie nicht in schroffen Widerspruch zum empirischen Befund als ganzem geraten. Bei der Entdeckung *einzelner* Tatsachen dagegen, die mit der Bedeutungserwartung nicht auf den ersten Blick in Übereinstimmung zu bringen sind, versuchen wir, die Vereinbarkeit durch eine besondere Erklärung herzustellen. Das heißt, wir formulieren Fragen von der eben skizzierten Art, und wir geben Antworten, die etwa folgende Gestalt annehmen könnten: Der Tatsache, daß die Amerikanische Revolution eine wirkliche Revolution war, widerspricht nicht, daß 95 Prozent der erwachsenen Männer in Teilen von Massachusetts schon vor der Revolution das Wahlrecht besaßen, weil Massachusetts einen Sonderfall darstellte und weil die Erweiterung des Wahlrechts nicht die einzige und nicht die wichtigste Veränderung war, die durch die Revolution herbeigeführt wurde.

Nun liegt es nahe, daß der Inhalt der Bedeutungserwartung selbst, daß also in Amerika eine wirkliche Revolution stattgefunden habe, nicht eigens begründet wird. Denn denjenigen, die derselben Auffassung sind, braucht man keine Gründe zu liefern, und an diejenigen, die eine abweichende Auffassung vertreten, richten sich eben die Versuche, die für die abweichende Auffassung vorgebrachten Argumente zu entkräften. Im Zuge einer solchen Bemühung nun kann es leicht passieren, daß wir nur noch darüber belehrt werden, warum ein Phänomen nicht etwas anderes gewesen sein könne, als was ein Autor glaubt, daß es gewesen sei, statt daß wir erfahren, was eigentlich dafür sprechen soll, daß es das war, wofür der Autor es ausgeben möchte. Man muß ein solches Verfahren nur weit genug treiben, um sich am Ende den Vorwurf einzuhandeln, die falschen Fragen zu stellen.

Um das Gesagte an einem Beispiel zu verdeutlichen, so gibt es in der Geschichtswissenschaft eine verbreitete Bedeutungserwartung in dem Sinne, daß auf die napoleonische Epoche das Zeitalter der Restauration gefolgt sei. Nach dieser Bedeutungserwartung haben die alten Mächte Europas über zwanzig Jahre hinweg zuerst gegen die Revolution, dann gegen den Usurpator Napoleon gekämpft, und zwar im Namen und zugunsten der traditionalen monarchischen Legitimität. Als der Usurpator im April 1814 endlich gestürzt war, sind die legitimen Herrscher auf ihre Throne zurückgekehrt: Ludwig XVIII. auf den französischen, Ferdinand VII. auf den spanischen Thron, die vertriebenen Herrscher Italiens, einschließlich des Papstes, in ihre angestammten Residenzen. Daß dies alles so geschah, steht außer Zweifel und erscheint überdies vollkommen plausibel, wenn man sich vergegenwärtigt, daß der Krieg als ein Kampf des überkommenen Rechts gegen das revolutionär begründete Recht begonnen hatte. So findet sich die Bedeutungserwartung, daß 1814 eine Restauration stattgefunden habe, rasch bestätigt.

Allerdings erkennen wir zugleich, daß die vor der Revolution und Napoleon bestehenden Verhältnisse nicht vollständig wiederhergestellt wurden. Ludwig XVIII. gab Frankreich eine Verfassung, die Charte vom 4. Juni 1814, und zollte damit der Revolution Tribut. Die verkauften Kirchengüter wurden nicht zurückgefordert. Das Heilige Römische Reich deutscher Nation wurde nicht wieder errichtet, die geistlichen Territorien nicht wieder hergestellt, und die nach 1803 mediatisierten, ehemals reichsfreien Fürsten und Herren wurden nicht wieder selbständig. All dies wären Argumente, die dafür sprechen könnten, das Zeitalter nicht mit dem Begriff der Restauration zu belegen. Aber natürlich kann man sich für jede dieser der Restaurationsthese entgegenstehenden Tatsachen je im Einzelfall Argumente einfallen lassen, die zeigen, warum sie der These trotz des ersten Anscheins nicht zu widersprechen brauchen.

So werden die empirischen Befunde der Epoche in zwei Kategorien eingeteilt: in restaurationskonforme und in restaurationswiderstreitende Phänomene. Da die restaurationskonformen Phänomene der Bedeutungserwartung entsprechen, braucht man sie nicht einzeln zu erklären; sie dienen dem Generalurteil über die Epoche lediglich als Beispiel und zur Illustration. Näher eingehen muß man dagegen auf die restaurationswiderstreitenden Phänomene und je im Einzelfall darlegen, warum von der *Regel* – nämlich der Restauration – an einer bestimmten Stelle eine *Ausnahme* gemacht wurde.

Im Sinne dieser Zielsetzung sagen wir dann: Obwohl in Frankreich die Monarchie der Bourbonen restauriert wurde, hielt man es für opportun, durch die Gewährung einer Verfassung die Zustimmung des französischen Volkes zu dieser Lösung zu sichern. Obwohl sonst überall die vertriebenen Monarchen wieder eingesetzt wurden, konnten die mediatisierten deutschen Fürsten nicht wieder aus dem Verband der unter Napoleon vergrößerten Mittelstaaten herausgelöst werden, weil die antinapoleonische Koalition sich aus Gründen des machtpolitischen Gleichgewichts durch Verträge schon vor der endgültigen Niederwerfung Napoleons auf die Erhaltung der ehemaligen Rheinbundstaaten festgelegt hatte. Obwohl die südlichen Niederlande vor der Revolution zu Österreich gehört hatten, wurden sie 1814 nicht an ihren ursprünglichen Herrn zurückgegeben, sondern mit den nördlichen Niederlanden zu einem größeren Staat zusammengeschlossen, weil den Mächten daran gelegen war, zum Schutz vor neuerlichen Expansionsbestrebungen Frankreichs am Rhein starke politische Barrieren aufzurichten.

Auf solche Weise erklärt man die restaurationswiderstreitenden Umstände je für sich und aus je verschiedenen Gründen, während die restaurationskonformen Umstände gerade durch ihre gemeinsame Subsumtion unter die Restaurationsthese die ganze Überzeugungskraft auf ihrer Seite zu haben scheinen.

Diese Überzeugungskraft könnte sich allerdings in der Tat sehr schnell als ein bloßer Schein erweisen. Es ist nämlich nicht auszuschließen, daß sie nicht so sehr auf dem empirischen Befund, als vielmehr auf der Frageperspektive beruht, mit der die Epoche erschlossen werden soll. Um das Gewicht dieses subjektbezogenen Faktors auszumessen, könnten wir einmal versuchen, die Frageperspektive, also unsere vorgängige Bedeutungserwartung, zu verändern. Mindestens ebenso naheliegend wie die Vermutung, die siegreichen Monarchen hätten in erster Linie danach getrachtet, die vorrevolutionären Verhältnisse und die altüberlieferte monarchische Legitimität wiederherzustellen, erscheint eine ganz andere Annahme: Vielleicht haben die Sieger über Napoleon nach einem Vierteljahrhundert des ständigen Kriegs in Europa vor allem das Ziel verfolgt, sowohl im Innern der Staaten als auch im Verhältnis zwischen den Staaten ein Maß an Stabilität zu schaffen, das künftige revolutionäre Erschütterungen und weitere Kriege für einen möglichst langen Zeitraum ausschließen würde.

Da wir diese These – nennen wir sie zur Unterscheidung von der Restaurationsthese einmal die Stabilisierungsthese – gleichsam polemisch in die Debatte geworfen haben, sehen wir uns gezwungen, Argumente dafür zu sammeln, daß die verschiedenen, ganz unbestreitbaren Restaurationsvorgänge der Epoche ihr gleichwohl nicht zu widersprechen brauchen. Schon die Anhänger der Restaurationsthese hatten die Gewährung der Charte durch Ludwig XVIII. als einen Schritt zur innenpolitischen Stabilisierung in Frankreich bezeichnet, aber jetzt erscheint dieser Schritt als Ausdruck der *vorherrschenden* politischen Tendenz der Epoche und nicht mehr als *Ausnahme* von der angenommenen politischen Generallinie. Die erklärungsbedürftige Ausnahme ist jetzt vielmehr der Umstand, daß es überhaupt zur Wiedereinsetzung der Bourbonen gekommen ist, wenn doch, wie gerade die Gewährung der Charte zeigt, diese Restauration allein und bloß als solche die innenpolitische Ruhelage in Frankreich nicht hätte stabilisieren können.

Die Antwort auf diese Frage würde lauten, daß die Siegermächte in der Tat auch andere Lösungen erwogen haben, daß diese aber sämtlich mit größeren Nachteilen verbunden gewesen wären, als von der Wiedereinsetzung Ludwigs XVIII. befürchtet wurden. So würde man die Rückkehr Ludwigs XVIII. nicht als einen aus Achtung vor dem historischen Recht gewollten, sondern als einen bloß faktischen Akt der Restauration bezeichnen und ihn nach seiner Motivation aus dem übergeordneten Ziel der Stabilisierungspolitik verstehen.

Daß der Papst aus seinem französischen Exil nach Rom zurückkehren durfte, läßt sich unschwer aus seiner besonderen Stellung als Oberhaupt der katholischen Kirche, aber auch daraus erklären, daß er im Unterschied zu zahlreichen anderen Fürsten die Herrschaft über den Kirchenstaat als ganzen nicht vertraglich an Napoleon abgetreten hatte, sondern 1809 gewaltsam aus Rom verschleppt worden war. Wer daraus ein Argument für die Restaurationsthese machen wollte, müßte sich entgegenhalten lassen, daß es lange Zeit keineswegs sicher war, daß der Papst auch die ehemals zum Kirchenstaat gehörigen Legationen (Ferrara, Bologna und Romagna) zurückerhalten würde, nachdem er auf diese Gebiete im Vertrag von Tolentino mit Napoleon 1797 rechtsgültig verzichtet und damit nach geltendem Völkerrecht seine Ansprüche ein für allemal abgetreten hatte.

Die Bourbonen von Neapel wären kaum an die Spitze ihres Staates zurückgekehrt, wenn der im Jahre 1808 von Napoleon eingesetzte König Murat nicht so töricht gewesen wäre, während des Zwischenspiels der Hundert Tage im Mai 1815, als der Wiener Kongreß gerade zu Ende ging, plötzlich gegen Österreich zu marschieren. Im übrigen sollte die Wiedereinsetzung der vormaligen italienischen Fürsten nicht zuletzt die politische Zersplitterung auf der Halbinsel erneuern, um Österreich dadurch die Kontrolle über Italien zu erleichtern.

Daß die Sieger über Napoleon sich vorbehielten, über die rechtsgülig an Napoleon abgetretenen Gebiete nach Eroberungsrecht frei zu verfügen und daher einen förmlichen Anspruch ihrer vormaligen Herren auf Restauration verneinten; daß daher Restaurationen, die in derartig gelagerten Fällen gleichwohl erfolgt sind, nicht in erster Linie auf die Achtung vor einer historischen Legitimität zurückgeführt werden können, sondern mit Erwägungen der Stabilisierungspolitik erklärt werden müssen; daß man insofern unterscheiden muß zwischen der Restauration im Sinne der Wiederherstellung verletzten Rechts wie bei der Rückführung des Papstes nach Rom und der bloß faktischen Restauration wie bei der Wiedereinsetzung der Bourbonen in Frankreich, der Rückgabe der Legationen an den Kirchenstaat oder der erneuten Inbesitznahme des Herzogtums Mailand durch Österreich: All dies gerät gar nicht in den Blick, wenn die Frageperspektive vorrangig darauf gerichtet ist, je einzelne Einwände gegen die Restaurationsthese abzuwehren, die auf Beispiele offenkundigen Verzichts auf Wiederherstellung vormaliger Verhältnisse gegründet sind. Vielmehr werden diese Zusammenhänge erst entdeckt, wenn man von der entgegengesetzten Hypothese ausgeht und die Annahme in Frage stellt, daß die Neuordnung Europas nach der Niederwerfung Napoleons vorrangig vom Gesichtspunkt der Restauration bestimmt gewesen sei.

Die Befürworter der Restaurationsthese würden sich jedoch noch nicht geschlagen geben und ihren Kritikern folgende Fragen entgegenhalten: War ein leitendes Prinzip des Wiener

Kongresses nicht doch die Legitimität der Throne gewesen? War nicht in der französischen Charte von 1814 wie auch in den Verfassungen der deutschen Mittelstaaten in den darauffolgenden Jahren das sogenannte »monarchische Prinzip« – also die These von der uneingeschränkten Souveränität der von Gott eingesetzten Monarchen – verankert worden?

Auf diese Fragen würden die Anhänger der Stabilisierungsthese antworten, der Grundsatz der Legitimität sei von Talleyrand in die Debatte eingeführt worden, um dem König von Sachsen den Thron zu retten und den Bourbonen von Neapel die Rückkehr zu ermöglichen. Beides habe im französischen Interesse gelegen. Die Betonung des Legitimitätsprinzips habe darüber hinaus die Möglichkeit geboten, Ludwig XVIII. – statt als Repräsentanten der geschlagenen und für ihr Unglück selbst verantwortlichen Macht – ebenfalls als Opfer Napoleons erscheinen zu lassen und dadurch mit den Siegern auf dieselbe Ebene zu stellen. Das monarchische Prinzip in den genannten Verfassungen schließlich habe der Begrenzung der gegebenen Zugeständnisse gedient und vor allem bei Ludwig XVIII. zugleich den Sinn gehabt, das Gesicht zu wahren und es den Anhängern der Monarchie zu erleichtern, den unvermeidlichen Übergang zum Konstitutionalismus zu akzeptieren. Die Umstände der Restauration der Bourbonen in Frankreich, die Teilung Sachsens und das lange Festhalten am Königtum Murats in Neapel zeigten, ein wie geringes Gewicht das dynastische Legitimitätsprinzip in Wahrheit besessen habe.

Erkenntnisse, so hatten wir festgestellt, sind Antworten auf Fragen. Eine Darstellung der Epoche nach dem Sturz Napoleons wäre also eine Entfaltung von Erkenntnissen, hinter denen sich bestimmte Fragen verbergen. Je nachdem, welche Fragen man gestellt hat, fallen die Antworten anders aus, und dementsprechend werden die Erkenntnisse je verschieden formuliert. Was dem einen das fraglos Selbstverständliche ist, erscheint dem anderen gerade fragwürdig, und umgekehrt.

Damit sollte klar geworden sein, warum die Geschichtswissenschaft kein Schlaraffenland und nicht einmal ein Restaurant sein kann. Die von anderen zubereiteten Erkenntnisse schmecken uns allenfalls dann, wenn wir dieselben Fragen haben, auf die sie eine Antwort geben. Daß das häufig eher nicht der Fall sein dürfte, haben unsere Überlegungen gezeigt. Dabei handelt es sich, wohlgemerkt, bei dem Beispiel Restauration nicht darum, daß einzelne Tatsachen falsch dargestellt würden. Schon eher könnte man sagen, daß die Tatsachen ungleich gewichtet werden und daß für die Befürworter der beiden Thesen zum Teil jeweils andere Tatsachen Bedeutung besitzen. Gibt es ein Kriterium, nach dem man entscheiden könnte, welcher der beiden Auffassungen der höhere Wahrheitsgehalt – oder sagen wir: die größere Sachangemessenheit – zugesprochen werden muß?

Die Antwort, die sich aufdrängt, klingt vielleicht überraschend. Als Kriterium bietet sich nämlich das höhere Maß an *Einfachheit* an, das eine Deutung vor einer anderen auszeichnet. Danach erscheint eine Deutung um so überzeugender, je weiter sie in die unterschiedlichsten Verhältnisse hineinreicht, je plausibler sie jede einzelne in die Debatte geworfene Tatsache einzuordnen vermag, je weniger Ausnahmen erklärt werden müssen und je weniger gewaltsam die verbleibenden Einschränkungen erscheinen. Von den beiden fraglichen Deutungen kommt, so scheint es, die Stabilisierungsthese dem Ziel von Wissenschaft überhaupt näher, das viele *Einzelne* aus einem möglichst *allgemeinen* Prinzip zu erklären. Die Epoche von 1814 läßt sich offenbar weit müheloser aus einem Mittelpunkt, aus einer beherrschenden Tendenz heraus interpretieren, wenn man nicht die Restaurationsthese, sondern die Stabilisierungsthese zugrundelegt. Selbst die nicht geringe Zahl der tatsächlichen Restaurationen von Herrschern läßt sich unter sie fassen, wenn man nicht verlangt, daß sie aus Achtung vor einer historischen Legitimität und insofern in Anerkennung einer Rechtspflicht erfolgt sein müssen. Wenn die Sieger über Napoleon überhaupt einem Legitimitätsgrundsatz huldigten, so war es die Legitimität des geltenden Völkerrechts. Wie bereits dargelegt, besaß nach Völkerrecht jedoch keinen Anspruch auf Rückgabe, wer sein Land oder Teile davon vertraglich an Napoleon abgetreten hatte. Diese Gebiete fielen den Verbündeten vielmehr kraft Eroberungsrecht zu und bildeten in der Folge die Verfügungsmasse, mit der die politischen Gewichte in Europa im Interesse der Stabilisierungspolitik neu verteilt wurden. Faktische Restaurationen ohne Anerkennung einer Rechtspflicht wurden durch diese Grundsätze freilich nicht ausgeschlossen. Sie wurden entweder durchgeführt, weil man sie für stabilitätsfördernd hielt, oder sie wurden geduldet, wenn man nicht zu befürchten brauchte, sie könnten das Hauptziel, die Stabilisierung, gefährden. War die Restauration nach Völkerrecht jedoch geboten, wie im Falle des Papstes, der den bis 1809 verbliebenen Teil des Kirchenstaats niemals rechtsgültig abgetreten hatte, so war die Wiederherstellung des verletzten Rechts als solche ein Akt der Stabilisierungspolitik, weil einem berechtigten Anspruch Genüge getan und damit der Rechtsgedanke selbst, das Fundament jeder dauerhaften Ordnung, gestärkt wurde. Während sich also sämtliche Restaurationen der Epoche, ganz gleich ob sie rechtlich geboten waren oder bloß faktisch erfolgt sind, aus dem Ziel der politischen Stabilisierung ableiten lassen, gibt es eine größere Zahl von stabilisierungssichernden Maßnahmen der Großmächte (die Vereinigung Genuas mit dem Königreich Sardinien, die Erhaltung der ehemaligen Rheinbundstaaten, den Zusammenschluß der beiden Niederlande usw.), die dem Gedanken einer Wiederherstellung der vornapoleonischen Zustände schroff entgegenstanden. Insofern erweist sich in der Tat *Stabilität* als das übergeordnete Ziel, nicht *Restauration*.

Man kann die Stabilisierungsthese sogar noch prononcierter mit einem Argument untermauern, das geradezu das Gegenteil von Restauration zum Ausdruck bringt, und behaupten, die Epoche von 1814 sei in Frankreich, in Abstufung auch in anderen Teilen Europas, durch die weitgehende *Legalisierung* der Revolution und der napoleonischen Institutionen bestimmt gewesen. Während die Anhänger der Restaurationsthese die Rückkehr des Bourbonen Ludwig XVIII. auf den französischen Thron als den prototypischen Vorgang oder, wie man auch sagen könnte, als das epochenspezifische Paradigma betrachten, brauchen die Anhänger der entgegengesetzten Auffassung lediglich auf Artikel 68 der vom selben Ludwig XVIII. gegebenen Verfassung zu verweisen. Dort heißt es nämlich, der *code civil*, das bürgerliche Gesetzbuch Napoleons, und alle anderen bestehenden Gesetze blieben in Geltung. Mit dieser Bestimmung übernahm die restaurierte Monarchie nicht weniger als die gesamte Rechts- und Sozialordnung der Revolution in der Form, die Napoleon ihr gegeben hatte. Der Artikel 68 der Charte mag daher als Paradigma für die gegenteilige Auffassung gelten.

Die weitreichende Anerkennung der napoleonischen Institutionen diente dem Ziel, neue Gegensätze und Spaltungen zu vermeiden. Aus diesem Grunde war trotz aller restaurativen Rhetorik auch in der Innenpolitik nicht nur in Frankreich, sondern auch im linksrheinischen und ehemals rheinbündischen Deutschland sowie in weiten Teilen Italiens in vieler Hinsicht die Kontinuität gegenüber der napoleonischen Epoche das beherrschende Phänomen und nicht die Restauration. Neuerliche Besitzverschiebungen, die umfassende Auswechslung des Personals in Justiz und Verwaltung, die konsequente Rückkehr zum vorrevolutionären Recht: All dies hätte nur eine destabilisierende Wirkung haben können.

Damit kehren wir an den Ausgangspunkt unserer Überlegungen zurück. Die Fragestellung ist die Voraussetzung dafür, daß wir überhaupt etwas entdecken. Nur wer fragt, bekommt eine Antwort, und wem keine Fragen einfallen, der wird auch nichts in Erfahrung bringen. Aber wir haben auch gesehen, daß die Fragestellung die Antworten determiniert und insofern unter Umständen nicht nur Wirklichkeiten erschließt, sondern auch verdeckt. Wir müssen daher nicht nur unsere Antworten, sondern schon unsere Fragen selbstkritisch reflektieren. Fragen zu stellen, angemessene und fruchtbare Fragen zu stellen, Fragen, auf die andere noch nicht gestoßen waren: Darauf beruht vielleicht die eigentliche Originalität von Historikern.

Ohne Fragestellungen gäbe es jedenfalls kein Wissen. Das Fragen aber findet kein Ende. Darum bleibt die Wissenschaft nicht stehen, und die Zukunft hält soviele Antworten bereit, wie wir uns Fragen einfallen lassen. Das letzte Wort ist niemals gesprochen.

Literaturhinweise

Guillaume de Berthier de Sauvigny, La Restauration, Paris 1955.
Karl Griewank, Der Wiener Kongreß und die europäische Restauration 1814/15, Leipzig ²1954.
Klaus Hildebrand, Das Dritte Reich, München ⁵1995.
Dieter Langewiesche, Europa zwischen Restauration und Revolution 1815–1849, München ³1993.
Robert R. Palmer, The Age of the Democratic Revolution. A Political History of Europe and America 1760–1800, Bd. 1: The Challenge, Princeton 1959; Bd. 2: The Struggle, Princeton 1964.

Paul W. Schroeder, The Transformation of European Politics 1763–1848, Oxford 1994.

Max Weber, Die protestantische Ethik und der Geist des Kapitalismus, in: Ders., Gesammelte Aufsätze zur Religionssoziologie, Bd. 1, Tübingen 1920, S. 17–206.

6.
Über Methode

Im letzten Kapitel hat sich gezeigt, daß die Erkenntnisse in der Geschichtswissenschaft nichts anderes sind als Antworten auf ebensoviele Fragen. Wie aber gelangt man von den Fragen zu den Antworten? Die letzte Instanz in der Geschichtswissenschaft sind immer die Quellen. Quellen aber gibt es viele und von sehr verschiedener Art, so daß zunächst einmal geklärt werden muß, welche Quellen auf eine bestimmte Frage am ehesten eine Antwort erwarten lassen. Die Entscheidung für einen bestimmten Quellenbestand kann für das Ergebnis einer Untersuchung beträchtliche Konsequenzen haben.

Mit Gesetz vom 3. September 1814 wurde in Preußen die allgemeine Wehrpflicht eingeführt. Daraus darf jedoch nicht geschlossen werden, daß von nun an tatsächlich jeder taugliche junge Mann zum Wehrdienst eingezogen wurde. Infolge des starken Bevölkerungsanstiegs wurde bei gleichbleibendem Wehretat vielmehr ein immer kleinerer Teil eines Jahrgangs herangezogen. Um die Mitte des Jahrhunderts lag dieser Teil bei 22 Prozent und jedenfalls nicht über 35 Prozent der Tauglichen. Dieser Mangel an Wehrgerechtigkeit war einer der Gründe, warum der Kriegsminister Albrecht von Roon am 10. Februar 1860 im preußischen Abgeordnetenhaus eine Heeresreformvorlage einbrachte. Für unsere Überlegungen ist aus dem Beispiel zu lernen, daß die Wirklichkeit nicht immer der Norm entspricht und daß es daher nicht genügt, ins Gesetz zu schauen, wenn man die tatsächlichen Verhältnisse in Erfahrung bringen möchte.

Mit Diskrepanzen zwischen Norm und Wirklichkeit muß man überall rechnen. So sah Artikel 6 der Rheinbundakte einen Bundestag in Frankfurt vor; das Gremium ist jedoch nie zusammengetreten.

Durch Gesetz vom 11. Februar 1886 wurde im Königreich Italien die Beschäftigung von Kindern unter neun Jahren in Fabriken, Steinbrüchen und Bergwerken verboten. Kinder zwischen neun und zwölf Jahren durften nicht länger als acht

Stunden täglich arbeiten. Die Ausführungsverordnung vom 17. September 1886 verbot die Nachtarbeit für Kinder unter zwölf Jahren und begrenzte sie auf sechs Stunden für Kinder unter fünfzehn Jahren. Welche Rückschlüsse auf die Wirklichkeit wir aus diesen Normen ziehen dürfen, läßt sich erahnen, wenn wir hören, daß es damals in ganz Italien nur zwei, später drei Fabrikinspektoren gab, welche die Einhaltung der Bestimmungen überprüften; daß den Inspektoren wegen anderer Aufgaben für diese Prüfung nur etwa drei Monate im Jahr zur Verfügung standen; und daß der zuständige Minister Grimaldi Anweisung gegeben hatte, während der Nacht Inspektionen nur bei begründetem Verdacht vorzunehmen.

Wer das preußische Militärwesen, den Rheinbund oder die Kinderarbeit in Italien studieren möchte, muß die einschlägigen Gesetze und Verordnungen also mit Vorsicht gebrauchen, und er tut gut daran, auch andere Quellen heranzuziehen.

Um die Motive für eine bestimmte Gesetzgebung zu erfahren, sollte man die Protokolle der parlamentarischen Beratungen verfolgen. Freilich darf man auch hier nicht unbedingt eine erschöpfende Auskunft erwarten, denn die Reden wurden um eines bestimmten Zwecks willen gehalten, nämlich um andere – je nach dem – entweder von den Stärken oder von den Schwächen der Vorlage zu überzeugen. Schließlich gibt es neben den sachlichen im allgemeinen auch politische Ziele einer Gesetzesinitiative. Die Adenauersche Rentenreform vom 23. Februar 1957 verfolgte in der Sache die Absicht, durch Dynamisierung der Leistungen die Verarmung und soziale Deklassierung der Rentner im Alter zu verhindern; politisch diente sie zugleich dem Ziel, die Aussichten der CDU bei der im Herbst desselben Jahres bevorstehenden Bundestagswahl zu verbessern. Ein Bekenntnis zu diesem politischen Ziel wird man in offiziellen Verlautbarungen der Partei im Bundestag oder außerhalb jedoch vergeblich suchen.

Aus all dem folgt, daß Quellen auf ihren Aussagewert geprüft und kritisch gegeneinander abgewogen werden müssen. Die Quellen geben nur dann zuverlässige Auskunft, wenn sie zuvor nach einem bestimmten Verfahren bearbeitet wurden. Verfahren, nach denen aus gegebenem Material wissenschaftliche Erkenntnisse gewonnen werden, nennt man *Methoden*. Mit welcher Methode arbeitet der Historiker?

Auf diese Frage ist erstens zu antworten, daß es in der Geschichtswissenschaft nicht eine, sondern viele verschiedene Methoden gibt; zweitens, daß ein Teil dieser Methoden gar nicht aus spezifisch historischen, sondern aus Methoden anderer Wissenschaften besteht; drittens, daß man in bestimmten Fällen zur Methode machen kann, was in anderem Zusammenhang bereits die Erkenntnis ist; und viertens, daß immer wieder neue Methoden erfunden oder aus anderen Wissenschaften übernommen werden, so daß man gar nicht angeben kann, wieviele und welche Methoden in der Geschichtswissenschaft überhaupt Anwendung finden können.

Die Vielheit der Methoden erklärt sich daraus, daß die Methoden sich einerseits nach den herangezogenen Quellen, andererseits nach den jeweiligen Fragestellungen richten.

Was das *Material* anbelangt, so sind Schriftzeugnisse aller Art die weitaus wichtigste Quellengattung in der Geschichtswissenschaft. Mit sprachlichen Zeugnissen beschäftigen sich jedoch auch die Philologien, und so kommt es, daß die philologischen Methoden zugleich einen bedeutenden Teil der historischen Methodik bilden. Wie wichtig bloße Echtheitsprüfungen selbst in der allerneuesten Geschichte noch sein können, hat vor einigen Jahren die Affäre um die gefälschten Tagebücher Adolf Hitlers gezeigt. Zur philologischen Methode gehört jedoch auch die historische Semantik. Der Name »Charte«, den Ludwig XVIII. der von ihm 1814 oktroyierten Verfassung gab, sollte zum Ausdruck bringen, daß sie als ein freiwillig gewährtes königliches Privileg aufzufassen sei; die Liberalen der Paulskirche im Jahre 1848 nannten »wahren Konstitutionalismus«, was wir parlamentarische Regierung nennen; und ein Angestellter in der Industrie hieß im 19. Jahrhundert »Beamter«. Aus der Philologie stammen im übrigen die Verfahren, nach denen nicht nur der Sinn einzelner Wörter, sondern die Intention ganzer Texte geklärt werden kann. Dazuhin erforschen die Philologien Phänomene wie Topoi und rhetorische Figuren, ohne deren Kenntnis man vielleicht inhaltlich ernstnehmen würde, was in Wirklichkeit nur eine konventionelle Floskel ist. Niemand sollte auf den Gedanken kommen, ein böser Brief hätte versöhnlich geendet, nur weil der Schreiber sich »mit freundlichen Grüßen« empfahl.

Verwenden wir andere als schriftliche Quellen, so müssen dementsprechend auch die Methoden anderer Wissenschaften herangezogen werden. Die Lage und die Gestalt der Heidelberger Universitätsgebäude vor dem großen Brand von 1693 sind im wesentlichen nur noch aus Stichen von Matthäus Merian und aus Mauerresten in den Fundamenten der heutigen Gebäude um den Universitätsplatz zu rekonstruieren. So ist man in dieser Frage auf Methoden der Kunstgeschichte und der Archäologie verwiesen. Im Bereich der Sozial- und Wirtschaftsgeschichte ist in den vergangenen Jahrzehnten sogar eine eigene archäologische Disziplin – die Industriearchäologie – entwickelt worden.

Die philologischen und archäologischen Verfahren, von denen bisher die Rede war, dienen dem Ziel, vorhandene Quellen für die Forschung zu erschließen. Erst wenn man die Bedeutung eines Wortes oder Textes oder Grundrisses richtig verstanden hat, kann man historische Aussagen daraus machen.

Es gibt aber auch Verfahren, mit denen Quellen, die es vorher gar nicht gab, erst hergestellt werden. Die Rede ist von einer Methode, die auf deutsch »Befragung«, auf englisch *Oral History* – »mündlich erfragte Geschichte« – heißt. Die Befragung ist eigentlich eine Domäne der empirischen Sozialwissenschaften, vor allem, wenn eine große Zahl von Personen befragt werden soll. Aber auch die Historiker kennen die Befragung und haben durchaus ihre eigenen Interview-Techniken entwickelt. Daß noch lebende Zeugen von historischen Vorgängen befragt werden, um Lücken in der schriftlichen Überlieferung zu schließen, hat namentlich in der politischen Geschichtsschreibung Tradition. Zumeist erhofft man vom Zeugen Aussagen zu ganz bestimmten Ereignissen. Im Unterschied zu solchen spezifischen Befragungen einzelner Personen zielt die *Oral History* vor allem darauf ab, die Erfahrungen einer ganzen Gesellschaft und im Sinne einer *Geschichte von unten* häufig in erster Linie derjenigen Schichten zu ermitteln, deren Erfahrungen und Anschauungen ohne die Befragung kaum Spuren hinterlassen hätten.

Schon vor der Rezeption und Weiterentwicklung der in den Vereinigten Staaten begründeten *Oral History* hat die deutsche Geschichtswissenschaft ein mehrbändiges Werk vorgelegt, das durch Befragung von Zeitzeugen zustandegekommen ist: die unter der Gesamtleitung von Theodor Schieder erarbeitete »Dokumentation der Vertreibung der Deutschen aus Ost-Mitteleuropa«. Da die Vertreibung sich bekanntlich nicht in zivilen und geordneten Bahnen vollzog, wie es der beschönigende Begriff des »Bevölkerungstransfers« im Potsdamer Abkommen erwarten ließe, sondern ganz überwiegend in chaotischen Formen und unter Anwendung von zum Teil bestialischer Gewalt, gibt es kaum amtliche Dokumente oder Berichte über den Vorgang. Daher wurden Vertriebene selbst nach bestimmten Kriterien befragt oder gebeten, ihre Erinnerungen niederzuschreiben. Die so entstandenen Berichte wurden sodann nach sorgfältiger Prüfung in der genannten Dokumentation ediert.

Daß bei der Auswertung von Quellen und der Beantwortung der Fragen, die wir an die Überlieferung stellen, die Methoden auch anderer Wissenschaften angewandt werden müssen, ergibt sich daraus, daß die Historie es überall mit Sachgebieten zu tun hat, die gleichzeitig den Gegenstand anderer Wissenschaften bilden. Staat, Wirtschaft und Gesellschaft etwa sind solche Gebiete, die der Historiker unter historischen, der Jurist, der Politologe, der Volkswirt oder der Soziologe dagegen unter teils historischen, teils systematischen, teils interpretierenden Fragestellungen bearbeitet. Ungeachtet der spezifisch historischen, auf den Wandel in der Zeit zielenden Perspektive kann die Geschichtswissenschaft jedoch auf die Klärung systematischer Zusammenhänge ebenso wenig verzichten, wie die systematischen Wissenschaften den Zeitfaktor vernachlässigen können.

Während des Heereskonflikts in Preußen weigerte sich das Abgeordnetenhaus, die von der Regierung eingebrachte Haushaltsvorlage zu genehmigen. Ohne Haushalt aber konnte der Staat nicht existieren. Daher erfand der Ministerpräsident Otto von Bismarck eine Lückentheorie: Die Verfassung schreibe zwar vor, daß in der Gesetzgebung – also auch bei der Verabschiedung des Haushaltsgesetzes – Krone, Herrenhaus und Abgeordnetenhaus zusammenwirken müßten; sie enthalte jedoch keine Vorschrift für den Fall, daß eine Einigung nicht zustandekomme. Insofern zeige sich hier eine Lücke in der Verfassung. Da der Staat jedoch nicht stillstehen könne, müsse diejenige Instanz die Lücke ausfüllen, welche die Verfassung gegeben habe. Das war 1850 die Krone gewesen, und insofern nahm Bismarck als Minister der Krone für sich die Befugnis in Anspruch, auch ohne genehmigten Haushalt weiterzuregieren.

Wir wissen, daß Bismarck sich mit diesem Kurs durchsetzte. Gleichwohl kann es in bestimmten Zusammenhängen wichtig sein zu erfahren, ob die Bismarcksche Verfassungsauslegung nach damaligem Staatsrecht zulässig war. Diese Frage muß mit juristischen Methoden beantwortet werden. Bismarcks Auslegung und seine Regierung ohne genehmigten Haushalt sind auf die Norm – die preußische Verfassung von 1850 – zu beziehen und nach ihr zu beurteilen. Ganz analog verhält es sich mit der Frage, ob Hitler im Sinne der Weimarer Reichsverfassung – wie er behauptete – »legal« an die Macht gekommen sei. Daß diese Frage vom Juristen beantwortet werden muß, liegt auf der Hand, denn der Begriff Legalität meint nichts anderes als die Übereinstimmung mit dem Gesetz oder der Verfassung, und genau das zu beurteilen, ist die Aufgabe der Jurisprudenz.

Bekanntlich war einer der entscheidenden Schritte auf dem Weg in die Diktatur das Ermächtigungsgesetz vom 23. März 1933. Die Frage nach der Legalität der nationalsozialistischen Machtergreifung bezieht sich wesentlich auf die Zulässigkeit der Aufhebung der Gewaltenteilung und des Föderalismus und damit der zentralen Strukturen der Weimarer Reichsverfassung durch dieses verfassungsändernde Gesetz. Durfte die Weimarer Verfassung auf dem Wege der Verfassungsänderung wirklich in ihrer Substanz außer Kraft gesetzt werden? Das Verfahren der Verfassungsänderung war in Art. 76 der Weimarer Reichsverfassung geregelt. Dort wird nun in der Tat keine Verfassungsbestimmung von der Möglichkeit einer Änderung ausgenommen, und dementsprechend stellte Gerhard Anschütz in seinem maßgebenden Kommentar fest: »Die durch Art. 76 den hier bezeichneten qualifizierten Mehrheiten des Reichstags, des Reichsrats und des Volkes übertragene verfassungsändernde Gewalt ist gegenständlich unbeschränkt«.[1] Sie schließe Änderungen des bundesstaatlichen Charakters des Reichs, Änderungen der Staats- und Regierungsform von Reich und Ländern, einschließlich der Festlegungen auf Republik, Demokratie, Wahlrecht, Parlamentaris-

---

[1] Gerhard Anschütz, Die Verfassung des Deutschen Reiches vom 11. August 1919. Ein Kommentar für Wirtschaft und Praxis, Berlin ¹⁴1933, S. 403.

mus usw., und schließlich auch Änderungen der Grundrechte ein.

Politisch waren das Legalitätsargument und die Überzeugung von seiner Richtigkeit deswegen verheerend, weil es den Anhängern des parlamentarischen Rechtsstaats und namentlich den Beamten dadurch fast unmöglich gemacht wurde, sich dem Regime aus Rechtsgründen zu widersetzen.

Ein anderer Bereich, dem sich die Geschichtswissenschaft unter ganz unterschiedlichen Fragestellungen zuwendet und der zugleich den Gegenstand einer eigenen Wissenschaft darstellt, ist die Wirtschaft. Die Wirtschaft bildet einen Komplex gesetzmäßiger Beziehungen einer Vielzahl von einzelnen Faktoren. Daraus folgt, daß wirtschaftliche Zusammenhänge in der Geschichte nur mit Hilfe wirtschaftswissenschaftlicher Methoden erklärt werden können. Damit ist zunächst das Programm einer historischen Sonderdisziplin, der Wirtschaftsgeschichte, umschrieben. Die Existenz dieser Disziplin darf jedoch nicht zu der Annahme verleiten, als habe die Wirtschaft ein weitgehend abgeschlossenes Dasein geführt und könne daher getrost den Spezialisten zur Bearbeitung überlassen bleiben.

Seit dem Ausgang des 18. Jahrhunderts steht die Welt in einer wirtschaftlichen Revolution, die in der Geschichte ohne Beispiel ist. Sie hat die Gesellschaft mindestens ebenso stark verändert wie die politischen Revolutionen derselben Epoche. Da sich die wirtschaftliche Revolution in alle Lebensbereiche hinein auswirkt, kann kein Historiker, welches auch immer seine Themen sein mögen, von ihr absehen. Das heißt natürlich nicht, daß überall wirtschaftswissenschaftliche Methoden herangezogen werden müssen. Es gibt jedoch wirtschaftliche Fragen, die unmittelbar in die politische Geschichte hineinreichen und die ohne wirtschaftswissenschaftliche Verfahren kaum zu beantworten wären. Dafür ein Beispiel. Der deutsche Reichskanzler Heinrich Brüning hat Anfang der dreißiger Jahre versucht, die Wirtschaftskrise mit einer rigorosen Sparpolitik zu bekämpfen. Die Folge war eine Verschärfung des wirtschaftlichen Schrumpfungsprozesses. Eine solche Politik würde einem Familienvater alle Ehre machen, denn im privaten Leben widerspräche es aller Vernunft, mehr auszugeben, als man einnimmt. Ob diese Maxime aber in jedem Fall auch für eine Regierung und zumal in Zeiten allgemeiner Depression gilt, ist eine ganz andere Frage. Die politische Brisanz des Problems besteht im vorliegenden Fall darin, daß Brüning, wäre er erfolgreich gewesen, 1932 vielleicht nicht entlassen worden wäre, um den Weg freizumachen zunächst für Papen und Schleicher und dann für Adolf Hitler. Ob Brüning aber Alternativen – etwa eine massive Arbeitsbeschaffungspolitik auf der Grundlage von öffentlichen Aufträgen und Kreditschöpfung – zur Verfügung gestanden haben und ob diese sich innerhalb von zwei Jahren so hätten auswirken können, daß der Zulauf zu den extremen Parteien auf der Linken und auf der Rechten deutlich abgenommen hätte: Diese Fragen können nur mit den Mitteln der ökonomischen Theorie beantwortet werden.

Welches sind nun aber die eigentlichen *historischen* Methoden, die nicht von anderen Disziplinen geborgt sind?

Wenn man historische Arbeiten auf ihre Methoden hin befragt, so stößt man auf ganz unterschiedliche Instrumentarien. Zur Illustration mögen wiederum drei Beispiele dienen.

Nehmen wir einmal an, wir wollten uns ein Bild von den Einkommensverhältnissen und den Aufstiegsmöglichkeiten von Arbeitern im Zeitalter der Industrialisierung machen. Dann würden wir eine Arbeitergruppe suchen, für die ausreichend Material erhalten ist. Eine solche Gruppe sind z.B. die Arbeiter der 1846 gegründeten Maschinenfabrik Esslingen, denn diese Firma hat ein gut ausgestattetes Archiv hinterlassen. Mit der skizzierten Fragestellung ist vor zwanzig Jahren die Heidelberger Doktorandin Heilwig Schomerus nach Esslingen gezogen und hat dort eine Fülle ganz unterschiedlicher Angaben über die Höhe der in einem längeren Zeitraum gezahlten Löhne gefunden. In den Quellen begegneten ihr drei Gruppen von Arbeitern – qualifizierte, unqualifizierte und Tagelöhner –, wobei sie feststellen mußte, daß dieselben Namen zu verschiedenen Zeiten in verschiedenen Kategorien auftauchten. Sodann entdeckte sie, daß die Kinder und Enkel von Drehern und Schlossern in höherem Maße als die Nachkommen von Vätern anderer in dieser Firma tätiger Berufsgruppen sozial aufzusteigen vermochten, z.B. in den niederen Staatsdienst oder in die berufliche Selbständigkeit. In der Gruppe der Schlosser gelang dieser Aufstieg sogar Angehörigen der Belegschaft selbst unmittelbar aus der Firma heraus.

Die Frage war nun, wie die Möglichkeiten des sozialen

Aufstiegs, die offenbar nur der Gruppe der Schlosser und Dreher zur Verfügung standen, mit dem vorliegenden Material erklärt werden könnten, denn die Durchschnittsverdienste allein gaben keinen Hinweis in dieser Richtung. Die höchsten Löhne erreichten die Schmiede, aber bei ihnen war keine überdurchschnittliche Mobilität festzustellen. Die Lohnhöhe konnte demnach nicht der entscheidende Faktor gewesen sein. Frau Schomerus verfiel auf den Gedanken, die Verdienste in den einzelnen Gruppen mit dem Lebensalter in Beziehung zu setzen, und entdeckte auf diese Weise, daß die Löhne in der Anlernzeit, die mit dem 25. bis 27. Lebensjahr endete, relativ niedrig waren; es folgte eine Phase hoher Entlohnung, die bis zu der Zeit vom 40. bis zum 55. Lebensjahr dauerte; danach sanken die Löhne wieder. Für diesen Verlauf der Entlohnung prägte Frau Schomerus den Ausdruck »Lebensverdienstkurve«.[2] Sie verglich die Lebensverdienstkurven von Arbeitern verschiedener Berufssparten in der Maschinenfabrik und entdeckte dabei, daß die Lebensverdienstkurven von Schmieden erwartungsgemäß zwar das höchste Niveau erreichten, daß die Hochverdienstphase jedoch bei Drehern und Schlossern am längsten dauerte, so daß bei diesen beiden Kategorien also der Rückgang der Löhne und die daraus folgende Altersverarmung am spätesten einsetzte. Weiterhin stellte Frau Schomerus fest, daß die Arbeiter im allgemeinen zum selben Zeitpunkt heirateten, in dem sie in die Hochverdienstphase eintraten. Sie verdienten also am besten in der Zeit der Aufzucht der Kinder. Je länger nun die Hochverdienstphase dauerte, desto eher konnten die Väter ihren Kindern eine qualifizierte Ausbildung zukommen lassen, die ihnen den sozialen Aufstieg ermöglichte. Das war die Erklärung für das höhere Maß an sozialer Mobilität in der Gruppe der Dreher und Schlosser.

Das Beispiel soll zeigen, wie diese Historikerin – geleitet von ihrer Fragestellung angesichts eines immensen Datenbestands – eine neue Methode entwickelte: die Gruppierung der Daten nach dem Lebenslauf unter Differenzierung nach den in der Firma vorfindlichen Berufssparten.

Das zweite Beispiel stammt aus der französischen Men-

---

[2] Heilwig Schomerus, Die Arbeiter der Maschinenfabrik Esslingen. Forschungen zur Lage der Arbeiterschaft im 19. Jahrhundert, Stuttgart 1977, S. 149f.

talitätsgeschichte. Michel Vovelle suchte nach Quellen, die den Prozeß der *Déchristianisation* – der Entchristlichung – im 18. Jahrhundert nach Verlauf und Zeitpunkt nachzuweisen erlauben. Auf der Ebene der Geistesgeschichte wollte er nicht stehenbleiben, denn was die kleine Zahl der Schriftsteller und Publizisten schrieb, brauchte noch lange nicht die Einstellung breiterer Gesellschaftsschichten widerzuspiegeln. Daß die Bauernschaft am längsten an christlichen Gebräuchen und Gewohnheiten festgehalten hatte, erschien naheliegend. Unbekannt war dagegen, wie sich die Religiosität im Bürgertum entwickelt hatte. Die Schwierigkeiten erschienen beträchtlich. Bürger hieß eine sehr große Zahl von Personen, von denen allenfalls durch Zufall Briefe oder Tagebücher auffindbar sein würden. Wie sollten aber Zufallsfunde, bei denen noch nicht einmal wahrscheinlich war, daß sich in größerem Umfang Äußerungen zu religiösen Fragen in ihnen finden würden, allgemeine Aussagen für das ganze Bürgertum rechtfertigen?

Vovelle erinnerte sich daran, daß Bürger in ihren Testamenten einen Teil ihres Vermögens für die Sicherung ihres Seelenheils bereitzustellen pflegten, und da dies als Ausdruck christlicher Gesinnung zu werten ist, entschloß er sich zu prüfen, ob diese Praxis sich über das ganze Jahrhundert hinweg nachweisen läßt. Um Zufallsergebnisse auszuschließen, mußte er eine möglichst große Zahl von Fällen berücksichtigen, und so untersuchte er Tausende von Bürgertestamenten in Notariatsarchiven der Provence aus dem gesamten 18. Jahrhundert. Auf diese Weise fand er heraus, daß die Verfügungen für das eigene Seelenheil seit der Mitte des Jahrhunderts in der Tat merklich zurückgingen. Man verzichtete auf Bestattungen in einer Kirche; die Stiftung von Messen war rückläufig; Vermächtnisse für Kirchen und Klöster nahmen ab; und die Almosen für die Armen begannen zu verschwinden.

Wiederum stellen wir fest, daß ein Historiker auf der Suche nach der Antwort auf seine Fragen eine eigene Methode entwickelte, mit deren Hilfe er eine Quellengruppe zum Sprechen bringen konnte, die zuvor noch niemand, jedenfalls nicht für diesen Zweck, benutzt hatte. Auf dieser Betrachtungsebene kann man also sagen, daß Historiker in der Durchführung einzelner Forschungsprojekte ihre eigenen Methoden entwickeln, zugeschnitten auf die jeweilige Fragestellung und bezogen auf die verfügbaren Quellen.

Diese Freiheit in der Entwicklung einer je spezifischen Methodik kann auch dazu führen, daß jemand zur Methode macht, was für andere eine Form der historischen Darstellung selbst ist. Eine lange bevorzugte und gerade in jüngster Zeit wieder populäre Form der Darstellung ist die Biographie. Die Biographie kann aber auch als historische Methode eingesetzt werden.

Wer z. B. den Prozeß der Entnazifizierung in einem bestimmten Bereich – z. B. an den deutschen Universitäten – studieren will, der kann versuchen, aus den Akten der mit dem Vorgang befaßten Stellen und Behörden den Entscheidungsgang und den Ablauf zu rekonstruieren. Die statistischen Angaben – z. B. in den jährlichen Rechenschaftsberichten der Rektoren – würden eine Vorstellung von den Größenordnungen vermitteln. Das Ergebnis wäre eine aus den Akten geschöpfte Darstellung eines Verwaltungsvorgangs. Allerdings erfährt man auf diesem Wege kaum etwas über das weitere Schicksal der von der Entnazifizierung erfaßten Personen, also z. B. ob ein entlassener Professor später wieder an derselben oder einer anderen Universität eine Stelle erhielt, und nach wieviel Jahren; denn der Entnazifizierungsvorgang selbst war mit dem Abschluß des Spruchkammerverfahrens beendet. Das weitere Schicksal der Entnazifizierten ist jedoch von Interesse, wenn man den Umfang der personellen Erneuerung in den Universitäten nach 1945 ermitteln möchte. Daher empfiehlt es sich bei einer solchen Problemstellung, die Lebensläufe der Professoren je einzeln nach bestimmten Kriterien zu verfolgen. Man würde Hunderte von Biographien anfertigen und damit die Biographie zu einer Methode zur Erforschung der Entnazifizierung machen.

In jedem der drei Beispiele – bei den Arbeitern in Esslingen, bei den Bürgern der Provence und bei den deutschen Professoren – wurde eine andere Methode angewandt. So möchte man wiederum fragen, welches denn nun die eigentliche, die hauptsächliche, die grundlegende Methode der Geschichtswissenschaft sei.

Eine solche allgemeine historische Methode gibt es gar nicht. Es gibt nur methodische Grundsätze, die sich je nach Fragestellung und Quellenbestand zu spezifischen Methoden konkretisieren. Oder anders gesagt: Die historische Methode ist ein Komplex von allgemeinen Maximen, die sich in den je verschiedenen Anwendungen in konkrete Regeln differenzieren. Insofern zeigten die drei Beispiele auch nicht wirklich drei verschiedene historische Methoden, sondern nur die Anwendung der allgemeinen methodischen Grundsätze der Geschichtswissenschaft auf unterschiedliche Fragestellungen.

Diese methodischen Grundsätze lassen sich charakterisieren als Aufgabe, die jeweils ermittelten Befunde nach dem Kriterium der Lebenswirklichkeit und der Lebenswahrscheinlichkeit zu einer plausiblen Erklärung zu verknüpfen. Wenn die Hochverdienstphase der Dreher und Schlosser der Maschinenfabrik Esslingen im Unterschied zu allen anderen Gruppen von Arbeitern über die gesamte Aufzuchtphase ihrer Kinder hinweg anhielt, so ist, wenn man in einer genügenden Zahl von Fällen zugleich den Willen zur möglichst qualifizierten Ausbildung der Kinder nachweisen kann, damit nach Kriterien der Lebenswahrscheinlichkeit zugleich die Erklärung für die soziale Mobilität der Kinder und Enkel in diesen Arbeiterkategorien gegeben. Auf der Suche nach einer plausiblen Erklärung mußte Frau Schomerus allerdings die Masse der disparaten Daten zur Entlohnung der Arbeiter in eine solche Anordnung bringen, daß eine einleuchtende Verknüpfung der Einkommen mit der sozialen Mobilität in der Gruppe der Dreher und Schlosser und mit dem gleichzeitigen Fehlen einer solchen Mobilität bei den Schmieden möglich würde. Eben das gelang ihr durch die Erfindung der Lebensverdienstkurve. Dieser methodische Zwischenschritt war somit das unmittelbare Ergebnis ihrer Bemühung, die im Archiv erhobenen Daten so zu ordnen, daß die gesuchte Erklärung sich einstellen würde.

Wenn Hitlers Legalitätstaktik und die gleichzeitige Kommentierung der Weimarer Reichsverfassung durch unbezweifelbar demokratische Staatsrechtler das Ermächtigungsgesetz als verfassungskonform erscheinen ließen, so wird es angesichts der Gesetzestreue von Beamten ebenfalls nach Grundsätzen der Lebenswahrscheinlichkeit plausibel, daß die Bürokratie sich dem Dritten Reich bereitwillig zur Verfügung stellte.

Später werden wir sehen, daß das Urteil über die Lebenswahrscheinlichkeit mit der Vorstellung von der Gesetzmäßigkeit der betreffenden Beziehungen verbunden ist. Der Schluß vom Verzicht auf religiöse Stiftungen in Testamenten auf das

Schwinden der Religiosität gründet letztlich auf der unausgesprochenen Annahme eines allgemeinen Gesetzes, das diesen Schluß erzwingt.

Andere Historiker drücken denselben Sachverhalt aus, indem sie verlangen, eine Verknüpfung müsse verstanden werden können. Sie würden sagen, es sei auch ohne Annahme eines allgemeinen Gesetzes unmittelbar einsichtig, daß von frommen Stiftungen absieht, wer den Glauben verloren hat.

Man könnte denken, Lebenswirklichkeit oder Lebenswahrscheinlichkeit seien ziemlich vage Prinzipien. Unmöglich könne eine ernstzunehmende Wissenschaft darauf gegründet werden. In Wahrheit ist die vermeintliche Unbestimmtheit ihrer methodischen Prinzipien jedoch gerade die eigentliche Stärke der Historie. Die Geschichtswissenschaft hat es mit dem Konkreten, mit der Wirklichkeit zu tun. Ihre Deutungen müssen dem empirischen Befund entsprechen. Eine einzige historische Tatsache, die nicht einzuordnen ist, kann eine Deutung zum Einsturz bringen. Daher benötigt die Geschichtswissenschaft eine flexible und anpassungsfähige Methodik, die in der Lage ist, auf immer wieder anders gelagerte Umstände angemessen einzugehen. Diese Methodik bildet die Voraussetzung für die Wirklichkeitsnähe der Historie. Während der Volkswirt und der Jurist im Konkreten nur den Anwendungsfall einer allgemeinen Regel oder eines Gesetzes erblicken, vermag der Historiker die Besonderheit, die Individualität eines einzelnen Vorgangs zu würdigen. Dieser Sinn für das Einmalige befähigt ihn zugleich, für eine spezifische Fragestellung auch einen spezifischen Quellenbestand zu erheben und mit neuen und zuvor vielleicht noch niemals erprobten Methoden zu bearbeiten. Wenn wir angemerkt haben, daß die Originalität eines Historikers sich an seinen Fragestellungen zeige, so können wir jetzt hinzufügen, daß auch bei der Entwicklung unkonventioneller Methoden dem Einfallsreichtum und der Erfindungsgabe keine Grenzen gesetzt sind.

Die Frage ist freilich, wie man eine solche Methodik lehren und lernen soll. Wenn die Methode sich je nach Aufgabenstellung immer wieder anders konkretisiert, dann lassen sich keine Regeln aufstellen, deren schulgerechte Anwendung den wissenschaftlichen Erfolg verbürgte. So kommt es offenbar vor allem darauf an, die Phantasie und den Mut zur Erkundung bisher nicht begangener Wege zu entwickeln. Sehr viel lernt man ohne Zweifel aus dem Beispiel. Freilich darf man es nicht als Schema zur Nachahmung, sondern man muß es als Vorbild dafür nehmen, wie aus einer konkreten Problemlage heraus eine neue Methode erfunden werden kann.

Immerhin haben die angeführten Beispiele den Methodenvorrat der Historie erweitert und Instrumente geliefert, die seither für andere Forschungen in anderen Zusammenhängen zur Verfügung stehen. Die Lebensverdienstkurven der verschiedenen Kategorien von Arbeitern sind in Wahrheit Typen. Ein Typus ist ein wichtiges Erkenntnismittel der Geschichtswissenschaft. Die Untersuchung von Frau Schomerus hat dazu angeregt, auch in anderen Bereichen nach Lebensverdienstkurven und nach dem Verhältnis von Kinderaufzucht und Hochverdienstphase zu fragen. Michel Vovelle hat ein Muster geliefert für eine Mentalitätsgeschichte, die in idealer Weise den Anforderungen dieser Forschungsrichtung entspricht: durch die große Zahl und die Standardisierbarkeit der Fälle, sowie durch den unbewußten Charakter des Ausdrucks des Mentalitätswandels. Die Bürger verfügten plötzlich auf andere Weise über ihr Vermögen als zuvor; sie erklärten nicht, daß sie nicht mehr glaubten. Der Mentalitätswandel war daher nicht aus persönlichen Bekenntnissen, sondern einfach aus dem Verhalten zu erschließen.

Aus Beispielen lernt man nicht ohne Kritik. Man findet erst gar kein Beispiel ohne den Versuch, die von anderen gebahnten Pfade kritisch nachzuschreiten. Wissenschaft ist ein Ringen um Erkenntnis in einer Gemeinschaft von Forschenden. Einer lernt von dem andern durch Kritik, vor allem und in erster Linie aber lernt man durch Selbstkritik.

Auch die Kritik gehört zur Methodik der Wissenschaft, und die Geschichtswissenschaft kann am allerwenigsten auf sie verzichten, sofern es zutrifft, daß diese Disziplin ihr Instrumentarium für jede Untersuchung im Grunde neu bestimmen muß.

Literaturhinweise

Knut Borchardt, Wachstum, Krisen, Handlungsspielräume der Wirtschaftspolitik, Göttingen 1982.

Carl-Ludwig Holtfrerich, Alternativen zu Brünings Wirtschaftspolitik in der Weltwirtschaftskrise?, in: Historische Zeitschrift 235 (1982), S. 605–631.

Ernst Rudolf Huber, Deutsche Verfassungsgeschichte seit 1789, Bd. 3: Bismarck und das Reich, Stuttgart ³1988.

Eberhard Kolb, Die Weimarer Republik, München ⁴1998.

Gerhard Ritter, Staatskunst und Kriegshandwerk. Das Problem des »Militarismus« in Deutschland, Bd. 1: Die altpreußische Tradition (1740–1890), München 1954.

Theodor Schieder (Hg.), Dokumentation der Vertreibung der Deutschen aus Ost-Mitteleuropa, 5 Bde., Bonn 1955–1963.

Heilwig Schomerus, Die Arbeiter der Maschinenfabrik Esslingen. Forschungen zur Lage der Arbeiterschaft im 19. Jahrhundert, Stuttgart 1977.

Volker Sellin, Die Anfänge staatlicher Sozialreform im liberalen Italien, Stuttgart 1971.

Ders., Die Weimarer Reichsverfassung und die Errichtung der Diktatur, in: Christoph Gradmann/Oliver von Mengersen (Hg.), Das Ende der Weimarer Republik und die nationalsozialistische Machtergreifung, Heidelberg 1994, S. 87–102.

Michel Vovelle, Piété baroque et déchristianisation en Provence au XVIIIe siècle. Les attitudes devant la mort d'après les clauses des testaments, Paris 1973.

7.
Verstehen und Erklären

Es gibt eine Redensart, die sich häufig einstellt, wenn wir nach den Gründen für eine Erscheinung fragen, die uns ganz und gar unvernünftig vorkommt: »Das kann man nur historisch erklären!«[1] Die Redensart steckt voller verborgener Implikationen. Versuchen wir, die wichtigsten davon ans Licht zu holen. Zunächst setzt die Redewendung offenbar voraus, in der Regel gehe es in der Welt vernünftig zu. Nehmen wir ein Beispiel! Da wächst die Einwohnerschaft einer Gemeinde – sagen wir: Ziegelhausen – in wenigen Jahren sprunghaft an, weil immer mehr Menschen, die in der nahen Großstadt Heidelberg Arbeit gefunden haben, sich dort häuslich niederlassen. Bald zeigen sich die kommunalen und kirchlichen Einrichtungen der Gemeinde dem Zustrom der Bevölkerung nicht mehr gewachsen. So wird unter anderem auch eine neue evangelische Kirche gebaut. Es wird geplant und gerechnet, schließlich feierlich der Grundstein gelegt, und nach gemessener Frist ist die Kirche fertiggestellt, wird eingeweiht und ihrer Bestimmung übergeben.

Das ist eine ganz vernünftige Geschichte aus unseren Tagen, bei der es nicht viel zu fragen gibt. Ganz anders wäre die Situation freilich, wenn der Bau nur zur Hälfte fertiggestellt und dann aufgegeben worden wäre. Dann hätte das Fragen begonnen. Nun ist die neue evangelische Kirche in Ziegelhausen zum Glück fertiggebaut worden und längst in Gebrauch; aber selbst wenn der Bau hätte aufgegeben werden müssen, wäre die Sache vor der Geschichte des Aufhebens nicht wert, denn die Kirche ist klein, und Ziegelhausen ist heute nur ein Stadtteil von Heidelberg. Aber es gibt andere

---

[1] Hermann Lübbe, Was heißt »Das kann man nur historisch erklären«?, in: Ders., Geschichtsbegriff und Geschichtsinteresse. Analytik und Pragmatik der Historie, Basel 1977, S. 35–47.

Kirchen an anderen Plätzen, denen in der Tat das Mißgeschick passiert ist, dem die evangelische Kirche in Ziegelhausen *nicht* ausgesetzt war. Der Bau des Doms zu Köln wurde zu Beginn der Neuzeit unterbrochen und erst im 19. Jahrhundert zu Ende geführt. Die Unterbrechung für nahezu drei Jahrhunderte erscheint ganz und gar unvernünftig und insofern offenbar ein Fall für eine historische Erklärung. Eine davon stammt von Heinrich Heine:

>»Er sollte des Geistes Bastille sein,
>Und die listigen Römlinge dachten:
>In diesem Riesenkerker wird
>Die deutsche Vernunft verschmachten!
>
>Da kam der Luther, und er hat
>Sein großes ›Halt!‹ gesprochen –
>Seit jenem Tage blieb der Bau
>Des Domes unterbrochen«.[2]

Heine war zwar ein Dichter, aber seine Verse enthalten ohne Zweifel eine historische Erklärung, wenn er meint, daß die Reformation einen solch grandiosen Kirchenbau überflüssig gemacht habe. Worin besteht aber die Struktur dieser historischen Erklärung?

Offenbar soll die Erklärung dazu dienen, das auf den ersten Blick ganz unverständliche Verhalten unserer Vorfahren am Ende doch als vernünftig zu erweisen. Die Reformation war ein unerwartetes Ereignis, mit dem man bei Baubeginn im 13. Jahrhundert unmöglich hatte rechnen können. Wenn der Dom infolge der Reformation nicht mehr gebraucht wurde, dann war es vernünftig, den Bau nicht fortzusetzen. Sollen wir also ganz allgemein sagen: Historische Erklärungen dienen dazu, Zweifel an der Vernünftigkeit der Welt zu zerstreuen und überall die geheime Ratio des Verhaltens aufzuspüren?

Bekanntlich war der Gedanke, daß es in der Welt vernünftig zugehen müsse, eine Vorstellung der Aufklärung. Durch Reformen suchten die Aufklärer überall vernünftige Institutionen an die Stelle der aus der Vergangenheit überkomme-

---

2 Heinrich Heine, Deutschland. Ein Wintermärchen, in: Ders., Historisch-kritische Gesamtausgabe der Werke, hg. von M. Windfuhr, Bd. 4, Hamburg 1985, S. 99.

nen, ihnen oft ganz unsinnig erscheinenden Einrichtungen zu setzen. Zu den frühen Kritikern solcher Absichten gehörte der Osnabrücker Staatsmann und Schriftsteller Justus Möser. Bei Möser findet sich ein bezeichnender Ausspruch, der exakt das Verfahren der historischen Erklärung beschreibt, wie wir es bisher kennengelernt haben:

»Wenn ich ... auf eine alte Sitte oder alte Gewohnheit stoße, die sich mit den Schlüssen der Neuern« – das sind die aufgeklärten Besserwisser – »durchaus nicht reimen will, so gehe ich mit dem Gedanken: Die Alten sind doch auch keine Narren gewesen, so lange darum her, bis ich eine vernünftige Ursache davon finde, und gebe dann (jedoch nicht immer) den Neuern allen Spott zurück, womit sie das Altertum und diejenigen, welche an dessen Vorurteilen kleben, oft ohne alle Kenntnisse zu demütigen gesuchet haben.«[3]

Die Absicht, überall die verborgene Vernünftigkeit des Bestehenden aufzudecken, stellte Möser angesichts der Kleinräumigkeit und Vielgestaltigkeit des alten Reiches oft vor die Aufgabe, eine Erklärung dafür zu finden, warum etwas in einem Dorf so geregelt war, schon im Nachbardorf jedoch ganz anders. Möser nahm diese Aufgabe an und bezeichnete es an einer Stelle geradezu als sein Ziel, überall die jeweilige »Lokalvernunft« aufzuspüren.[4] Das ist nun evidentermaßen klar gegen die nivellierende Gleichmacherei der Aufklärer und ihre bloß abstrakte Vernunft gesprochen, und man erkennt auch leicht den konservativen Grundzug dieser Art von historischer Reflexion. In der Tat: Wenn sich das geschichtlich Gewordene zugleich als vernünftig erweist, verbietet es sich von selbst, nach Veränderung zu streben, zumal im Namen der Vernunft.

Sollen wir aber tatsächlich glauben, daß die Welt im Kern vernünftig sei und daß die Historiker berufen seien, das zu beweisen? Wollen wir uns auf den Boden jenes berühmten Worts des Philosophen Hegel aus der Vorrede zu den »Grund-

---

3 Justus Möser, Das Recht der Menschheit: Leibeigentum, in: Ders., Sämtliche Werke. Historisch-kritische Gesamtausgabe, Bd. 10, hg. von Ludwig Schirmeyer u. Eberhard Crusius, Hamburg 1968, S. 133.
4 Ders., Osnabrückische Geschichte. Allgemeine Einleitung, in: Ders., Sämtliche Werke. Historisch-kritische Gesamtausgabe, Bd. 12, 1, hg. von Paul Göttsching, Hamburg 1964, S. 147.

linien der Philosophie des Rechts« stellen: »Was vernünftig ist, das ist wirklich; und was wirklich ist, das ist vernünftig«?[5] Ganz gewiß wollte Hegel nicht sagen, jeder historische Vorgang stimme mit der Vernunft überein. Auch er sprach bei Gelegenheit von der »Schlachtbank« der Geschichte.[6] Insofern ist der Satz nur zu verstehen, wenn man die Hegelsche Wirklichkeit hier als eine substantielle, wesentliche Wirklichkeit begreift, in Abhebung vom Unwesentlichen, bloß Akzidentiellen und daher durchaus Unvernünftigen, kurz: einer defizienten, mangelhaften, schlechten Wirklichkeit. An anderer Stelle schrieb Hegel: »Der große Inhalt der Weltgeschichte ist aber vernünftig und muß vernünftig sein; ... Dieses Substanzielle zu erkennen, muß unser Zweck sein«.[7]

Trotz dieser Einschränkung auf das »Substantielle« ist es uns heute nicht mehr möglich, auch nur in der Gesamtentwicklung der Weltgeschichte das Walten der Vernunft zu erkennen. Was bleibt dann aber von der historischen Erklärung übrig? Müssen wir Möser widersprechen und feststellen, daß zumindest einige Alte doch Narren gewesen seien, die auch durch Erklärungen nicht nachträglich vernünftig gemacht werden können?

Es gibt – namentlich in Deutschland – eine philosophische Tradition, derzufolge man in den Geisteswissenschaften ohnehin nichts erklären könne. Diese Tradition geht auf Wilhelm Dilthey zurück. Bei Dilthey findet sich der lapidare Satz: »Die Natur erklären wir, das Seelenleben verstehen wir«.[8] Dilthey verfolgte das Ziel, den Geisteswissenschaften eine ebenso überzeugende erkenntnistheoretische Begründung zu geben, wie Kant sie für die Naturwissenschaften vorgelegt hatte. Dieses Bestreben ist vor dem Hintergrund des beispiellosen Aufstiegs der Naturwissenschaften und der Technik im 19. Jahrhundert zu sehen. Die Geisteswissenschaften gerieten gleich-

---

5 Georg Wilhelm Friedrich Hegel, Grundlinien der Philosophie des Rechts, hg. von Johannes Hoffmeister, Hamburg [4]1955, S. 14.
6 Ders., Die Vernunft in der Geschichte, hg. von Johannes Hoffmeister, Hamburg [5]1955, S. 80.
7 Ebd., S. 32.
8 Wilhelm Dilthey, Ideen über eine beschreibende und zergliedernde Psychologie, in: Ders., Gesammelte Schriften, Bd. 5, hg. von Georg Misch, Leipzig 1924, S. 144.

sam in Legitimationsnöte: einmal hinsichtlich ihres Nutzens, dann aber auch im Hinblick auf ihre Wissenschaftlichkeit.

In jeder Wissenschaft steht die Frage nach den Ursachen für eine bestimmte Erscheinung im Mittelpunkt. Das Kausalitätsproblem war denn auch für Kant die Leitfrage bei der Konzipierung der Kritik der reinen Vernunft gewesen. Der englische Empirist David Hume hatte gemeint, wir könnten nur in induktiver Allgemeinheit sagen, daß auf eine Ursache A ein Ereignis B folge. Hätte Hume recht, könnten wir niemals mit absoluter Sicherheit voraussagen, daß die Straße naß wird, wenn es regnet; wir könnten es lediglich annehmen, weil es bisher – rein empirisch – immer so gewesen ist.

Diese Auskunft hielt Kant für unbefriedigend. Die entscheidende Frage – wie können wir Naturgesetze erkennen? – beantwortete er mit dem Satz: Wir erkennen die Gesetze der Natur deshalb, weil wir sie mit den Kategorien unseres Verstandes der Natur vorschreiben. Oder anders ausgedrückt: Hatte das Humesche Problem darin bestanden zu erklären, wie das erkennende Subjekt über die ganz außerhalb seiner liegende Natur Gesetze formulieren soll, so zeigte Kant, daß wir die Dinge gar nicht so erkennen, wie sie an sich selbst sind, sondern nur so, wie sie uns kraft unseres Erkenntnisvermögens gegeben werden. Gegeben aber sind sie uns immer schon in den reinen Formen der sinnlichen Anschauung Raum und Zeit und in den Kategorien unseres Verstandes, von denen die Kausalität eine ist. Dies also ist gemäß Kant die Ursache dafür, daß wir ein Naturgesetz wie z.B. das Gravitationsgesetz formulieren können. Diesem Gesetz vertrauen wir, wenn wir einen Zwetschgenbaum schütteln. Wir zweifeln nicht daran, daß die Zwetschgen auf kürzestem Weg auf die Erde fallen und nicht etwa zum Himmel emporfliegen. Hätten wir diese Gewißheit nicht, so würden wir es vorziehen, eine Leiter zu holen und die Zwetschgen zu pflücken.

Nach den Gründen für unser Vertrauen gefragt, würden wir die Tatsache, daß die Zwetschgen auf die Erde fallen, mit dem Hinweis auf ein allgemeines Gesetz, eben das Gravitationsgesetz, erklären. Wissenschaftstheoretiker nennen den Vorgang, der erklärt werden soll – hier: das Fallen der Zwetschgen – das *Explanandum*, das herangezogene allgemeine Gesetz dagegen das *Explanans*. Wilhelm Dilthey war nun der Meinung, diese Form der Erklärung habe nur in den Naturwissenschaften ihren Platz. In den historischen Geisteswissenschaften dagegen sei sie nicht nur nicht angebracht, sondern nicht einmal nötig. In der Natur folge alles lediglich blinden Zwängen. Sicher: Die Zwetschgen wissen nicht, daß oder warum sie fallen. Die Welt der Geisteswissenschaften dagegen, so fährt Dilthey fort, sei die Welt des Menschen. Dort wirkten Ursachen nicht blind, sondern durch die Empfindungen, Gemütsbewegungen, durch Denken und Planen der handelnden Personen. Diese Gemütsbewegungen und Denkvorgänge könne der Historiker nachvollziehen und nacherleben, und eben deshalb könne er viel genauer erkennen, warum eine Ursache A eine Folge B nach sich gezogen habe. Diese Art des Erkennens nun nannte Dilthey *Verstehen*. Um sich klarzumachen, warum der von maßloser Eifersucht getriebene Othello seine Desdemona erstickte, würde man also nicht auf ein allgemeines Gesetz zurückgreifen, sondern versuchen, Othellos Empfindungen nachzuvollziehen.

Im Unterschied zum naturwissenschaftlichen Erkennen bezieht sich das Verstehen offenbar immer auf einen bestimmten Vorgang, der bereits stattgefunden hat. Wir mögen verstehen, daß Othello die unschuldige Desdemona aus Eifersucht tötete; voraussagen hätten wir ein solches Verhalten nicht können. Othello hätte sie Cassio und Jago auch vorher gegenüberstellen können; dann wäre vielleicht die ganze Verleumdung ans Tageslicht gekommen. Oder er hätte sie verstoßen können. Oder er hätte Jago schlichtweg keinen Glauben zu schenken brauchen. Und so weiter. All dies würden wir ebenfalls verstehen. Wir *verstehen* also viel zu viel, um wirklich *vorhersehen* zu können, daß Othello so und nicht anders handeln wird. An die Stelle einer zwingenden Prognose wie im Falle des Zwetschgenbaums tritt, so scheint es, ein ganzes Bündel möglicher Handlungsweisen Othellos, die uns alle plausibel erscheinen.

Die Unterscheidung Diltheys zwischen Erklären und Verstehen findet im gängigen Sprachgebrauch kaum eine Stütze. Wir lassen uns die Arbeitsweise eines Otto-Motors erklären und sagen dann, wir hätten sie *verstanden*. Wir lassen uns den Satz des Thales erklären, um ihn zu *verstehen*. Also verwenden wir das Wort *Verstehen* auch für naturwissenschaftliche und mathematische Zusammenhänge. Umgekehrt versuchen wir zu *erklären*, warum zwischen 1930 und 1933 so viele Deutsche die NSDAP gewählt haben, obwohl die Gefährlichkeit dieser Partei hätte durchschaut werden können; warum Adolf Hitler am 30. Januar 1933 zum Reichskanzler ernannt wurde, obwohl sein Kabinett im Reichstag keine Mehrheit besaß, und warum das Ermächtigungsgesetz am 23. März 1933 vom Reichstag verabschiedet wurde, obwohl dieser sich damit selbst entmachtete. Wir verwenden das Wort *Erklären* also auch für historische Phänomene.

Das Wort *Verstehen* ist darüber hinaus mehrdeutig. Wie Günther Patzig gezeigt hat, gibt es wenigstens drei Bedeutungen von Verstehen: das *Zusammenhangsverstehen*, das heißt z.B. das Verstehen des Zusammenhangs von Gutswirtschaft und Erbuntertänigkeit; das *Ausdrucksverstehen* eines Textes, z.B. einer Shakespeareschen Tragödie, und das *einfühlende Verstehen* als »Nachvollzug seelischer Vorgänge«.[9] Historiker haben mit allen drei Formen des Verstehens zu tun.

Ohne das Verständnis von *Zusammenhängen* könnten wir keine Strukturen erkennen, denn Strukturen sind gerade dadurch definiert, daß ihre einzelnen Elemente in einem funktionalen und insofern notwendigen Bezug zueinander und zum Ganzen der Struktur stehen. Daher müßten wir als zufälliges Zusammentreffen ansehen, was in Wirklichkeit Ausdruck einer Strukturbeziehung ist, zum Beispiel daß die Parteien im Deutschen Kaiserreich, in dem es keine parlamentarische Regierung gab, sich in starkem Maße zu Weltanschauungsparteien entwickelten.

Vermöge des *Ausdrucksverstehens* entschlüsseln wir Aussagen, die in vergangenen Zeiten, in anderer Sprache oder Begrifflichkeit, in fremdartigen gesellschaftlichen und politischen Verhältnissen, gemacht worden sind. Vor allem an der Aufgabe, die Heilige Schrift auszulegen, aber auch an der Notwendigkeit, Rechtsnormen auf eine sich ständig wandelnde Wirklichkeit zu beziehen, ist die philosophische Disziplin der Hermeneutik entwickelt worden.

Für den Historiker ist es eine alltägliche Erfahrung: Bei dem Versuch, einen historischen Text zu verstehen, stößt man früher oder später auf Begriffe, Wendungen oder Gedanken-

---

9 Günther Patzig, Erklären und Verstehen. Bemerkungen zum Verhältnis von Natur- und Geisteswissenschaften, in: Neue Rundschau 84 (1973), S. 401.

gänge, die ohne zusätzliche und gezielte Nachforschungen nicht zu verstehen sind. Das Verstehenwollen gewinnt so die Funktion eines heuristischen Verfahrens. Die Amerikanische Unabhängigkeitserklärung z.b. lesen wir, um zu erfahren, wie die abtrünnigen Amerikaner ihre Loslösung vom Mutterland vor der Welt begründeten. Bei der Lektüre stoßen wir dann auf die Behauptung, Georg III. habe sich als Tyrann erwiesen, und deshalb bleibe den Amerikanern gar nichts anderes übrig, als sich für unabhängig zu erklären. Das verstehen wir nun gar nicht und zwar aus mindestens zwei Gründen: einmal wissen wir, daß der König von England ohne das Parlament gar nicht handeln konnte, so daß, wenn schon, auch das Parlament der Tyrannei hätte bezichtigt werden müssen; und zum zweiten verstehen wir beim besten Willen nicht, warum die Erhebung der lächerlichen Stempelsteuer als Beweis für Tyrannei ausgegeben werden konnte. Erst aufgrund historischer Forschung – in diesem Falle von Erich Angermann – wissen wir, daß es eine Rechtstradition ständischer Absageerklärungen gab, in der neben der niederländischen Unabhängigkeitserklärung von 1581, der Anklageschrift gegen Karl I. von England von 1649 und der Bill of Rights von 1689 auch die Amerikanische Unabhängigkeitserklärung steht. Nach dieser Tradition konnte sich eine solche Erklärung nur gegen den Fürsten und nicht gegen eine ständische Körperschaft richten, und außerdem war die Erklärung nur wirksam, wenn der Fürst als ein tyrannischer Herrscher entlarvt war, das heißt als ein Herrscher, der das Recht und die vereinbarten Verpflichtungen gegenüber seinen Untertanen mit Füßen getreten hatte. Also mußte Thomas Jefferson als guter Jurist die Beschwerde gegen das Mutterland als Anklage gegen einen angeblich tyrannischen König formulieren, wenn sie denn eine rechtliche und politische Wirkung entfalten sollte.

Das *einfühlende Verstehen* bezieht sich auf Handlungen bzw. Verhalten im weitesten Sinne. Es ist vom Ausdrucksverstehen klar unterschieden, denn man kann sehr wohl den gemeinten Sinn der Amerikanischen Unabhängigkeitserklärung verstehen, ohne zugleich zu verstehen, warum ihre Unterzeichner und diejenigen, für die sie handelten, sich aus dem Verband des britischen Reiches lösen wollten. Andere wollten das nicht, viele Amerikaner lehnten den Bruch mit dem Mutterland ab und wanderten lieber nach Kanada oder nach England aus, als in einem unabhängigen Amerika zu leben. Wir sollen auch das verstehen, wollen uns dabei aber nicht aufhalten, sondern stattdessen fragen, wie man sein Einfühlen kontrollieren und anderen plausibel machen soll. Im nächsten Kapitel wird sich zeigen, daß ein wesentliches Kennzeichen jeder wissenschaftlichen Aussage ihre Nachprüfbarkeit ist. Jemandes Versicherung, daß er die Unabhängigkeitsbestrebungen eines Teils der Amerikaner im Jahre 1776 wie auch den Wunsch anderer Amerikaner, im britischen Empire zu verbleiben, einfühlend verstanden hätte, ist für andere weder nachprüfbar noch hilfreich. Mit anderen Worten: Wenn man Dritten ein Verstehen nahebringen, das heißt: sie ebenfalls zum Verständnis der Vorgänge befähigen möchte, dann muß man versuchen, ihnen die Vorgänge – nun – zu *erklären*: zu erklären, damit auch sie *verstehen*. Welchen Anforderungen muß eine solche Erklärung genügen?

Moderne Wissenschaftstheoretiker sind sich einig in der Auffassung, daß die Anforderungen an eine wissenschaftliche Erklärung in allen Wissenschaften grundsätzlich dieselben sind, in den Geisteswissenschaften nicht anders als in den Naturwissenschaften. Man brauchte ein *Explanans* oder einen Komplex von *Explanantia*, und darin müsse mindestens ein allgemeines Gesetz enthalten sein.

Viele Historiker wollen von allgemeinen Gesetzen nichts hören. Sie sind der Meinung, in den Geisteswissenschaften habe man es mit individuellen, einmaligen, unwiederholbaren Phänomenen zu tun. Dabei übersehen sie freilich, daß das eine das andere nicht ausschließt. Denn warum sollte die Wirkung eines allgemeinen Gesetzes im Verein mit besonderen Umständen nicht ein einmaliges Ergebnis zeitigen? Auch die Entstehung des Menschen im Zuge der Evolution war nach allem, was wir wissen, ein einmaliger Vorgang, und trotzdem fragen wir nach den Gesetzen, die diesen Vorgang möglich gemacht haben.

Die Bezugnahme auf allgemeine Gesetze braucht natürlich nicht ausdrücklich zu erfolgen. Es genügt, daß eine historische Erklärung solche Gesetze impliziert. Die Gesetze nehmen in den Erklärungen zumeist den Platz des Offensichtlichen, keiner weiteren Herleitung Bedürftigen ein, das heißt dessen, worin Urheber und Adressat einer Erklärung sich ohne weiteres einig sind.

Um das Beispiel der Amerikanischen Revolution wieder aufzugreifen, so könnte man die Frage nach ihren Ursachen folgendermaßen beantworten: Die Kolonien waren vom Mutterland lange Zeit kaum zu Leistungen herangezogen worden. Nach dem großen Krieg der Jahrhundertmitte sah sich Großbritannien dazu genötigt, die Amerikaner an den Kosten ihrer Verteidigung wenigstens zu beteiligen, da es sonst seine Schulden aus dem Krieg nicht hätte abtragen können. Die Amerikaner hatten sich jedoch an die Steuerfreiheit gewöhnt und sahen nicht ein, daß sie die britische Armee in Nordamerika mitfinanzieren sollten. Da mit dem Friedensschluß von 1763 die Bedrohung durch die Franzosen entfallen war, erschien ihnen die militärische Präsenz Großbritanniens ohnehin überflüssig und geradezu als Gefährdung ihrer Freiheit. Mit ihrem Stolz war es im übrigen schwer zu vereinbaren, daß sie im merkantilistischen Handelssystem des Empire lediglich als Juniorpartner und Ausbeutungsobjekt der fernen Briten fungieren sollten. Zum Symbol dieser erzwungenen Unterordnung wurde alsbald die Auferlegung der Stempelsteuer durch das Parlament in Westminster, in dem sie nicht vertreten waren.

Wenn dies eine geschichtswissenschaftliche Erklärung ist, wo verstecken sich dann die allgemeinen Gesetze? Denn eins ist klar: Ausdrücklich formuliert wurde keines.

Wir wollen versuchen, wenigstens die wichtigsten bloß implizierten allgemeinen Gesetze in der skizzierten Erklärung zu identifizieren.

1. Kriege kosten Geld. Kreditaufnahme ist wahrscheinlich. Nach dem Krieg müssen Schulden abgetragen werden.

2. Auch gegen geringfügige Steuern regt sich Widerwille, wenn lange Zeit gar keine Steuern erhoben worden waren.

3. Angesichts äußerer Bedrohung neigt man weniger zur Aufsässigkeit, als wenn die Bedrohung beseitigt ist.

4. Auf Dauer läßt sich ein selbstbewußtes Volk nicht von einem fernen Parlament regieren, vor allem dann nicht, wenn es dort nicht vertreten ist.

5. In Zeiten politischer Spannungen gewinnen an sich unerhebliche Belastungen leicht große symbolische Bedeutung.

So oder ähnlich könnte man formulieren. Die Erklärung genügt ihrem Zweck, wenn und insofern die allgemeinen Gesetze Anerkennung finden. Die Erklärung erfüllt das Kriterium der Nachprüfbarkeit, weil und insofern sie die Bezugnahme auf diese Gesetze hinreichend deutlich macht. Sollte jemand die Stringenz der Erklärung anzweifeln, so läßt sich ohne Rekurs auf Einfühlung und Nacherleben über Wahrheit oder Unwahrheit der herangezogenen Gesetze streiten.

Das Beispiel ist für die Geschichtswissenschaft auch insofern typisch, als die Erklärung in der Form einer Erzählung erscheint. Offenbar erzählen Historiker eine Geschichte, wenn sie etwas erklären wollen. Man spricht daher auch von der narrativen Struktur der geschichtswissenschaftlichen Darstellung. Damit ist gerade nicht ein romanhaftes Erzählen vergangener Abläufe gemeint, sondern der Vorgang historischen Erklärens in Form der Erzählung. Das bedeutet natürlich, daß jedes Detail einer solchen Erzählung aufs genaueste der Kontrolle unterworfen worden sein muß, inwiefern es an seinem Platz zur Erklärung der in Rede stehenden Phänomene notwendig oder hilfreich ist.

Wir haben die konkreten Vorgänge auf allgemeine Gesetze zurückgeführt, um auch Dritten das Verstehen zu ermöglichen. Nun könnte man einwenden, der Rückgriff auf allgemeine Sätze verschiebe das Problem lediglich. Denn diese Sätze gälten nur unter der Voraussetzung, daß man auch sie verstanden habe. Es mache keinen wesentlichen Unterschied, ob man sagt, Othello habe Desdemona getötet, weil er sich hatte einreden lassen, daß sie ihn betrogen habe, – oder aber, er habe sie getötet, weil Eifersucht Männer so rasend machen kann, daß sie ihre Frauen töten. Immerhin wird die logische Struktur einer solchen Erklärung deutlich. Erklären ist danach eine Operation, mit der man ein Faktum als Bestätigung einer allgemeinen Erfahrung identifiziert, die verstanden ist oder jedenfalls verstanden werden kann. Ist es aber wirklich dasselbe, ob man den einzelnen Fall oder die allgemeine Regel versteht? Könnte es nicht sein, daß man zwar versteht, daß Eifersucht zu einer solchen Tat führen kann, aber gleichwohl nicht versteht, warum Othello sich dazu hat hinreißen lassen? Wenn dieser Zweifel sich bestätigen sollte, dann hätten wir es mit einem weiteren Begriff von Verstehen zu tun.

Günther Patzig hat drei Arten des Verstehens unterschieden: *Zusammenhangsverstehen*, *Ausdrucksverstehen* und *einfühlendes Verstehen*. Offenbar muß man noch eine vierte Art des Verstehens hinzufügen. Nennen wir sie das *Weltverstehen*! Das

Weltverstehen läßt sich auch als Übertragung des Gesetzesgedankens, den wir bei wissenschaftlichen Erklärungen zugrundelegen müssen, auf die Eigenart geschichtlicher Vorgänge beschreiben.

Alle bisher genannten Beispiele hatten einzelne Handlungen zum Gegenstand: die Unterbrechung des Dombaus in Köln, die Tötung Desdemonas durch Othello, die amerikanische Unabhängigkeitsbewegung. Wir haben versucht, diese Handlungen aus der Perspektive der Akteure zu verstehen, indem wir nach ihren jeweiligen Beweggründen fragten oder ihren Gefühlen nachspürten. Wenn wir das verstandene Einzelne nun auf allgemeine Sätze beziehen, so verorten wir es gewissermaßen in unserem Erfahrungsraum, in dem Vorstellungen wie Nutzen und Bedürfnis, Unabhängigkeitsdrang und Eifersucht ihren jeweiligen Platz haben und in diesem Sinne von uns verstanden werden. Die Welt ist immer schon auf bestimmte Art und Weise für uns ausgelegt. Die Art unserer Weltauslegung bildet einen Teil der Tradition, in der wir stehen, und wird uns durch Sprache und Erziehung vermittelt. Die Welt ist also immer schon verstanden. Aus diesem Grunde findet das Verstehen des konkreten Einzelnen nicht auf einer *tabula rasa* statt. Vielmehr verstehen wir das Fremdartige oder Befremdliche dadurch, daß wir es uns in das verstandene Eigene übersetzen, ganz ebenso, wie wir einen fremdsprachigen Text in die eigene Sprache übersetzen. Hätten wir keine eigene Sprache, so könnten wir auch nicht übersetzen.

Vor aller wissenschaftlichen Reflexion besitzen wir immer schon ein bestimmtes Wissen von der Welt. Weil die Wissensbestände dieses Weltwissens dem methodisch gewonnenen wissenschaftlichen Urteil also notwendig vorausliegen, nannte Hans-Georg Gadamer sie »Vorurteile« und umschrieb ihre Macht über uns mit dem Satz: »In Wahrheit gehört die Geschichte nicht uns, sondern wir gehören ihr«.[10]

Was also heißt es, Othellos Tat zu verstehen? Die Tötung der Desdemona war das *Explanandum* und der Satz, daß Männer aus Eifersucht töten können, das allgemeine Gesetz oder

---

10 Hans-Georg Gadamer, Wahrheit und Methode. Grundzüge einer philosophischen Hermeneutik, Tübingen 1960, S. 261.

Explanans. Damit wäre die Tat zunächst der Fall einer Regel, aber diese Regel gilt nur, weil und insofern sie in unserer Weltauslegung einen Platz hat. Also könnte man versucht sein, noch einmal mit Möser zu sagen: Othello war kein Narr, denn er handelte aus Eifersucht, und das heißt, er handelte aus guten Gründen, die deshalb keiner weiteren Erklärung bedürftig sind, weil Eifersucht und Eifersuchtstaten in unserer Weltauslegung einen Ort haben und in diesem Sinne verstanden werden.Tatsächlich war Othello aber ein Narr. Die Tragödie liegt gerade darin, daß die Schwäche und Leidenschaftlichkeit seiner Natur ihn mit unerbittlicher Konsequenz zu einer Tat trieben, die er nicht begangen hätte, wenn er einer vernünftigen Überlegung noch fähig gewesen wäre.

Damit haben wir einen Punkt erreicht, an dem wir *einfühlendes Verstehen* und *Weltverstehen* noch deutlicher voneinander unterscheiden können. Durch das Studium möglichst vieler Äußerungen der aufständischen Amerikaner suchen wir einfühlend zu verstehen, welche Ziele sie verfolgten: Freiheit von Besteuerung? Ein größeres Maß an Demokratie? Oder Unabhängigkeit um jeden Preis? Oder – um ein Beispiel aus einer anderen Epoche zu nehmen – wir fragen, welche Haltung den Kurs der deutschen Reichsleitung in der Julikrise 1914 bestimmt hat: Furcht vor der wachsenden Bedrohung durch Rußland? Sorge, durch eine entschlossene Politik der Friedenserhaltung Österreich-Ungarn zu verprellen und damit vielleicht den letzten Verbündeten zu verlieren? Angst vor Prestigeverlust bei Bereitschaft zum Einlenken? Schwäche gegenüber dem Druck rechtsradikaler Verbände? Oder schließlich eine fahrlässige Verkennung der Gefährlichkeit der Situation?

Welche dieser verschiedenen Möglichkeiten der Wirklichkeit am nächsten kommt, müssen wir durch einfühlendes Studium der Quellen ermitteln. Daß wir diese Möglichkeiten jedoch überhaupt ins Auge fassen und voneinander unterscheiden können, beruht darauf, daß sie in unserer Weltauslegung einen Platz haben: die Furcht, die Sorge, das Prestige, die Schwäche, die Fehleinschätzung. Haben wir dann einfühlend verstanden, welche Haltung dominierte, so können wir Dritten unsere Deutung unter Rückgriff auf den gemeinsamen Wissensvorrat unseres Weltverständnisses erklären. Das *einfühlende Verstehen* befähigt uns also zur Identifikation der Antriebe und Einstellungen, die zu einem bestimmten Verhalten geführt haben. Das *Weltverstehen* hält die Vorstellungen bereit, mit deren Hilfe wir dieses Verhalten in unserem Wissenshorizont verorten können.

Was heißt hier aber Verstehen? Offenbar hat eine Tötung aus Eifersucht in unserer Weltauslegung durchaus ihren Platz und wird insofern verstanden. Das heißt aber nicht, daß wir auch verstehen, warum gerade dieser Othello seine Frau tatsächlich tötete. Auch die Furcht vor einer drohenden Übermacht findet sich in unserer Weltauslegung. Dennoch werden wir unsere Schwierigkeiten haben, wenn wir verstehen sollen, warum eine solche Furcht die deutsche Reichsleitung im Sommer 1914 dazu veranlassen konnte, das Risiko eines europäischen Krieges auf sich zu nehmen.

Kraft des *Weltverstehens* verstehen wir somit etwas als etwas, ohne doch zugleich notwendig auch *einfühlend verstehen* zu können, warum im konkreten Fall so und nicht anders gehandelt wurde. Im Sinne des *Weltverstehens* wird also auch verstanden, was man im Sinne des *Einfühlens* zwar identifiziert, aber nicht versteht. Auch für das Unverständliche hält die Sprache Begriffe bereit, die ihm seinen Ort in unserer Weltauslegung zuweisen. Das zeigt sich etwa daran, daß wir zur Erklärung dessen, was wir gerade nicht verstehen können, zu Begriffen Zuflucht nehmen wie Verblendung, Wirklichkeitsverlust, Verzweiflung oder Wahnsinn. Damit drücken wir aus, daß es in der Welt und in der Geschichte Taten gibt, die wir nicht einfühlend verstehen können.

Es ist zu bezweifeln, daß wir Auschwitz je verstehen werden. Vielleicht gibt es in allem, was wir zu verstehen glauben, einen Rest, den unser Verstehen nicht erreicht. Wir mögen noch so viele einleuchtende Erklärungen für den Abfall der dreizehn nordamerikanischen Kolonien vom Mutterland finden: Daß auch ein anderes Verhalten möglich gewesen wäre, sehen wir an der großen Zahl der Loyalisten, die treu zur Krone hielten und lieber auswanderten, als unabhängig zu werden. Entsprechendes gilt für die Julikrise 1914. Wir können einfühlend den Anteil der Furcht und den Anteil der Fahrlässigkeit bestimmen und doch zuletzt nicht verstehen, warum nicht alles versucht wurde, um den Krieg zu vermeiden.

Ist dieses Ergebnis eine Enttäuschung? Die Antwort hängt von unseren Erwartungen ab. Wenn es uns gelingt, die vergangene Wirklichkeit mit unserer gegenwärtigen Weltauslegung zu vermitteln, haben wir immerhin die Fremdartigkeit überbrückt, die aus dem Abstand der Zeiten herrührt. Solange wir uns nicht einbilden, alles verstehen zu können, was in unserer eigenen Gegenwart geschieht, sollten wir auch vom historischen Verstehen nicht mehr verlangen.

Literaturhinweise

Erich Angermann, Ständische Rechtstraditionen in der Amerikanischen Unabhängigkeitserklärung, in: Historische Zeitschrift 200 (1965), S. 61–91.

Horst Dippel, Die Amerikanische Revolution 1763–1787, Frankfurt 1985.

Klaus Hildebrand, Julikrise 1914: Das europäische Sicherheitsdilemma. Betrachtungen über den Ausbruch des Ersten Weltkriegs, in: Geschichte in Wissenschaft und Unterricht 36 (1985), S. 469–502.

Hans-Christoph Schröder, Die Amerikanische Revolution. Eine Einführung, München 1982.

8.
Die wissenschaftliche Literatur

In diesem Kapitel sollen vier Fragen beantwortet werden: Was ist wissenschaftliche Literatur? Wie findet man wissenschaftliche Literatur? Wie beurteilt man wissenschaftliche Literatur? Wie benützt man wissenschaftliche Literatur?

Um mit wissenschaftlicher Literatur umgehen zu können, muß man die Regeln kennen, nach denen sie geschrieben wird. Diese Regeln muß jeder Historiker aber auch deshalb kennen, weil die Ergebnisse jeglicher Forschung, wollen sie wissenschaftlich ernst genommen werden, nach ihnen niedergeschrieben werden müssen. Was aber ist wissenschaftliche Literatur? Man könnte versuchen, diese Frage mit einer Definition zu beantworten, und etwa folgendermaßen formulieren: Geschichtswissenschaftliche Literatur – denn darum handelt es sich für uns – ist die nach bestimmten Regeln erfolgende schriftliche Niederlegung der Erkenntnisse, die aufgrund methodischer Bearbeitung historischer Quellen erzielt worden sind. Diese Definition trifft zunächst eine fundamentale Unterscheidung – die Unterscheidung nämlich zwischen wissenschaftlicher *Literatur* und *Quellen*. Die Quellen sind die Grundlage, das Material, aus dem der Historiker Erkenntnisse gewinnt; die wissenschaftliche Literatur hält diese Erkenntnisse fest. Die Unterscheidung zwischen Quellen und wissenschaftlicher Literatur gilt immer, auch wenn es Grenzfälle gibt, die es ausnahmsweise schwer machen können, einen konkreten Text eindeutig zuzuordnen. Die Werke der Historiker sind Literatur, wenn man sich für die dort behandelten Themen interessiert; sie sind Quelle, wenn man die Geschichte der Geschichtsschreibung erforschen will.

Aus der Literaturwissenschaft stammt eine andere Unterscheidung. Da die Quellen dort zum großen Teil aus der sogenannten »schönen« Literatur bestehen, bietet sich die Unterscheidung zwischen *Primärliteratur* – das sind die Werke der Dichter und Schriftsteller – und wissenschaftlicher *Sekundärliteratur* an. *Quellen* sind dann andere als literarische Zeugnisse, die zur Erforschung der Literaturgeschichte herangezogen werden. Für die Zwecke der Geschichtswissenschaft hat sich die Unterscheidung zwischen Quellen und Literatur jedoch als ausreichend erwiesen.

Unsere Definition verlangt die Bearbeitung der Quellen nach den Grundsätzen der historischen Methode. Daß indessen jede wissenschaftliche Abhandlung, jedes historische Buch, vom jeweiligen Autor unter unmittelbarem und ausschließlichem Rückgriff auf sämtliche einschlägigen Quellen geschrieben sein muß, auf denen die Aussagen letztlich beruhen, das kann kein zwingendes Kriterium für die Wissenschaftlichkeit von Literatur sein. Es gibt in der Geschichtswissenschaft wie in jeder Wissenschaft einen breiten Fundus gesicherten Wissens, das bisherige Forschung erarbeitet hat. Schon aus arbeitsökonomischen Gründen wäre es ganz unsinnig, wenn in jeder geschichtswissenschaftlichen Abhandlung das längst Bekannte und völlig Unstrittige erneut aus den Quellen bewiesen werden müßte.

Gewiß ist die Grenze zwischen dem Unstrittigen und dem Fraglichen in der Praxis fließend, und schon oft sind durch neue Forschungen Überzeugungen umgestoßen worden, an denen über Jahrzehnte hinweg niemand gezweifelt hatte. So hatte es bis zum Erscheinen von Hans-Ulrich Wehlers Buch »Bismarck und der Imperialismus« im Jahre 1969 als gesicherte Erkenntnis gegolten, daß Bismarck am Erwerb von Kolonien nicht interessiert gewesen sei, daß Kolonialpolitik jedenfalls nicht in seine Konzeptionen gepaßt habe. Im Gegensatz zu dieser allgemein herrschenden Meinung entwickelte Wehler die These, daß der kolonialen Expansion ein zentraler Stellenwert in Bismarcks Innenpolitik zugekommen sei. Durch Kolonialpolitik und Kolonialpropaganda sollte nach seiner Interpretation den Arbeitern für die nahe Zukunft der Anbruch eines Zeitalters allgemeiner Prosperität vorgegaukelt werden, wenn sie nur einstweilen loyal und in Geduld zu dem Staat hielten, der diese Entwicklung in die Wege geleitet habe und allein ihren Erfolg verbürgen könne. Selbstverständlich hat Wehler all diejenigen Quellen neu gelesen, auf die er seine These stützte, und ebenso diejenigen, auf denen die bis dahin geltende Auffassung beruht hatte. Darüber hinaus hat er zahlreiche neue Quellen hinzugezogen, die zuvor nicht beachtet worden waren. Aber auch er hat einen großen Teil der Ergebnisse übernommen, die andere Historiker vor ihm erarbeitet hatten, ohne sie noch einmal selbst an den Quellen zu überprüfen.

Wir halten also fest: Jedes Stück wissenschaftlicher Literatur beruht in unterschiedlichem Mischungsverhältnis auf eigener Quellenforschung und auf Übernahme gesicherter (oder für gesichert gehaltener) Ergebnisse anderer Historiker. Es gibt jedoch nach beiden Richtungen auch den Grenzfall – daß nämlich eine Abhandlung ausschließlich auf unmittelbarem Quellenstudium beruht, oder daß ein Werk ausschließlich eine Synthese der von anderen erarbeiteten Erkenntnisse darstellt. Den zuletzt genannten Grenzfall finden wir häufig bei Lexikonartikeln, bei Handbuchbeiträgen oder bei anderen zusammenfassenden und übergreifenden Darstellungen. Der wissenschaftliche Charakter kann ihnen jedoch aus diesem Grunde nicht abgesprochen werden.

Nun hatte unsere Definition von der wissenschaftlichen Literatur weiterhin verlangt, daß die dort mitgeteilten Erkenntnisse nach bestimmten Regeln vorgetragen werden. Lesen wir beispielhalber einige Sätze aus einem bekannten Buch:

»Millionen vernichtender Geschosse sind in dem Weltkriege abgefeuert worden, die wuchtigsten, die gewaltigsten, die weithintragendsten Projektile von den Ingenieuren ersonnen worden. Aber kein Geschoß war weittragender und schicksalsentscheidender in der neueren Geschichte als dieser Zug, der, geladen mit den gefährlichsten, entschlossensten Revolutionären des Jahrhunderts, in dieser Stunde von der Schweizer Grenze über ganz Deutschland saust, um in Petersburg zu landen und dort die Ordnung der Zeit zu zersprengen ...

Wie der Zug einläuft in den finnischen Bahnhof, ist der riesige Platz davor voll von Zehntausenden von Arbeitern, Ehrenwachen aller Waffengattungen erwarten den aus dem Exil Heimgekehrten, die Internationale erbraust. Und wie Wladimir Ilitsch Ulianow jetzt heraustritt, ist der Mann, der vorgestern noch bei dem Flickschuster gewohnt, schon von Hunderten Händen gefaßt und auf ein Panzerautomobil gehoben. Scheinwerfer von den Häusern und der Festung sind auf ihn gerichtet, und von dem Panzerautomobil herab hält er seine erste Rede an das Volk. Die Straßen beben, und bald haben die ›zehn Tage, die die Welt erschüttern‹, begonnen. Das Geschoß hat eingeschlagen und zertrümmert ein Reich, eine Welt«.

Ist das nun ein Stück geschichtswissenschaftlicher Literatur? Das Thema ist jedenfalls ein geschichtliches. Ob die Darstellung zugleich wissenschaftlich sei, würde man vielleicht sagen, hänge davon ab, ob sie wahr sei. Ihre Wahrheit müsse man jedoch erst überprüfen. Dagegen wäre einzuwenden, daß Wahrheit allein noch kein Kriterium für Wissenschaftlichkeit ist. Wenn jemand durch bloßes Erraten die Wahrheit trifft, ist seine Aussage schon deshalb nicht wissenschaftlich, weil er selber keine Gründe dafür angeben kann, geschweige denn, daß er sie anderen mitteilen könnte. Er wäre daher auch nicht in der Lage, die Aussage zu verteidigen, und niemand könnte ihr ansehen, daß sie wahr ist. Umgekehrt kann einer aus guten Gründen eine Auffassung vertreten, die sich am Ende als falsch herausstellt, z. B. weil es Gesichtspunkte gibt, die er nicht gesehen hat, vielleicht auch nicht sehen konnte, etwa weil der Zugang zu wichtigen Archiven versperrt war. Wäre es anders, so könnte historischen Büchern ihr wissenschaftlicher Charakter auch nur befristet zugesprochen werden, nämlich so lange, bis ihre Aussagen durch neue Forschungen überholt worden sind. Da wir jedoch von keiner einzelnen Aussage voraussagen können, daß sie überhaupt jemals überholt werden wird, würde dies bedeuten, daß wir von einem konkreten Buch gar nicht angeben könnten, ob es wissenschaftlich ist oder nicht.

Also kommt es darauf an, daß die Gründe für eine Auffassung mitgeteilt werden. Oder anders ausgedrückt: Eine Darstellung ist dann wissenschaftlich, wenn sie nachprüfbar ist. Nachprüfbarkeit bedeutet, daß nicht nur die Ergebnisse der Forschung mitgeteilt werden, sondern daß auch der Weg beschrieben wird, auf dem man zu ihnen gelangt ist, damit jedermann diesen Weg nachvollziehen, das heißt selber gehen kann, um zu sehen, ob er auf solche Weise zu denselben Ergebnissen gelangt.

Wie stellt man die Nachprüfbarkeit sicher? Zuerst ist erforderlich, daß man klar zu erkennen gibt, was man überhaupt in Erfahrung bringen wollte, denn man wählt keinen Weg, ohne zu wissen, wohin man gehen möchte. Sodann muß angegeben werden, auf welche Quellen sich die Aussage stützt und nach welchen Gesichtspunkten man die Quellen ausgesucht hat. Dazu gehört gegebenenfalls auch der genaue Nachweis, mit Hilfe welcher Berechnungen, Kombinationen, Gedankenoperationen usw. aus den angegebenen Quellen das mitgeteilte Ergebnis gewonnen wurde. Schließlich muß man zeigen, daß und inwiefern man gegenüber dem bisherigen Stand des Wissens etwas Neues zu sagen hat. Denn wenn man nur das bereits Bekannte vortragen kann, dann soll man lieber schweigen. Also muß man darlegen, inwiefern der gegebene Forschungsstand unbefriedigend erscheint und warum die von anderen erzielten Ergebnisse nicht zutreffen oder nicht genügen.

Die Geschichtswissenschaft (wie auch andere Geisteswissenschaften) hat nun bestimmte Darstellungsformen für die Mitteilung all dieser Umstände entwickelt, ohne deren Berücksichtigung die Nachprüfbarkeit der vorgetragenen Ergebnisse nicht gewährleistet ist. Es handelt sich um folgende Verfahren:

1. Eine Einleitung, in der die Fragestellung auf der Grundlage des Forschungsstands entwickelt und begründet wird und in der die wichtigsten Quellengruppen benannt werden, auf denen die Untersuchung beruhen soll.

2. Eine bestimmte Art der Darstellung, dergemäß nicht einfach etwas erzählt wird, sondern bei der das ermittelte Ergebnis sich erst im Verlaufe einer argumentierenden Diskussion herausschält.

3. Ein Anmerkungsapparat, der zwei Funktionen dient: einmal der Nennung aller Quellenstellen bzw. Angaben in der Literatur, auf denen eine Aussage im Obertext beruht, zum andern der Diskussion und Widerlegung der Auffassungen anderer, die sich zum selben Gegenstand geäußert haben.

4. Ein Verzeichnis aller herangezogenen Quellen und der benutzten Literatur, damit der Leser sofort erkennen kann, auf welcher Quellengrundlage und in Kenntnis welchen Forschungsstandes ein Buch geschrieben ist.

Erfüllt der angeführte Text über Lenin diese Kriterien oder wenigstens einige davon?

Einleitung, Anmerkungsapparat oder Quellen- und Literaturverzeichnis finden sich in dem Buch nicht. So bleiben als mögliche Kriterien für die Wissenschaftlichkeit des Textes nur die mitgeteilten Inhalte sowie Sprachstil und Darstellungsform. Die Sprache ist evidentermaßen nicht argumentativ, sondern es wird einfach erzählt. Dabei wird mit bestimmten Stilmitteln gearbeitet, deren Ziel es weniger ist, die Wahrheit der Darstellung aus Gründen zu erweisen, als vielmehr das Unerhörte und Einmalige des Vorgangs zum Ausdruck zu bringen. Der plombierte Zug, mit dem Lenin im April 1917 durch Deutschland hindurch nach Rußland fuhr, wird mit den im Weltkrieg abgefeuerten Geschossen verglichen: »Aber kein Geschoß war weittragender und schicksalsentscheidender in der neueren Geschichte als dieser Zug«; und was würde dieses gewaltige Geschoß vernichten? Die »Ordnung der Zeit«, schreibt unser Autor.

Sind das nun überhaupt Aussagen, die man auf ihre Richtigkeit hin prüfen kann? Soll man im Ernst überlegen, ob es in der Neueren Geschichte vielleicht doch noch »weittragendere und schicksalsentscheidendere« Geschosse gegeben habe als diesen Zug? Wenn der Autor hervorhebt, daß derselbe Mann, der zwei Tage zuvor noch bei einem Züricher Flickschuster gewohnt hat, jetzt von einem Panzerwagen herunter zu Zehntausenden spricht, so scheint auch dies nur gesagt, um durch den Kontrast die ganze Wucht des Ereignisses vor die Augen des Lesers zu stellen.

Der Text endet mit dem zitierten Passus. Was Lenin gesagt hat, wird nicht mitgeteilt. Über die Erwartungen der Menge, über die Bedingungen für Lenins Handeln oder über die Gründe für seinen Erfolg erfahren wir nichts. In der gesamten Darstellung findet sich kein einziger Satz, von dem man sagen könnte: Hier ist eine neue Erkenntnis, eine neue Einsicht gewonnen; das ist die eigentümliche These des Autors; hier geht er über das Bekannte hinaus. Das Ziel war offensichtlich kein geschichtswissenschaftliches, sondern ein literarisches – ein bekanntes Ereignis so darzustellen, daß jedermann sofort von der Tatsache ergriffen wird, daß eine Wende der Weltgeschichte vom Gelingen eines ganz alltäglichen Vorgangs – in diesem Fall einer Reise mit der Eisenbahn – abhängen kann.

Wie der Autor im Vorwort zu seiner Sammlung ähnlich motivierter Darstellungen schreibt, kam es ihm genau darauf an, nämlich auf die Herausarbeitung des »einzigen Augenblicks, der alles bestimmt und alles entscheidet: ein einziges Ja, ein einziges Nein, ein Zufrüh oder ein Zuspät macht diese Stunde unwiderruflich für hundert Geschlechter und bestimmt das Leben eines Einzelnen, eines Volkes und sogar den Schicksalslauf der ganzen Menschheit«.[1] Das ist in der Tat

---

1 Stefan Zweig, Sternstunden der Menschheit. Zwölf historische Miniaturen, Frankfurt 1943, S. 5f.

kein geschichtswissenschaftliches, sondern ein literarisches Programm, und so ist der Text auch nicht wegen seiner historischen Aussagen, sondern wegen seiner literarischen Qualitäten berühmt geworden. Es handelt sich um die zwölfte der unter dem Titel »Sternstunden der Menschheit« veröffentlichten historischen Miniaturen von Stefan Zweig mit dem Titel »Der versiegelte Zug. Lenin, 9. April 1917«.[2]

Wie findet man wissenschaftliche Literatur? Wir könnten uns die Antwort leicht machen und sagen: mit Hilfe von Bibliographien, das heißt einmalig oder periodisch erscheinenden Verzeichnissen von Titeln, die nach bestimmten Grundsätzen gegliedert und entsprechend benützbar sind. Wir wollen es uns aber nicht so einfach machen, denn spätestens an dieser Stelle erscheint es notwendig, nicht mehr weiter nur abstrakt von wissenschaftlicher Literatur überhaupt zu sprechen, sondern die verschiedenen Publikationsformen und Gattungen wissenschaftlicher Literatur zu nennen.

Da gibt es zunächst die Monographie – eine selbständige Veröffentlichung (also ein Buch) zu einem bestimmten Thema: »Bismarck und der Imperialismus« von Hans-Ulrich Wehler zum Beispiel. Die Monographie kann auch eine Biographie sein: »Bismarck. Der weiße Revolutionär« von Lothar Gall. Dann gibt es Aufsätze in Zeitschriften oder Sammelbänden, in der Regel eher über verhältnismäßig spezielle Themen.

Des weiteren gibt es Handbücher. Sie heißen so – nicht weil sie handlich wären; das sind sie nämlich meistens gerade nicht; sondern weil man sie immer zur Hand haben sollte, weil ihr Nutzen auf der Hand liegt und weil ihre Handhabung von jedermann beherrscht werden sollte. Ein Handbuch ist eine kompendienhafte Darstellung zum Zwecke allgemeiner Information und mit Hinweisen auf Quellen und Literatur zur weiteren Vertiefung der jeweils gewünschten Themen. Sie gehören somit sowohl zur wissenschaftlichen Literatur als auch zu den Hilfsmitteln. Schließlich ist noch auf Artikel in Lexika oder Wörterbüchern hinzuweisen. Es gibt wissenschaftliche Lexika wie z. B. »Geschichtliche Grundbegriffe. Historisches Lexikon zur politisch-sozialen Sprache in Deutschland« mit vom jeweiligen Autor namentlich gezeichneten und daher ver-

---

2 Ebd., S. 243–256; die zitierten Abschnitte ebd., S. 254–256.

antworteten Artikeln; und es gibt Konversationslexika wie den Brockhaus, bei dem die Artikel nicht gezeichnet und daher eher mit Vorsicht zu gebrauchen sind, weil die Verlage sich aus rein redaktionellen Gründen Eingriffsmöglichkeiten in die Manuskripte vorbehalten. Unentbehrlich sind beide.

Wenn man wissenschaftliche Literatur zu einem Thema sucht, so geschieht dies im allgemeinen in der Absicht, sich über dieses Thema zu informieren. Dabei verlangt man mit Recht möglichst korrekte Information. Das ist auch sonst im Leben nicht anders. Eine halbe oder eine mit Zweifeln behaftete Information ist so gut wie keine Information. Aus diesem Grunde wird man wenigstens zwei oder drei und dabei möglichst die neuesten Titel zu einem Thema suchen.

Wissenschaft ist einem unendlichen Gespräch vergleichbar, das über alle Grenzen hinweg geführt wird. Wenn jemand sich eines Tages dazu entschließt, über einen bestimmten Gegenstand wissenschaftlich zu arbeiten, so bedeutet dies, daß er sich in dieses Gespräch einschalten möchte. Die Gesprächspartner, die er dort antrifft, heißen im allgemeinen jedermann herzlich willkommen, der mit neuen Ideen oder mit neuem Material in das Gespräch eintritt, aber sie werden ungehalten, wenn der Neuankömmling Dinge vorträgt, die sie längst erörtert und abgehakt haben. Deshalb ist es unbedingt notwendig, daß man sich genauestens informiert über alles, was in der Welt über einen Gegenstand geschrieben wurde, mit dem man sich wissenschaftlich beschäftigen will, und eben deshalb ist die genaue Kenntnis der wichtigen internationalen Bibliographien und die Fähigkeit, mit den modernen elektronischen Datenträgern und Erschließungssystemen umzugehen, von fundamentaler Bedeutung für jeden Historiker. Und moderne Fremdsprachen sollte man beherrschen, wenigstens lesen können – drei, vier, fünf: das wären nicht zuviel.

Welche bibliographischen Hilfsmittel in Frage kommen, erfährt man im Proseminar und in der Praxis. Es ist hier nur noch zu bemerken, daß auch die geschichtswissenschaftlichen Zeitschriften fortlaufend über historische Neuerscheinungen berichten. Die »Historische Zeitschrift« z.B. enthält in jedem Heft nach dem Aufsatzteil einen Literaturbericht über Neuerscheinungen zu einem bestimmten Thema, sodann einen ausgiebigen Rezensionsteil mit Besprechungen neu erschienener Bücher, weiter eine Zusammenstellung ausgewählter Aufsatztitel aus anderen Zeitschriften und aus Sammelbänden aller Art und schließlich in alphabetischer Anordnung eine Liste von Büchern, die in den zurückliegenden beiden Monaten zwecks Besprechung bei der Redaktion eingegangen sind.

Je nach dem, welches Thema man bearbeiten möchte, wird die bibliographische Exploration nach kurzer Zeit eine Unmenge von Titeln zutage fördern. Womit soll man den Anfang machen? Am besten beginnt man frühzeitig mit dem Lesen, auch wenn die bibliographischen Ermittlungen noch nicht abgeschlossen sind. Man greift zu einem Buch oder einem Aufsatz, die möglichst neu sind, und deren Fragestellung besonders wichtig erscheint. Achtet man bei der Lektüre auf Einleitung, Anmerkungsapparat und Literaturverzeichnis, so gewinnt man sehr schnell einen Eindruck davon, welches auf dem betreffenden Gebiet die meistdiskutierten Fragen sind und wer die maßgeblichen Autoren.

Wer sich über die Entwicklung der historischen Forschung im allgemeinen und der Diskussion zu bestimmten Themen im besonderen auf dem laufenden halten möchte, dem sei die regelmäßige Lektüre oder Durchsicht der wichtigsten Zeitschriften des Fachs, jeweils nach Erscheinen eines neuen Hefts, dringend empfohlen.

Wie beurteilt man wissenschaftliche Literatur? Wenn es sich um selbständige Veröffentlichungen handelt, sucht man Besprechungen in wissenschaftlichen Zeitschriften, und zwar möglichst gleich mehrere. Der Sinn des Besprechungswesens liegt darin, daß Fachleute ein begründetes Urteil über eine Neuerscheinung abgeben. Durch den Vergleich der Rezensionen untereinander werden Ausrichtung und Bedeutung eines Buches im allgemeinen durchaus erkennbar. Liegen keine Rezensionen vor, oder handelt es sich um Zeitschriftenaufsätze, die nicht besprochen werden, so muß man andere Wege beschreiten.

Ist einem ein Aspekt des Themas bekannt, so sucht man die Passage, wo der Autor darüber schreibt. An dieser Stelle ist man kompetent, seine Arbeitsweise zu beurteilen. Man blicke auf Anmerkungsapparat und Literaturverzeichnis! Dann kann man feststellen, ob der Autor nach Quellen gearbeitet hat oder nur auf der Grundlage anderer wissenschaftlicher Literatur. Man lese die Einleitung und die Diskussion des Forschungsstands! Dann erkennt man, was der Autor will und ob er seine

Absicht vor dem bereits vorhandenen Wissen legitimieren kann. Schreibt jemand über den Ersten Weltkrieg, so prüft man, ob er außer englischer und deutschsprachiger Literatur auch französische, italienische und russische Autoren berücksichtigt hat. Wenn einer über Alltag oder aufgeklärte Regierung oder Strukturgeschichte schreibt, so stellt man fest, ob er irgendwo seine Konzeption von Alltag, Aufklärung oder Strukturgeschichte entwickelt hat. Man überlege, ob die zeitliche oder inhaltliche Abgrenzung des Themas begründet wird. Man lese sich ein und prüfe die Stringenz der Argumentation, die Prägnanz der Begriffe und die Angemessenheit der historischen Urteile.

Es gibt vielfältige Wege, ein Stück wissenschaftlicher Literatur zu beurteilen. Jedermanns Phantasie bleibt es überlassen, immer wieder neue Methoden der Prüfung zu erfinden. Je tiefer man in die Wissenschaft eingedrungen ist, um so leichter wird es fallen, die Qualität und die Aussagekraft einer Abhandlung zu beurteilen. Denn eines ist sicher: Man kann nicht alles von der ersten bis zur letzten Seite lesen. Man kann aber auch nicht darauf verzichten, nach Möglichkeit alles wenigstens zur Kenntnis zu nehmen, was über einen bestimmten Gegenstand, über den man selbst arbeiten möchte, von anderen geschrieben wurde.

Wie benutzt man wissenschaftliche Literatur? Man kann sie auf ganz verschiedene Art und Weise benutzen. Wie man einen Aufsatz oder ein Buch liest, bemißt sich nach der Absicht, die man mit der Lektüre verfolgt. Man kann Palmers »The Age of the Democratic Revolution« lesen, um sich über den ganzen Umfang der Revolutionen und ihrer Geschichte zu informieren, die zusammengenommen die atlantische Revolution der zweiten Hälfte des 18. Jahrhunderts ausmachen. Man kann das Werk aber auch in der Absicht zur Hand nehmen, zu erfahren, worin Palmer das Gemeinsame dieser Revolutionen erblickt, was »demokratisch« hier heißen soll, welche Vorteile die vergleichende Analyse mit sich bringt usw. Im Grunde handelt es sich um den Unterschied zwischen einem mehr rezeptiven und einem eher aktiven, fragenden, forschenden, inquisitorischen Lesen.

Wer noch nichts oder nur wenig weiß, der lese Thomas Nipperdey über Deutschland im 19. Jahrhundert, Lothar Gall über Bismarck, Furet und Richet über die Französische Revolution. Man nimmt die Bücher mit nach Hause, setzt sich bequem in einen Sessel und liest! Es ist von Vorteil, solche Bücher zu besitzen. Dann kann man Randbemerkungen machen und Zettel einlegen. Eine gute Selbstschulung ist es auch, sich nach jedem Kapitel dessen wesentlichen Inhalt zu notieren. Für den späteren Gebrauch gewinnt man auf solche Weise eine nützliche Erschließungshilfe. Solch rezeptives Lesen verhilft zur Kenntnis größerer Zusammenhänge und ganzer Epochen. Doch auch solche vor allem rezipierende Lektüre sollte niemals erfolgen ohne ständige kritische Rückfrage bei sich selbst: Hast Du das verstanden? Folgt das eine aus dem anderen? Sind die Unterscheidungen plausibel?

Die andere und eigentlich wissenschaftliche Art, mit wissenschaftlicher Literatur umzugehen, besteht darin, daß die Literatur benutzt wird, um dringliche Fragen zu klären und Probleme zu lösen. War das Ermächtigungsgesetz nun legal oder nicht? Hat Deutschland den Ersten Weltkrieg leichtfertig riskiert oder nicht? Läßt sich Bismarck als bonapartistischer Diktator beschreiben? Ist die Revolution von 1848 an der Furchtsamkeit des deutschen Bürgertums gescheitert? Wer so an die Literatur herangeht, der kann sich nicht damit begnügen, ein einziges Buch in häuslicher Behaglichkeit Seite um Seite in sich aufzunehmen. Bei wem eine solche Leidenschaft des Wissenwollens aufbricht, für den gibt es nur einen Ort der Arbeit: die wissenschaftliche Bibliothek. Er trägt alle Titel zusammen, die eine Antwort auf seine Frage versprechen. Er vergleicht die Aussagen verschiedener Autoren. Er fragt nach den Grundlagen dieser Aussagen und prüft jeden Nachweis in den Anmerkungen. Er versucht, der – manchmal ganz wenigen – Quellen habhaft zu werden, von denen oft weitreichende Interpretationen abhängen. Wo in einer Darstellung nur ein Satz zitiert wird, möchte er den Text im Zusammenhang kennenlernen. Wo eine Person genannt wird, die über wichtige Informationen verfügt haben soll, möchte er Funktion und Stellung auf das genaueste erfahren. Er sucht nach Biographien oder Memoiren, Tagebüchern oder Korrespondenzen. Dazu braucht er biographische Lexika und Bibliographien.

Lexika, Bibliographien, Editionen, Zeitschriften, Hilfsmittel, die Fülle der Literatur – all dies hat man nicht zu Hause im behaglichen Sessel zur Verfügung. Dazu muß man in der

Bibliothek arbeiten, wo das Gesuchte sofort zur Hand ist. Doch sollte man sich weit weg von den Kopierautomaten setzen. Die Kopierer bringen einen nur in die Versuchung, sein Geld und seine Zeit für die Illusion zu verschwenden, daß man alle wichtigen Unterlagen für ein bestimmtes Thema eben doch schwarz auf weiß nach Hause tragen kann.

Literaturhinweise

Otto Brunner/Werner Conze/Reinhart Koselleck (Hg.), Geschichtliche Grundbegriffe. Historisches Lexikon zur politisch-sozialen Sprache in Deutschland, 8 Bde., Stuttgart 1972–1997.

François Furet/Denis Richet, Die Französische Revolution, Frankfurt 1968.

Lothar Gall, Bismarck. Der weiße Revolutionär, Frankfurt 1980.

Thomas Nipperdey, Deutsche Geschichte 1800–1866. Bürgerwelt und starker Staat, München 1983.

Ders., Deutsche Geschichte 1866–1918, Bd. 1: Arbeitswelt und Bürgergeist, München 1990; Bd. 2: Machtstaat vor der Demokratie, München 1992.

Robert R. Palmer, The Age of the Democratic Revolution. A Political History of Europe and America 1760–1800, Bd. 1: The Challenge, Princeton 1959; Bd. 2: The Struggle, Princeton 1964.

Hans-Ulrich Wehler, Bismarck und der Imperialismus, Köln 1969.

9.
Die Sprache des Historikers

»Am Anfang war Napoleon«. Mit diesem Satz beginnt Thomas Nipperdey seine Deutsche Geschichte des 19. Jahrhunderts, und er begründet diesen Satz auch sogleich, indem er fortfährt: »Die Geschichte der Deutschen, ihr Leben und ihre Erfahrungen in den ersten eineinhalb Jahrzehnten des 19. Jahrhunderts, in denen die ersten Grundlagen eines modernen Deutschland gelegt worden sind, steht unter seinem (Napoleons) überwältigenden Einfluß«.[1] Das ist vollkommen richtig, und so ist der Satz also wahr: »Am Anfang war Napoleon«.

Aber auch das Gegenteil ist wahr: »Napoleon war nicht der Anfang«. Nicht von Deutschland und der deutschen Geschichte, aber auch nicht der Anfang des modernen Deutschland. Reformen hatte es seit Jahrhunderten gegeben. Besonders einschneidend waren die Reformen im Zeitalter der Aufklärung gewesen, etwa in Baden unter Markgraf Karl Friedrich, in Preußen unter Friedrich dem Großen und in Österreich unter Maria Theresia und Josef II. Auf der anderen Seite war die politische und soziale Wirklichkeit Deutschlands im 19. Jahrhundert keineswegs nur durch moderne Züge geprägt. Vielmehr setzte sich eine große Zahl von Traditionen aus vornapoleonischer Zeit fort. Der ostelbische Gutsadel, die politische Zersplitterung und der Föderalismus, die starke Monarchie, die Kirchenspaltung. So ist nicht daran zu zweifeln: »Napoleon war nicht der Anfang«.

Nun muß man fragen: Was ist das eigentlich für eine Wissenschaftssprache, in der zwei Sätze gleichzeitig wahr sein können, obwohl sie einander widersprechen? Müssen wir nicht gerade von der Sprache der Wissenschaft verlangen, daß sie eindeutig und widerspruchsfrei sei?

Der Schweizer Historiker Walther Hofer veröffentlichte im Jahre 1954 ein Buch mit dem Titel »Die Entfesselung des Zwei-

---

1 Thomas Nipperdey, Deutsche Geschichte 1800–1866. Bürgerwelt und starker Staat, München 1983, S. 11.

ten Weltkriegs. Eine Studie über die internationalen Beziehungen im Sommer 1939«. Die Thematik des Buches erscheint klar. Der Weltkrieg begann am 1. September 1939 mit dem deutschen Überfall auf Polen. Die Darstellung Hofers soll zur Erhellung der Umstände beitragen. Allerdings brach im Herbst 1939 streng genommen nur ein europäischer Krieg aus. Der deutsche Einmarsch in Polen führte zwar zur Kriegserklärung Großbritanniens und Frankreichs. Daß aber ein Weltkrieg daraus werden würde, war zunächst nicht sicher. Zu einem Weltkrieg weitete sich der Konflikt erst zwei Jahre später aus: am 22. Juni 1941 durch den deutschen Überfall auf die Sowjetunion und am 11. Dezember desselben Jahres durch Hitlers Kriegserklärung an die USA. Es ist also nicht korrekt, schon für 1939 von der Entfesselung des Zweiten Weltkriegs zu sprechen. Bis zum Jahre 1941 allerdings reicht Hofers Buch nicht. Der Titel führt also in die Irre.

Die Historie ist eine lebensnahe Wissenschaft. Ihre Gegenstände und ihre Erklärungen sind zum großen Teil mit den Kategorien der alltäglichen Erfahrung zu erfassen. Ihre Begrifflichkeit ist nur begrenzt fachsprachlich festgelegt. Dagegen werden häufig mit voller Absicht Ausdrücke und Wendungen aus der Gemeinsprache übernommen, um einen höheren Grad an Anschaulichkeit und Angemessenheit zu erreichen. Das Wort »Entfesselung« in Hofers Buchtitel ist hierfür ein gutes Beispiel.

Die Sprache des Historikers bleibt also in hohem Maße die allgemeine alltägliche wie außeralltägliche Sprache, und die Geschichtswissenschaft wird ihren Gegenständen um so eher gerecht, je umfassender sie sich der Fülle der Ausdrucks- und Differenzierungsmöglichkeiten der Gemeinsprache bedient. Sie unterscheidet sich in dieser Hinsicht von anderen Wissenschaften, die ebenfalls Lebensnähe beanspruchen, wie z.B. der Rechtswissenschaft. Bekanntlich zwingt der Jurist mehrdeutigen Ausdrücken der Gemeinsprache seine Definitionen auf und macht sie auf diese Weise zu eindeutigen Fachbegriffen, deren spezifischer Gehalt nur dem Eingeweihten verständlich ist. So ist beispielsweise ein Gesetz im juristischen Sinne ein Rechtssatz, der entsprechend den in einer bestimmten Rechtsgemeinschaft herrschenden Regeln zustandegekommen ist und insofern gilt. In der gewöhnlichen Sprache dagegen hat das Wort Gesetz noch zahlreiche andere Bedeutungen:

das Gesetz Gottes, die Gesetze der Natur, das Sittengesetz, das Gesetz der Serie, und so fort. Die juristischen Definitionen kann man lernen. Jeder Jurist verbindet eine präzise Vorstellung mit Begriffen wie Vorsatz, Fahrlässigkeit, Vertrag, Notwehr, Wandlung. Alle diese Begriffe sind definierte Termini, deren Bedeutung nur begrenzt mit der Alltagsbedeutung der genannten Wörter übereinstimmt. Nicht wenige dieser Begriffe werden in der Gemeinsprache gar nicht mehr verwendet: z. B. Treu und Glauben oder Verbotene Eigenmacht.

Eine Fachsprache dieser Art kennt die Geschichtswissenschaft nicht. Daher sind ihre Begriffe in der Regel mehrdeutig wie die Gemeinsprache, und wie in der Gemeinsprache ergibt sich der gemeinte Sinn eines Ausdrucks häufig erst aus dem Kontext. Natürlich wußte Walther Hofer, daß Hitler mit dem Überfall auf Polen zunächst nur einen europäischen Krieg vom Zaun brach. Der von ihm gleichwohl gewählte Titel »Die Entfesselung des Zweiten Weltkriegs« muß daher zugleich als ein historisches Urteil gelesen werden, etwa von folgender Art: Mit dem Überfall auf Polen eröffnete Hitler den Krieg, der sich alsbald zum Weltkrieg ausweiten sollte. Gegen diese Formulierung sind keine Einwände möglich.

Entsprechendes gilt für den Satz: »Am Anfang war Napoleon«. Nipperdey spricht nicht von irgendeinem Anfang, sondern vom Anfang der Geschichte, die er schreibt: der Geschichte Deutschlands im 19. Jahrhundert, und daß er Napoleon für diesen Anfang eine so wichtige Funktion beimißt, das begründet er unmittelbar danach: In den ersten anderthalb Jahrzehnten des 19. Jahrhunderts seien unter dem Einfluß Napoleons wesentliche Grundlagen dessen gelegt worden, was einen Hauptinhalt der deutschen Geschichte dieser Epoche ausmache, nämlich die Ausformung der modernen Gesellschaft und der modernen Staatlichkeit. Jedermann versteht sofort, was damit gemeint ist: die Entwicklung des Verfassungsstaats, die Ausbildung einer straff organisierten und fachlich kompetenten Bürokratie, die Trennung von Justiz und Verwaltung, die Rechtsgleichheit aller Staatsbürger, die Schaffung eines freien Eigentumsrechts, die Aufhebung der Grundherrschaft, und so fort.

Weil der Zusammenhang eindeutig auf diese Entwicklungen hinweist, braucht auch der an sich mehrdeutige Begriff der »Moderne« an dieser Stelle nicht näher bestimmt zu werden. Es ist die institutionelle Modernität, welche die Französische Revolution begründet hat, wovon Nipperdey hier spricht, nicht die Modernität der absolutistischen Staatenwelt oder der Philosophie eines René Descartes und nicht die Moderne im kulturellen Bewußtsein an der Wende vom 19. zum 20. Jahrhundert.

Das Beispiel zeigt, daß die Nähe der Sprache des Historikers zur Gemeinsprache keineswegs notwendig zur Ungenauigkeit führen muß. Allerdings gibt es bekanntlich auch in der Alltagssprache erhebliche Unterschiede in der Präzision einer Aussage. Daher bleibt es sinnvoll, an eine wissenschaftliche Darstellung besondere Anforderungen zu stellen. Wir erwarten von ihr Genauigkeit, Eindeutigkeit und begriffliche Präzision, aber auch Verständlichkeit, Anschaulichkeit, Angemessenheit und Lesbarkeit.

Aber sind diese Anforderungen miteinander vereinbar? Kann ein Text genau sein und lesbar zugleich? Kann eine stark begriffliche Sprache gleichzeitig anschaulich sein? Und geht die Verständlichkeit nicht notwendig zu Lasten der Angemessenheit, da Verständlichkeit auf einer Übersetzung des Fremdartigen, mithin auf einer Verfremdung des Fremden beruht?

Um nicht in allzu abstrakte Erörterungen abzugleiten, wollen wir die Variationsmöglichkeiten historischer Darstellung an einem Beispiel prüfen und versuchen, einen und denselben historischen Vorgang in drei Versionen zu erzählen.

Version eins. Im September 1688 eröffnete Frankreich einen neuen Krieg am Rhein. Anlaß für den Kriegsentschluß Ludwigs XIV. war die Weigerung von Papst Innozenz XI., Wilhelm Egon von Fürstenberg, einen notorischen Parteigänger Frankreichs, als neuen Erzbischof von Köln zu bestätigen. Fürstenberg hatte bei der Bischofswahl am 19. Juli zwar die einfache Mehrheit der Stimmen des Domkapitels, nicht aber die Zweidrittelmehrheit erhalten, die er deshalb benötigt hätte, weil er mit Straßburg bereits ein Bistum innehatte. Ludwig XIV. forderte die Bestätigung Fürstenbergs in der Absicht, den französischen Einfluß im Kurfürstentum Köln, den er zur Regierungszeit des am 3. Juni desselben Jahres verstorbenen Kurfürsten Maximilian Heinrich besessen hatte, auch für die Zukunft sicherzustellen. Gleichzeitig beanspruchte Ludwig im Namen seiner Schwägerin Elisabeth Charlotte, der Schwester Karls, des 1685 verstorbenen letzten pfälzischen Kurfürsten aus dem Hause Simmern, Teile des Kurfürstentums Pfalz. Es zeigte sich jedoch bald, daß der König diese Ansprüche vor allem deshalb erhob, um ein Pfand zu erlangen für seine politische Hauptforderung: die endgültige Bestätigung der im Regensburger Stillstand von 1684 für zwanzig Jahre vom Reich anerkannten Reunionen, einschließlich der Annexion Straßburgs. Mit dem Angriff auf das Reich verband Ludwig XIV. zugleich die Hoffnung, die Türken von einem Friedensschluß mit Kaiser Leopold I. abzuhalten, damit dieser nicht den Rücken frei bekäme, um seine ganze Macht an den Rhein zu werfen. Am 6. September 1688 war Belgrad gefallen; damit hatten der Kaiser und seine Verbündeten nach der Abwehr der Belagerung Wiens 1683 und der Eroberung von Buda 1686 einen neuen glänzenden Erfolg über die Osmanen errungen. Das Haus Habsburg hatte seine Macht und sein Ansehen in Europa durch diese Siege erheblich gesteigert. Daß Ludwig XIV. diese wachsende Macht fürchtete, zeigt sich am Ausbau seiner Festungen an der Grenze des Reiches in den Jahren vor 1688 – zu nennen sind hier unter anderem Hüningen bei Basel, Fort Louis bei Rastatt und Montroyal bei Traben-Trarbach, – aber auch an der planmäßigen Zerstörung weiter Teile der Pfalz und der umliegenden Lande in den ersten Monaten nach Kriegsausbruch. Beraten durch seinen Kriegsminister Louvois, wollte Ludwig es dem Kaiser für lange Zeit unmöglich machen, in diesen Gebieten Truppen zu stationieren, die von da aus nach Frankreich hinein operieren würden. Ein zerstörtes Land konnte Soldaten weder beherbergen noch ernähren. Ludwig hatte den Krieg in der festen Überzeugung begonnen, daß der Kaiser ohnehin früher oder später versuchen würde, ihm die in den zurückliegenden Jahren annektierten Gebiete wieder abzunehmen.

Version zwei. Im September 1688 eröffnete Ludwig XIV. eine neue Etappe in dem säkularen Kampf der Dynastien Habsburg und Bourbon um die Hegemonie in Europa. Zwar wird dieser Krieg auch als Pfälzischer Erbfolgekrieg bezeichnet, aber in Wahrheit waren die Erbansprüche auf Teile der Pfalz nur ein Vorwand und eine taktische Option, und auch der Konflikt über die Besetzung des Kölner Erzstuhls wurde für Ludwig nur deshalb so wichtig, weil Köln nach der Schwenkung Bayerns und Brandenburgs auf die Seite des Kaisers die letzte politische Bastion Frankreichs im Heiligen Römischen

Reich geblieben war. Die Fortsetzung der traditionellen Politik Frankreichs stand auf dem Spiel, mit einzelnen Reichsständen Allianzen zur Eindämmung Österreichs zu schließen. Daß der Sonnenkönig der Aggressor war, steht außer Zweifel; aber der Krieg war zugleich ein Präventivkrieg, denn Ludwig rechnete fest damit, daß Kaiser Leopold I. nach Abschluß des Türkenkriegs versuchen werde, Frankreich die seit dem Frieden von Nymwegen unter dem scheinlegalen Titel der Reunionen dem Reich entfremdeten Gebiete wieder abzujagen. Da erschien es zweckmäßig, die für unvermeidlich gehaltene Auseinandersetzung zu einer Zeit zu führen, in der Leopold in Ungarn noch kämpfte. Wenn Ludwig hoffte, sein Kriegseintritt werde die Türken sogar zur Fortsetzung des Krieges ermutigen, so zeigt sich, daß er um der Sicherung der Macht Frankreichs willen die Staatsraison höher stellte als die ideologische Solidarität mit der Christenheit, die sich auf dem Kreuzzug gegen die Ungläubigen befand. Wie sehr der Sonnenkönig gesamtpolitisch in die Defensive geraten war, zeigt sich an der Verstärkung des Festungsbaus an der Grenze zum Reich in den Jahren vor 1688 und an der Zerstörung weiter Teile des Rheingebiets zum Zwecke der Glacisbildung.

Version drei. Im Jahre 1688 begann der dritte der vier großen europäischen Kriege, mit denen Ludwig XIV. die Vormachtstellung der französischen Nation über alle anderen europäischen Nationen sichern wollte. Zu welchen Mitteln die Machthaber in Versailles griffen, um ihre völkerrechtswidrigen Ziele durchzusetzen, beweist exemplarisch die völlig sinnlose Zerstörung der Pfalz, von der die Ruine des Heidelberger Schlosses zeugt. Schon der unmittelbare Anlaß des Krieges, das Scheitern der Ambitionen Fürstenbergs auf das Kurfürstentum Köln, ist symptomatisch für die Rücksichtslosigkeit, mit der sich Frankreich in die inneren Angelegenheiten eines souveränen Staates einzumischen wagte. Doch der Despot hatte die Rechnung ohne den Wirt gemacht. Im Frieden von Rijswijk von 1697 sollte er die Quittung für seinen Rechtsbruch erhalten.

Wodurch unterscheiden sich die drei Versionen? Inwieweit erfüllen sie eines oder mehrere der anfangs genannten Kriterien für eine adäquate wissenschaftliche Sprache der Historie?

In der *ersten Version* wird vor allem Genauigkeit angestrebt. Die einzelnen Ereignisse werden in ihrer Einmaligkeit dargestellt, die Zusammenhänge werden möglichst präzise beschrieben. Wir erfahren in dem kurzen Bericht die Namen und Funktionen der maßgebenden Personen: König Ludwig XIV.; Kriegsminister Louvois; Kaiser Leopold I.; Papst Innozenz XI.; Wilhelm Egon von Fürstenberg, Bischof von Straßburg; Maximilian Heinrich, Kurfürst von Köln; Karl, Kurfürst von der Pfalz; Elisabeth Charlotte, seine Schwester. Wir werden über die Wahl des Kölner Domkapitels unterrichtet und über die Gründe, warum Fürstenberg einer Zweidrittelmehrheit bedurft hätte. Wir erfahren, daß der Papst eine solche Wahl bestätigen mußte. Wir hören vom Streit um die pfälzische Erbfolge, von den Reunionen, von der Annexion Straßburgs und vom Regensburger Stillstand von 1684. Sodann wird über den Türkenkrieg und über drei große militärische Erfolge des Kaisers und seiner Verbündeten berichtet. Wir erfahren von den französischen Festungsbauten, ja selbst die Namen und die Lage von drei neuen Festungen, und von den Zerstörungen im Rheingebiet gleich zu Beginn des Krieges.

Alle genannten Ereignisstränge und Daten werden in einen sinnvollen Zusammenhang gebracht. Wir werden auf diese Weise sehr genau über den Ausbruch dieses spezifischen Krieges und seine Hintergründe unterrichtet. Dafür ist der Text mit den vielen Details aber auch stark überlastet. Er ist deshalb nicht leicht zu lesen, zumal gerade die mannigfaltigen Details weitere Fragen aufwerfen: Wer war das Domkapitel? Gab es einen Gegenkandidaten zu Fürstenberg? Warum bestätigte der Papst Fürstenberg nicht? Warum traute Ludwig dem Regensburger Stillstand nicht? Was waren die Reunionen, und um welche und wie große Gebiete handelte es sich eigentlich? Im Bestreben nach Genauigkeit und Detailtreue verzichtet der Bericht ferner vollkommen auf eine Einordnung der Vorgänge in einen größeren Zusammenhang, sei es der Großen Politik der Epoche, sei es im Sinne einer zureichenden kategorialen Erfassung der Sachverhalte.

Beides versucht hingegen die *zweite Version* zu leisten. Hiernach war der Krieg von 1688 nur eine Etappe in einem säkularen Ringen zwischen den Häusern Bourbon und Habsburg. Der Krieg wird auf Begriffe gebracht: Es war ein dynastischer, aber nur scheinbar ein Erbfolgekrieg; zugleich war es ein Präventivkrieg. Das französische Interesse an Köln wird mit der Krise der traditionellen Politik Frankreichs gegenüber dem

Reich erklärt. Der Krieg war auch ein Hegemonialkrieg, und wir erfahren, daß Frankreich den Grundsatz der Staatsraison über die ideologische Solidarität mit der Christenheit stellte. Die gesamtpolitische Lage Frankreichs wird als Defensivposition gekennzeichnet. Damit werden auch die Zerstörungen im Rheingebiet begründet, und durch die Charakterisierung als Glacisbildung werden auch sie auf den Begriff gebracht.

Die Sprache der zweiten Version ist stark analytisch und abstrakt. Die Einzelheiten werden gleichgültig. Wenn die Erbansprüche auf Teile der Pfalz nur zum Vorwand oder im Interesse der Sicherung eines Pfands aufrechterhalten wurden, dann kam es auf den Rechtsgrund und den Umfang der Ansprüche vielleicht nicht an. Was den Konflikt um Köln anbelangt, so genügt es offenbar zu sagen, daß Frankreich seinen Kandidaten nicht durchsetzte und daher seinen politischen Einfluß auf das Kurfürstentum zu verlieren drohte. Der Verzicht auf Einzelheiten erscheint insofern plausibel. Aber zugleich ist nicht zu leugnen, daß der Bericht in der zweiten Version unanschaulich geworden ist. Ludwig XIV. mochte Prinzipien und Frankreich konstante Interessen haben, aber damit sie wirksam und geschichtsmächtig werden konnten, mußten sie artikuliert und umgesetzt werden. Wenn es Ludwig z. B. nicht gelang, seinen Kandidaten Fürstenberg in Köln durchzusetzen, so hing dies ohne Zweifel mit der Behandlung zusammen, die er in den zurückliegenden Jahren dem Papst hatte angedeihen lassen. Dergleichen kann man nur an der konkreten Entwicklung der Politik Ludwigs gegenüber dem Heiligen Stuhl studieren.

Eine andere Schwierigkeit der zweiten Version liegt darin, daß viele der verwendeten Kategorien historische Kategorien und daher gar nicht ohne weiteres verständlich sind. Ist ein dynastischer Konflikt eigentlich etwas anderes als ein Konflikt zwischen Staaten? Was heißt Staatsraison, und war die Orientierung an der Staatsraison zu jener Zeit etwas Ungewöhnliches oder gar Unmoralisches? Kann man den Türkenkrieg am Ende des 17. Jahrhunderts wirklich noch als einen Kreuzzug verstehen? Die Verwendung solcher historischer Kategorien beeinträchtigt die Verständlichkeit des Berichts. Fast könnte man behaupten, ein Historiker, der so schreibt, verfehle seine wichtigste Aufgabe, nämlich: die Phänomene der Vergangenheit in die Begrifflichkeit der heute Lebenden zu übersetzen.

An dieser Aufgabe versucht sich die *dritte Version*. Hier werden wir in unserer eigenen Sprache darüber belehrt, was im Jahre 1688 wirklich geschehen ist und wie das Verhalten der Beteiligten, vor allem des Sonnenkönigs, beurteilt werden muß. So erscheint es ganz vordringlich, darauf hinzuweisen, daß der Krieg nur einer von den zahllosen Kriegen über die Jahrhunderte hinweg gewesen ist, in denen sich die deutsche und die französische Nation zerfleischten. Frankreich war der Aggressor; Frankreich hat das Völkerrecht gebrochen. Nach rationalen Erklärungen für die Zerstörungen in der Pfalz zu suchen, erscheint schon deshalb sinnlos, weil nicht nur im damaligen Krieg keiner der von den Historikern vermuteten Zwecke erreicht wurde, sondern weil auch seither durch bloße Zerstörungen von Städten und Dörfern Kriege nicht entschieden worden sind. Die französischen Machenschaften in Kurköln muß man so kennzeichnen, wie wir das heute gewohnt sind: als Einmischung in die inneren Angelegenheiten eines souveränen Staates. Jede andere Charakterisierung würde das ganze Ausmaß der französischen Unverfrorenheit nur verschleiern.

Die Absicht der dritten Version liegt auf der Hand: Durch radikale Modernität der Begrifflichkeit soll ein Höchstmaß an Verständlichkeit erzielt werden; es soll völlig eindeutig gemacht werden, wie die Vorgänge aufzufassen sind. Der Nachteil ist freilich, daß die Terminologie und die Maßstäbe des Urteils damit vollkommen anachronistisch werden. Die Verständlichkeit wird mit dem Verlust der Sachangemessenheit erkauft, oder um es etwas weniger vornehm auszudrücken: Die Aussagen werden falsch. Der Krieg war natürlich kein Krieg zwischen den Nationen. Es war ein Krieg zwischen den Dynastien und zwischen den europäischen Großmächten, aber selbst dies nur in Grenzen, denn das Reich als solches war keine Großmacht, streng genommen überhaupt keine Macht, sondern ein Reservoir von Machtpotentialen zur Verstärkung der wirklichen Mächte wie Österreich, Frankreich, Holland oder England über das Instrument der Allianzen und Subsidienverträge. Ein Angriffskrieg widersprach damals nicht dem Völkerrecht, und ob die Zerstörung der Pfalz sinnlos war, darf man nicht nach heutigen Erfahrungen, sondern muß man nach den damaligen Absichten beurteilen. Weder das Kurfürstentum Köln noch das Heilige Römische Reich deutscher Nation waren souveräne Staaten im modernen Sinne. Daher ist die Rede von der Einmischung in die inneren Angelegenheiten des Reichs oder Kurkölns abwegig. Ob Ludwig XIV. ein Despot war, ist zumindest offen; jedenfalls folgt es nicht aus seinem Kriegsentschluß von 1688. Von den Machthabern in Versailles zu sprechen, erscheint mindestens aus zwei Gründen unangemessen. Ludwig war ein legitimer Monarch, während dem Begriff Machthaber der Geruch des Illegitimen anhaftet; außerdem widerspricht es den rechtlichen und tatsächlichen Gegebenheiten der Epoche, wenn man Ludwig und seine Minister unter einer einheitlichen Rubrik dieser Art zusammenfaßt.

Das Ergebnis des Vergleichs der drei Versionen unserer Geschichte ist nicht ermutigend. Fast möchte es scheinen, als könne der Historiker nur entweder anschaulich und konkret oder analytisch und abstrakt schreiben, aber jedenfalls nicht unmittelbar verständlich im Sinne der Begrifflichkeit seiner eigenen Zeit. Welche Sprache also soll er wählen?

Vielleicht ist das aufgeworfene Problem gar keine Frage der Sprache, sondern eine Frage des Urteils über den Gegenstand. Es könnte einer behaupten, in Wirklichkeit handle es sich gar nicht um drei Versionen einer und derselben Geschichte, sondern um drei verschiedene Geschichten. Allerdings hätten alle drei denselben Zweck verfolgt: den Ausbruch des Krieges von 1688 zu erklären. Wenn man sie vergleichen wolle, so müsse man sie daher unter dem Gesichtspunkt dieser Zielsetzung vergleichen. Die Wahl der Sprache werde sich dabei in Wahrheit als Entscheidung für eine bestimmte Auffassung darüber herausstellen, auf welche Weise das Ereignis erklärt werden müsse. Die konkrete Version beruhe auf der Überzeugung, man müsse nach Art eines Richters im Strafprozeß möglichst genau und vollständig alle Umstände ermitteln, die mit dem Kriegsausbruch zusammenhingen. Die abstrakte Version entspreche einer Auffassung, nach der es vor allem darauf ankomme, die Dynamik der zugrundeliegenden Kräfte einer Zeit und die überindividuellen Interessen der beteiligten Staaten auf den Begriff zu bringen, um aus diesen Faktoren das konkrete Geschehen abzuleiten. Die dritte Version schließlich suche das Ereignis durch Analogien mit aktuellen Erfahrungen und Vorstellungen zu erklären. Frei in der Wahl seiner Sprache sei der Historiker in der Tat nur auf der Ebene des

Stils und der Ästhetik, sofern er denn auf diesem Gebiet über ein Repertoire an Ausdrucksmöglichkeiten verfüge. In den übrigen Hinsichten dagegen sei er abhängig von seinem Urteil darüber, was ein bestimmtes Phänomen angemessen erkläre. Daraus folge dann beispielsweise, daß ein analytisch verfahrender Historiker, der stärker von den Begriffen als von der Anschauung ausgehe, gezwungen sei, eine abstrakte Sprache zu pflegen, die das konkrete Einzelne unausgesprochen lasse.

Ist er das wirklich?

Bei der Prüfung der Frage, wie in der Geschichtswissenschaft überhaupt etwas erklärt werden kann, haben wir seinerzeit festgestellt, daß eine Erklärung auch dann ständig Bezugnahmen auf allgemeine Gesetze enthält, wenn diese gar nicht explizit gemacht werden. Daher bleibt die Erklärung für den Ausbruch des Krieges von 1688 dieselbe, ganz gleich welche der beiden folgenden Formulierungen man wählt:

1. Ludwig XIV. fühlte sich zunehmend bedroht; es ging ihm jetzt nur noch darum, das in den zurückliegenden Jahren Erreichte zu sichern; er fiel im Reich ein, um wenigstens in Kurköln seinen Einfluß beizubehalten und dem für unausweichlich angesehenen Angriff des Kaisers zuvorzukommen.

2. Ludwig war gesamtpolitisch in die Defensive geraten und strebte nur noch nach einer Bestandsgarantie; er entschloß sich zum Präventivkrieg, als sich mit Kurköln auch der letzte Bündnispartner im Reich von ihm abzuwenden drohte.

Sich bedroht zu fühlen und nur noch das Erreichte sichern zu wollen, das eben beschreibt die Defensivposition. Dem Angriff eines anderen zuvorzukommen, heißt einen Präventivkrieg zu führen. Und das Interesse Ludwigs an Kurköln war in Wahrheit das Interesse an Einflußmöglichkeiten im Deutschen Reich überhaupt.

Mit Bezug auf die *Versionen eins* und *zwei* erscheint der Einwand daher nicht berechtigt. Die historische Erklärung ist in beiden Fällen dieselbe, nur daß in der ersten Version die erklärenden allgemeinen Sätze hinter den konkreten Abläufen unausgesprochen bleiben, während sie in der zweiten Version auf den Begriff gebracht werden. Offenbar besitzt der Historiker eben doch eine gewisse Freiheit der Wahl, wie explizit er die zur Erklärung dienenden Begriffe und Gesetze zum Ausdruck bringt. Tatsächlich gehört beides, Abstraktion und Konkretion, in eine wissenschaftliche Darstellung hinein. Die begriffliche Prägnanz verleiht ihr Klarheit und Präzision, und durch die Schilderung konkreter Ereignisse gewinnt sie Anschaulichkeit und Lebensnähe. Hier das rechte Maß zu finden durch Verknüpfung der Methoden, nach denen die ersten beiden Versionen geschrieben waren, ist eine wichtige gestalterische Aufgabe für den Historiker.

Gelten lassen muß man den Einwand dagegen für die aktualistische Version unserer Geschichte. Sie entsprang der Entscheidung, den Konflikt von 1688 dadurch zu erklären, daß er in die Begrifflichkeit und die Rechtsüberzeugungen unserer Zeit übersetzt wird. Die Prüfung hat jedoch ergeben, daß diese Version das Ereignis deshalb gar nicht erklären kann, weil die gewählten Begriffe und Maßstäbe so anachronistisch sind, daß sie auf die Wirklichkeit des 17. Jahrhunderts nicht passen. Aussagen über das Geschehen von 1688 sind mit ihnen nicht möglich. Zur Debatte steht insofern tatsächlich nicht eine Sprachform, sondern eine Methode der wissenschaftlichen Erklärung.

Aus zwei Gründen können wir uns mit dieser Zurückweisung des aktualistischen Anspruchs allerdings noch nicht zufriedengeben. Zum einen muß man anerkennen, daß der Anspruch ein berechtiges Anliegen enthält. Die Vergangenheit muß nicht in der Vergangenheit, sondern heute verstanden werden. Also muß man die zwar sachangemessenen, aber aus der Geschichte stammenden Begriffe wie *Staatsraison* oder *Dynastischer Krieg* an irgendeiner Stelle nach irgendeinem Verfahren eben doch erklären oder in die heutige Sprache übersetzen. Zum andern kann es passieren, daß ein Historiker anachronistische Begriffe unabsichtlich und unbewußt verwendet und deshalb zu unhaltbaren Schlußfolgerungen gelangt. Heinrich Mitteis hat 1940 eines der bekanntesten Bücher zur Verfassungsgeschichte des Mittelalters geschrieben: »Der Staat des hohen Mittelalters«. Der Titel bringt eine lange Zeit vorherrschende Auffassung zum Ausdruck, wonach die politische Ordnung des Mittelalters mit den Kategorien der modernen Staatsrechtslehre analysiert werden müsse. In Auseinandersetzung mit dieser Auffassung hat Otto Brunner in seinem klassischen Werk »Land und Herrschaft« jedoch gezeigt, daß die aus der Geschichte der Neuzeit stammende Staatsvorstellung auf die eigentümlichen politischen Strukturen des Mittelalters gar nicht paßt und daher zu groben Mißverständnissen – z. B. über den Charakter der Fehde – führen muß.

Wir müssen also zwei Fragen stellen:

1. Auf welche Weise sichert der Historiker gegenüber seinen eigenen Zeitgenossen die Verständlichkeit der aus den Quellen und dem Sprachgebrauch der von ihm untersuchten Epoche stammenden Begriffe?

2. Wie schützt der Historiker sich vor dem Anachronismus?

Auf die erste Frage ist zu antworten, daß der Historiker diese Erklärungen selbstverständlich in seine Darstellung einbauen muß. Es gibt dafür verschiedene Möglichkeiten, und es hängt auch hier vom Stilgefühl und vom Geschmack eines Autors ab, auf welche Weise er diese notwendige Aufgabe erfüllt. In der Regel läßt man die Erklärungen unter der Hand einfließen, so daß der Leser kaum bemerkt, daß er belehrt wird, etwa über das Wesen der Staatsraison: Ludwig XIV. folgte in diesem Augenblick nur den Interessen seines Staates; er stellte die Staatsraison sogar noch über das gemeinsame Anliegen der Christenheit, die Ungläubigen zurückzuschlagen.

Was für eine Art von Krieg im Jahre 1688 ausbrach, ließe sich auf folgende Weise zum Ausdruck bringen: Ludwigs Gegner war letztlich nicht das Deutsche Reich und schon gar nicht die deutsche Nation. Ludwigs eigentlicher Gegner war vielmehr das Haus Habsburg, das die Machtstellung seines eigenen Hauses in Europa bedrohte.

Auf die zweite Frage, wie man den Anachronismus vermeiden könne, gibt es eine sehr einfache Antwort: durch Begriffsgeschichte. Man muß die Terminologie einer Zeit studieren, wenn man sich sachgerecht über sie äußern möchte. Dabei erschließt die Begriffsgeschichte natürlich weit mehr als die bloße Terminologie. Da die Sprache die Wirklichkeit und die Wahrnehmung der Wirklichkeit widerspiegelt, ist die Begriffsgeschichte zugleich eine Methode der Realgeschichte wie auch der Bewußtseinsgeschichte. Über den Begriff der *societas civilis* erschließt sich die Identität von gesellschaftlicher Stellung und politischer Macht in der alteuropäischen Wirklichkeit. Der Begriff der *Landeshoheit* zeigt, daß die Reichsstände nicht souverän waren. Der kurpfälzische *Staat* war nach den Begriffen der Zeit lediglich der Herrschaftsapparat des Kurfürsten. Das von ihm beherrschte Land hieß sein *Territorium*.

Mit *Land* dagegen bezeichnete man oft die Landstände, aber solche gab es in der Kurpfalz nicht.

Man muß die Quellensprache allerdings genau studieren, wenn man nicht in die Irre gehen möchte. Ernst Rudolf Huber meinte in seiner Deutschen Verfassungsgeschichte seit 1789, die gemäßigten Liberalen der Paulskirche – das sog. rechte Zentrum oder die Casino-Partei – hätten die parlamentarische Regierungsweise abgelehnt und statt dessen eine dualistische Verfassung im Sinne des sog. Deutschen Konstitutionalismus angestrebt. Nach Ausweis der Quellen haben sie tatsächlich einen »wahren Konstitutionalismus« gefordert. Bei näherer Prüfung zeigt sich freilich, daß sie unter »wahrem Konstitutionalismus« genau dies verstanden: einen Verfassungsstaat mit parlamentarischer Regierung.[2]

Wie also kann Begriffsgeschichte den Historiker in die Lage versetzen, für seine Zeitgenossen verständlich und doch nicht anachronistisch zu schreiben, oder umgekehrt: gegenstandsadäquat und doch nicht unverständlich? Der Anachronismus wird dadurch vermieden, daß nach Möglichkeit der historische Terminus gebraucht wird: *Landeshoheit* und nicht *Souveränität*, *Territorium* und nicht *Staat*. Die Begriffsgeschichte ermittelt diese Termini und ihren jeweiligen Bedeutungsgehalt. Damit werden sie für die heutige Sprache verfügbar und insofern verständlich. Im Fall des *wahren Konstitutionalismus* hat ein Begriff später eine Bedeutungsverengung erfahren: Die begriffsgeschichtliche Reflexion legt den ursprünglichen Bedeutungsumfang frei und läßt auf diese Weise erkennen, daß eine unvermittelte Übernahme des Quellenbegriffs gerade zu Mißverständnissen führen kann.

Begriffsgeschichte ist ein mühsames Geschäft, aber sie kann auch amüsant sein. Wenn jemand mit dem Blick auf das politisch so bewegte Zeitalter Ludwigs XIV. wissen möchte, was die Deutschen damals unter *Politik* eigentlich verstanden haben, dann hilft ihm vielleicht das folgende Sinngedicht von Friedrich Logau mit dem Titel »Heutige Welt-Kunst« weiter:

---

2 Manfred Botzenhart, Deutscher Parlamentarismus in der Revolutionszeit 1848–1850, Düsseldorf 1977, S. 56f.

»Anders seyn, und anders scheinen;
Anders reden, anders meynen;
Alles loben, alles tragen;
Allen heucheln, stets behagen;
Allem Winde Segel geben;
Bösen, Guten dienstbar leben;
Alles Thun und alles Dichten
Bloß auf eignen Nutzen richten;
Wer sich dessen will befleißen,
Kann politisch heuer heißen«.[3]

Literaturhinweise

Otto Brunner, Land und Herrschaft, Wien [5]1965.
Walther Hofer, Die Entfesselung des Zweiten Weltkriegs. Eine Studie über die internationalen Beziehungen im Sommer 1939, Stuttgart 1954.
Ernst Rudolf Huber, Deutsche Verfassungsgeschichte seit 1789, Bd. 2: Der Kampf um Einheit und Freiheit 1830 bis 1850, Stuttgart [3]1988.
Heinrich Mitteis, Der Staat des hohen Mittelalters. Grundlinien einer vergleichenden Verfassungsgeschichte des Lehnszeitalters, Weimar [4]1953.
Thomas Nipperdey, Deutsche Geschichte 1800–1866. Bürgerwelt und starker Staat, München 1983.
Volker Sellin, Der benutzte Vermittler. Innozenz XI. und der pfälzische Erbstreit, in: Joachim Dahlhaus/Armin Kohnle (Hg.), Papstgeschichte und Landesgeschichte. Festschrift für Hermann Jakobs zum 65. Geburtstag, Köln 1995, S. 603–618.
Geoffrey Symcox, Louis XIV and the Outbreak of the Nine Years War, in: Ragnhild Hatton (Hg.), Louis XIV and Europe, London 1976, S. 179–212.

---

3 Friedrich von Logau, Sinngedichte 2, 23, hg. von Carl Wilhelm Ramler/Gotthold Ephraim Lessing, Leipzig 1759, S. 41.

10.
Typus und Struktur

Die Bildung von Typen und die Herausarbeitung von Strukturen sind zwei verschiedene Verfahren, die Mannigfaltigkeit des Gegebenen so zu organisieren, daß Erkenntnis möglich wird. Beide Verfahren erlauben es, viele empirische Fälle unter einem einzigen Gesichtspunkt zu behandeln – entweder indem man sie demselben Typus zuordnet oder indem man zeigt, daß sie dieselbe Struktur besitzen. Zahlreiche historische Phänomene lassen sich gleichzeitig als Typus und als Struktur analysieren. Der neuzeitliche Verfassungsstaat ist ein Typus und besitzt eine charakteristische Struktur. Das Verhältnis zwischen den beiden Begriffen kann erst näher bestimmt werden, wenn sie zuvor je einzeln analysiert worden sind.

Der Begriff des Typus muß zunächst abgegrenzt werden gegen den Gattungsbegriff. Gattungsbegriffe entstehen durch Klassifikation. Das Verfahren der Klassifikation ist die Definition. Die Definition geschieht durch die Bestimmung von *genus proximum* und *differentia specifica*.

Will man das kurpfälzische Heidelberg als Residenzstadt definieren, so ordnet man es dem *genus proximum* »Stadt« zu und benennt als *differentia specifica*, das heißt als unterscheidendes Merkmal gegenüber anderen Städten, die Eigenschaft, eine Residenz zu beherbergen. Nach dem Gesagten wäre Heidelberg also ein Exemplar der Gattung Residenzstadt. Nun könnte man einwenden, »Residenzstadt« sei zugleich ein Typenbegriff, Heidelberg also eine Stadt, die einem bestimmten Typus angehört. Wozu also die Unterscheidung zwischen Typus und Gattung?

Vielleicht kann man sich den Unterschied am ehesten klarmachen, wenn man sich fragt, welche Inhalte mit dem bloßen Gattungsbegriff einerseits, dem Typusbegriff andererseits gesetzt sind.

<u>Die Definition hebt das unterscheidende Merkmal hervor, in diesem Fall die Residenz.</u> Was es aber für eine Stadt bedeutete, eine Residenz zu beherbergen, ob dies z. B. irgendwelche

Auswirkungen auf die Wirtschaft oder die Sozialstruktur einer Stadt hatte: Diese Frage wird gar nicht gestellt. Wenn also behauptet wird, eine Residenzstadt sei ein bestimmter Typus von Stadt, so ist diese Erkenntnis jedenfalls nicht auf dem Wege der bloßen Klassifikation zu gewinnen. So kann man z. B. fragen, ob die Verlegung der kurpfälzischen Residenz von Heidelberg nach Mannheim im Jahr 1720 Mannheim von einem Tag auf den anderen in irgendeinem bedeutsamen Sinne zur Residenzstadt machte. Im Sinne des Gattungsbegriffs wäre diese Frage zu bejahen; im Sinne der Ausprägung eines bestimmten Typus jedoch müßte man wohl annehmen, daß die Verlegung der Residenz einen strukturellen Wandlungsprozeß in Gang setzte, der sich über viele Jahre erstreckte.

Was dem Gattungsbegriff also fehlt, ist offenbar die inhaltliche Konkretion, mithin ein Komplex von Aussagen darüber, was eine Residenzstadt im einzelnen auszeichnet. Wie läßt sich diese Konkretion gewinnen? Ein naheliegender Weg könnte darin gesehen werden, möglichst viele empirische Residenzstädte unter den verschiedensten Gesichtspunkten miteinander zu vergleichen und auf diesem Wege zu versuchen, die »typische« Residenzstadt als eine Durchschnittsgestalt herauszufiltern. Nach dieser Methode suchen bekanntlich Meinungsforschungsinstitute zu ermitteln, was der »typische« Bundesbürger denkt, ißt und trinkt, wie oft er in den Urlaub fährt und wieviel Geld er am Urlaubsort ausgibt.

In der Geschichtswissenschaft ist ein solches Verfahren mit erheblichen Schwierigkeiten verbunden. Das wird offenkundig, sobald man mit dem Sammeln von empirischen Residenzstädten beginnt. Neben Heidelberg wird man auf Städte wie Dresden, Bruchsal und Amberg stoßen, aber auch auf Paris und London. Es liegt auf der Hand, daß es wenig Sinn hat, aus dem Durchschnitt etwa der Sozialstruktur dieser Städte Aufschlüsse über die »typische« Sozialstruktur einer Residenzstadt zu gewinnen. Ein wichtiger Grund dafür ist, daß es keine reinen Typen gibt. London und Paris waren weit mehr als bloße Residenzstädte: London z. B. war zugleich Hauptstadt des britischen Empire, Finanzplatz, Handelszentrum und Hafenstadt. Aber auch Heidelberg war zugleich Universitätsstadt, und die Residenzstadt Mannheim war auch Garnisonsstadt und Handelsstadt.

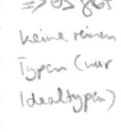

Man kann den Typus der Residenzstadt daher nur bestimmen, indem man gedanklich diejenigen Züge isoliert, die aus dem Residenzcharakter der Stadt abgeleitet werden können und funktional darauf bezogen sind. Alles andere ist als zufällig anzusehen, als empirische Beimischung anderer Charaktere, und muß für die Analyse daher ausgeklammert werden. Zur Residenz gehört eine Hofhaltung. Der Hof schafft eine charakteristische Nachfrage nach Nahrungsmitteln und Luxusgütern. Aus diesem Grunde lassen sich in der Stadt Kaufleute für Getreide, Wein, Gewürze und wertvolle Tuche sowie bestimmte Handwerker nieder wie Goldschmiede, Tapezierer, Perückenmacher und Kunstschreiner. Man wird Ausländer in der Stadt treffen, böhmische Musiker und italienische Architekten zum Beispiel. Da um den Hof zugleich die Regierung und die obersten Staatsbehörden gruppiert sind, wird die Sozialstruktur der Stadt durch das Gewicht der Beamtenschaft bestimmt sein. Architektonisch wird das Stadtbild durch das Schloß des Fürsten, durch Adelspaläste und durch vornehme, aber nicht zu prächtige Bürgerhäuser geprägt sein.

Nicht alle diese Züge sind in jeder empirischen Residenzstadt gleich stark ausgeprägt. Auch aus diesem Grunde – und nicht nur, weil es reine Residenzstädte, wie gesagt, kaum gegeben hat – entwickelt sich aus der Suche nach den charakteristischen Eigenschaften einer Residenzstadt am Ende eine Art Idealvorstellung, die empirisch keine Entsprechung besitzt, die es aber erlaubt, die wirklichen, die historischen Residenzstädte zu beurteilen und miteinander zu vergleichen. Der Typus, den wir gesucht haben, erweist sich in diesem Sinne in Wahrheit als ein Idealtypus. Dieser Begriff bezeichnet einen zentralen Gedanken in der Wissenschaftslehre des Soziologen Max Weber.

Über den Idealtypus hat Max Weber sich an verschiedenen Stellen seines Werks geäußert. Am wichtigsten sind die Darlegungen in einem Aufsatz von 1904 über »Die ›Objektivität‹ sozialwissenschaftlicher und sozialpolitischer Erkenntnis«. Der Idealtypus wird dort eingeführt im Zusammenhang einer Diskussion über den logischen Status der Theorien der klassischen politischen Ökonomie. Diese Theorien enthalten bekanntlich Lehrsätze der Art wie »Angebot und Nachfrage bestimmen den Preis«. Nun weiß jeder, daß in der Praxis der Preis keineswegs automatisch sinkt, wenn das Angebot steigt oder die Nachfrage zurückgeht. Daraus entwickelte sich seinerzeit eine Debatte über die Frage, wie man die Abweichungen der Wirklichkeit von der Theorie wissenschaftlich erfassen könne. In diesem Zusammenhang wandte sich Weber an der angegebenen Stelle gegen die Auffassung, daß die ökonomische Theorie als Komplex von psychologischen Gesetzen zu betrachten sei, welche »die Wirkung *eines* psychischen Motivs« feststellten, so daß es jetzt darauf ankomme, zur exakten Prognose des realen ökonomischen Verhaltens auch alle anderen psychischen Motive, die sich am Markt auswirkten, unter psychologische Gesetze zu bringen.[1]

Weber erklärte statt dessen, es handle sich »bei den Aufstellungen der abstrakten Theorie nur scheinbar um › Deduktionen‹ aus psychologischen Grundmotiven, in Wahrheit vielmehr um einen Spezialfall einer Form der Begriffsbildung, welche den Wissenschaften von der menschlichen Kultur eigentümlich und in gewissem Umfang unentbehrlich« sei. Die abstrakte Wirtschaftstheorie biete nichts anderes, als »ein Idealbild der Vorgänge auf dem Gütermarkt bei tauschwirtschaftlicher Gesellschaftsorganisation, freier Konkurrenz und streng rationalem Handeln. Dieses Gedankenbild vereinigt bestimmte Beziehungen und Vorgänge des historischen Lebens zu einem in sich widerspruchslosen Kosmos gedachter Zusammenhänge. Inhaltlich trägt diese Konstruktion den Charakter einer Utopie an sich, die durch gedankliche Steigerung bestimmter Elemente der Wirklichkeit gewonnen ist. Ihr Verhältnis zu den empirisch gegebenen Tatsachen des Lebens besteht lediglich darin, daß da, wo Zusammenhänge der in jener Konstruktion abstrakt dargestellten Art ... in der Wirklichkeit als in irgendeinem Grade wirksam festgestellt sind oder vermutet werden, wir uns die Eigenart dieses Zusammenhangs an einem Idealtypus pragmatisch veranschaulichen und verständlich machen können«.[2]

Was Weber sagen will, ist also dies: Die Gesetze der Wirtschaft gelten uneingeschränkt nur unter idealen Bedingungen, die in der Wirklichkeit gar nicht anzutreffen sind, etwa unter der Bedingung, daß der Mensch sich am Markt vollkommen

---

1 Max Weber, Die »Objektivität« sozialwissenschaftlicher und sozialpolitischer Erkenntnis, in: Ders., Gesammelte Aufsätze zur Wissenschaftslehre, hg. von Johannes Winckelmann, Tübingen ²1951, S. 188.
2 Ebd., S. 189f.

rational verhält. Weil es diesen vollkommenen *homo oeconomicus* jedoch nicht gibt, umschreiben sie eine bloße Idee. Aber diese Idee eignet sich vorzüglich dazu, die empirische Wirklichkeit zu beurteilen. Der Idealtypus – im Beispiel etwa der freien Verkehrswirtschaft – wird nach Weber »gewonnen durch einseitige Steigerung eines oder einiger Gesichtspunkte und durch Zusammenschluß einer Fülle von diffus und diskret, hier mehr, dort weniger, stellenweise gar nicht, vorhandenen Einzelerscheinungen, die sich jenen einseitig herausgehobenen Gesichtspunkten fügen, zu einem in sich einheitlichen Gedankenbilde. In seiner begrifflichen Reinheit ist dieses Gedankenbild nirgends in der Wirklichkeit empirisch vorfindbar, es ist eine Utopie, und für die historische Arbeit erwächst die Aufgabe, in jedem einzelnen Falle festzustellen, wie nahe oder wie fern die Wirklichkeit jenem Idealbilde steht«.[3]

Der Idealtypus drückt kein Ideal aus – weder in dem Sinne, daß wir mit ihm eine den geschichtlichen Erscheinungen innewohnende Zielrichtung unterstellen, noch in dem Sinne, daß wir eine reinere Ausprägung des Typus nachträglich für wünschenswert erklären wollten. Er dient lediglich als »logisches Hilfsmittel«[4] der Erkenntnis, um z. B. angesichts einer empirisch gegebenen Wirtschaft Kriterien des Urteils darüber bereitzustellen, um welchen Wirtschaftstypus es sich handelt.

Idealtypen teilen mit wissenschaftlichen Begriffen die Eigenschaft, daß sie zwar nicht aus der Erfahrung abgelesen werden können, gleichwohl aber auf die Erfahrung gegründet sind und ohne Bezug zur Erfahrung leer und insofern unbrauchbar bleiben. Wenn Idealtypen wie Begriffe Hilfsmittel der Erkenntnis sind, dann gilt auch für sie, daß sie sich im Prozeß des Erkennens bewähren müssen und sich dabei natürlich auch als unzweckmäßig herausstellen können. Jedem Historiker steht es frei, im Verlaufe seiner Forschungen Idealtypen zu bilden, ganz ebenso wie er darauf angewiesen ist, für neu entdeckte oder neu gedeutete Phänomene und Zusammenhänge neue Begriffe zu schaffen.

Wie mit Begriffen, so arbeiten Historiker schon seit eh und je mit Idealtypen, auch wenn dieses Wort erst durch Max Weber allgemeine Verbreitung in der Wissenschaft gefunden hat.

---

3 Ebd., S. 191.   4 Ebd., S. 199.

Die Beachtung der Überlegungen Webers vermag uns zur Reflexion auf unsere Methode zu veranlassen. Vielfach gebrauchen wir Begriffe, die an sich Idealtypen bezeichnen, mehr oder weniger gedankenlos, ohne uns jedenfalls im vollen Sinne den Gehalt des jeweiligen Typus vor Augen zu stellen. Dagegen macht die methodische Reflexion auf den jeweils verwendeten Idealtypus bestimmte Zusammenhänge dadurch sichtbar, daß sie die Unterscheidung von wesentlichen und zufälligen Bestimmungen eines Gegenstands ermöglicht. Der Idealtypus erlaubt fernerhin den Vergleich zwischen den Exemplaren, die ihm angehören: also den Vergleich zwischen Heidelberg und Dresden unter dem Gesichtspunkt Residenzstadt. Schließlich erlaubt der Idealtypus die Analyse eines empirischen Phänomens als Kombination verschiedener Typen oder als mehr oder weniger vollkommene Ausprägung eines einzelnen Typus. Dies sei an einem berühmten Beispiel aus Max Weber selbst noch einmal verdeutlicht; es handelt sich um das dritte Kapitel des Ersten Teils von »Wirtschaft und Gesellschaft« über »Die Typen der Herrschaft«.

Herrschaft wird zunächst definiert als »die Chance ..., für spezifische (oder: für alle) Befehle bei einer angebbaren Gruppe von Menschen Gehorsam zu finden«.[5] Diese Chance hängt entscheidend davon ab, daß der Herrscher für berechtigt angesehen wird, besagte Befehle zu erteilen. Diese Überzeugung heißt bei Weber »Legitimitätsglaube«.[6] Ihm korrespondiert auf der Seite des Herrschers jeweils ein bestimmter »Legitimitätsanspruch«.[7] Da ohne Legitimitätsanspruch und Legitimitätsglauben keine Herrschaft möglich wäre, erklärt Weber es für »zweckmäßig, die Arten der Herrschaft je nach dem ihnen typischen Legitimitätsanspruch zu unterscheiden«.[8]

Er unterscheidet »drei reine Typen legitimer Herrschaft«:[9]

1. Die *rationale* Herrschaft. Sie beruhe auf dem Glauben, daß der Herrscher seine Befehle auf »gesatzte Ordnungen« gründet.[10] Eine solche Herrschaft findet sich im Rechts- und Verfassungsstaat.

2. Die *traditionale* Herrschaft. Sie beruhe »auf dem Alltagsglauben an die Heiligkeit von jeher geltender Traditionen und

---

5 Max Weber, Wirtschaft und Gesellschaft. Grundriß der verstehenden Soziologie, Tübingen [5]1980, S. 122.
6 Ebd.   7 Ebd.   8 Ebd.   9 Ebd., S. 124.   10 Ebd.

die Legitimität der durch sie zur Autorität Berufenen«.[11] Eine solche Herrschaft stellen die traditionalen Monarchien des Ancien Régime und darüber hinaus dar.

3. Die *charismatische* Herrschaft. Sie beruhe »auf der außeralltäglichen Hingabe an die Heiligkeit oder die Heldenkraft oder die Vorbildlichkeit einer Person und der durch sie offenbarten oder geschaffenen Ordnungen«.[12] Hier denken wir sofort an charismatische Herrscher wie Alexander den Großen, Caesar, Napoleon und Adolf Hitler.

Um die Fruchtbarkeit dieser idealtypischen Unterscheidungen zu prüfen, seien zwei Gestalten des 19. Jahrhunderts daraufhin betrachtet, welcher Form von legitimer Herrschaft sie zuzuordnen sind. Dabei bestätigt sich wiederum sofort, daß es in der Wirklichkeit keine reinen Typen gibt. Der 1814 auf den französischen Thron zurückkehrende Ludwig XVIII. verstand sich zwar als traditionaler Monarch in Fortführung der Bourbonendynastie, die von 1589 bis 1792 über Frankreich geherrscht hatte. Die Bedingung seiner Thronbesteigung war aber gewesen, daß er nicht – wie noch sein Bruder Ludwig XVI. vor 1789 – als absoluter, sondern als konstitutioneller Monarch regiere und in Verwaltung, Rechtswesen und Eigentumsordnung die Ergebnisse der Revolution anerkenne. Seine Herrschaft beruhte somit auf einer Verbindung von *traditionaler* und *rationaler* Legitimität. Um Otto von Bismarck hat es unlängst eine Debatte gegeben über die Frage, ob seine Regierungsweise nicht als bonapartistische Diktatur zu charakterisieren sei. Dies wäre zweifellos eine Form der *charismatischen* Herrschaft. Da Bismarcks Stellung jedoch auf dem Vertrauen des Monarchen beruhte, haben wir es gleichzeitig mit *traditionaler* Legitimität zu tun. Diese wiederum verband sich mit *rationaler* Legitimität insofern, als das Reich ein Rechts- und Verfassungsstaat war.

Es ist ganz offenkundig, daß die Weberschen Unterscheidungen eine ungleich schärfere Analyse der Herrschaft Ludwigs XVIII. und Bismarcks erlauben, als wenn man sich auf die Anwendung staatsrechtlicher Begriffe allein beschränken müßte. Dann wäre Ludwig lediglich ein konstitutioneller König, Bismarck ein konstitutioneller Minister gewesen. Von die-

---

11 Ebd.   12 Ebd.

sen Begriffen führt jedoch kein Weg zum Verständnis der Krisen, denen Frankreich und Deutschland auf je verschiedene Weise unter den Nachfolgern der beiden ausgesetzt waren. Karl X. glaubte 1830, seine traditionale Legitimität sei so tragfähig, daß er seinen rationalen Legitimitätsanspruch preisgeben könne. Auf den Bruch der Verfassung reagierte Paris mit der Julirevolution, die den König und mit ihm die Dynastie hinwegfegte. Über Bismarck könnte man vielleicht sagen, daß sein Charisma den Deutschen das Bewußtsein dafür verstellte, daß die traditionell-monarchische Legitimität anachronistisch geworden war und durch eine Verstärkung der rationalen Legitimität und somit durch eine fortschreitende Demokratisierung des Verfassungsstaats hätte ersetzt werden müssen.

Die Anwendung der Lehre Max Webers von den drei Typen legitimer Herrschaft auf Ludwig XVIII. und Bismarck vermag einen Begriff davon zu vermitteln, wie fruchtbar Idealtypen für die historische Analyse sein können. Sie sind jedoch nicht nur Hilfsmittel, sondern können selbst Gegenstand und Ziel historischer Forschung sein. Es erscheint sogar durchaus legitim, das Typische für weit wichtiger zu halten als das konkrete Einzelne und daher z.B. lieber die deutsche Universität in irgendeiner Epoche überhaupt zu thematisieren als die Universität Leipzig oder die Universität Tübingen. Andere Gegenstände lassen sich überhaupt nur typologisch erfassen, beispielsweise die »bürgerliche Familie«, die »Arbeiter im Industrialisierungsprozeß«, der »ostelbische Adel«.

Das Ziel ist dabei, in der Vielfalt der Erscheinungen den sachlichen Kern, das Wesentliche zu erfassen.

Ein analoges Ziel verfolgt die Frage nach den Strukturen. Struktur erscheint dabei als mehr oder weniger stabiles Muster, nach dem bestimmte Beziehungen, Abläufe oder Konflikte gestaltet sind. Man spricht von sozialen Strukturen und meint damit ein relativ stabiles Geflecht von Über- und Unterordnungsverhältnissen, Gruppen, Schichten und sozialen Beziehungen. Unter politischen Strukturen verstehen wir die Art und Weise, nach der in einer bestimmten Gesellschaft die politische Macht verteilt ist und ausgeübt wird.

Die ostelbische Gutsherrschaft zum Beispiel hatte eine bestimmte soziale und politische Struktur. Sie war zunächst Herrschaft über die zugehörigen Bauern. Diese befanden sich im Verhältnis der Untertänigkeit zum Gutsherrn und waren ihm insofern dienstpflichtig; sie durften ihre Scholle nicht verlassen und ohne Einwilligung ihres Herrn nicht heiraten. Zugleich waren sie seiner Gerichtsbarkeit und Polizeihoheit unterworfen. Ihr Land besaßen sie teils zu Erbzinsrechten, teils in erblicher oder nichterblicher Pacht. Der Gutsbezirk setzte sich zusammen aus dem Eigenland des Gutsherrn, das mit Hilfe der dienstpflichtigen Bauern bestellt wurde, und dem Bauernland. Diese Landanteile befanden sich in Gemengelage und waren einer einheitlichen Flurordnung, meist im Sinne der Dreifelderwirtschaft unterworfen. Durch die liberalen Agrarreformen in Preußen nach 1807 wurde die Struktur der Gutsherrschaft zerstört. Die Erbuntertänigkeit und die Patrimonialgerichtsbarkeit, zuletzt auch die Gutspolizei, wurden aufgehoben. Die Bauern durften ihre Scholle verlassen und ihr Glück anderswo suchen. Der Flurzwang verschwand. Der Gutsherr verwandelte sich in den Gutswirt, der sein Land nach marktwirtschaftlichen Gesichtspunkten mit Hilfe von freien Lohnarbeitern bebaute. Dem Gutswirt ohne Bauern korrespondierten die Bauern ohne Herrn mit vollen Eigentumsrechten an ihrem Grund und Boden. Auch sie waren nicht mehr durch Flurordnungen in ihrer wirtschaftlichen Entscheidungsfreiheit gehemmt.

An diesem Beispiel wird deutlich, was Strukturgeschichte heißen kann. Der Übergang von der Gutsherrschaft zur bloßen Gutswirtschaft ist freilich nur ein kleiner Ausschnitt aus dem strukturellen Wandel von der vorrevolutionären zur modernen Gesellschaft. Doch läßt sich der Gegensatz zwischen alltäglichem Geschehen und zugrundeliegenden Strukturen auch auf ganz anderen Gebieten beobachten. So könnte man etwa nach den strukturellen Determinanten der Bismarckschen Außenpolitik fragen. Als strukturelle und nach 1871 nicht mehr veränderbare Grundgegebenheiten erscheinen die Mittellage des Deutschen Reiches in Europa, der deutsch-französische Gegensatz, die latenten Krisen auf dem Balkan und die dadurch begründete Gefährdung Österreich-Ungarns. Aus diesen Faktoren läßt sich Bismarcks Außenpolitik weitgehend entwickeln.

Es gibt auch Strukturkonflikte in der Geschichte. Das Habsburgerreich z. B. befand sich während des gesamten 19. Jahrhunderts in einem strukturellen Konflikt zwischen seiner aus dem Ancien Régime überkommenen übernationalen Staatlichkeit und den nationalrevolutionären Selbständigkeitsbestrebungen seiner Völker.

Das Wort Struktur kommt von lateinisch *struere* – aufbauen, ordnen. Bauen und ordnen heißt, verschiedene Elemente in eine relativ stabile, funktionale Beziehung zueinander zu setzen. Um eine Definition von Eduard Spranger anzuführen, so hat »ein Gebilde der Wirklichkeit« »gegliederten Bau oder Struktur«, »wenn es ein Ganzes ist, in dem jeder Teil und jede Teilfunktion eine für das Ganze *bedeutsame* Leistung vollzieht, und zwar so, daß Bau und Leistung jedes Teiles wieder vom Ganzen her bedingt und folglich nur vom Ganzen her verständlich sind«.[13] Fällt ein Teil weg, verschwindet zugleich die Struktur. Die Aufhebung der Erbuntertänigkeit durch das berühmte Oktoberedikt von 1807 traf die Gutsherrschaft in ihrem Lebensnerv. Das Nichtvorhandensein des französischen Revanche-Gedankens hätte Bismarck ganz andere außenpolitische Möglichkeiten gegeben. Durch die Auflösung der Habsburgermonarchie am Ende des Ersten Weltkriegs fand der Strukturkonflikt mit den nationalen Selbständigkeitsbestrebungen ihrer Völker ein Ende.

In temporalen Begriffen ausgedrückt, erscheint die Struktur als ein Phänomen, das einzelne Ereignisse und Konflikte, unter Umständen sogar Generationen und Jahrhunderte überdauert. Auf diese Beobachtung hat der französische Historiker Fernand Braudel ein epochemachendes Werk gegründet. Es ist 1949 erschienen und trägt den Titel »Das Mittelmeer und die mittelmeerische Welt im Zeitalter Philipps II.«. Das Werk ist in drei Teile gegliedert. Die Teile entsprechen drei Zeitebenen. Die Geschichte wird also im Grunde dreimal dargestellt; oder genauer: Die Epoche Philipps II. wird dreimal hintereinander auf drei verschiedenen Zeitebenen durchlaufen. Die erste Ebene bezeichnet Braudel als »eine fast unbewegliche Geschichte, die Geschichte des Menschen im Verhältnis zu seiner Umwelt; eine Geschichte, die nur langsam verrinnt und sich verändert«.[14] Es handelt sich also um Gegebenheiten, die sich kaum oder eben nur ganz unmerklich verändern: den

---

13 Eduard Spranger, Psychologie des Jugendalters, Heidelberg [28]1966, S. 23f.
14 Fernand Braudel, La Méditerranée et le Monde méditerranéen à l'époque de Philippe II, Paris 1949, S. XIII.

Raum, die Bodenbeschaffenheit, das Klima, die Vegetation usw. Als zweite Ebene bezeichnet Braudel »eine Geschichte in langsamem Rhythmus«; oder auch »eine Sozialgeschichte, die Geschichte der Gruppen und Gruppierungen«, Wirtschaftsformen, Staaten, Gesellschaften, »Zivilisationen«.[15] Hier findet häufiger ein Wandel statt, aber noch immer in weiten Zeiträumen. Als dritte Ebene bezeichnet Braudel »die traditionelle Geschichte, wenn man so will, in der Dimension nicht des Menschen, sondern des Individuums, die Ereignisgeschichte ... Eine Geschichte der kurzen, jähen, nervösen Schwankungen«.[16]

Auf eine kurze Formel gebracht, wird die Zeit der Geschichte also differenziert in eine geographische, eine gesellschaftliche und eine individuelle Zeit. Die Kurzformeln sind allerdings mißverständlich, vor allen Dingen die zweite. Denn auf der mittleren Ebene hatte Braudel nicht nur Gesellschaften, sondern auch Staaten behandeln wollen. Das Wort »sozial« wird also in sehr weitem Sinne verstanden, einem Sinne, der nicht dem Begriff des »Politischen« nach Art des 19. Jahrhunderts einfach entgegengesetzt werden kann. In den folgenden Jahren hat Braudel sein Konzept teils modifiziert, teils präzisiert. Er ließ erkennen, daß es ihm vor allem darauf ankomme, die »Geschichte der langen, sogar der sehr langen Dauer« gegen die »Ereignisgeschichte« abzuheben.[17] So schrieb Braudel auch: »Die lange Dauer, das ist die endlose, unverwüstliche Geschichte der Strukturen und Gruppen von Strukturen«.[18]

Braudels Ideen wurden in der Bundesrepublik zunächst in der Weise rezipiert, daß die Strukturgeschichte mit der Sozialgeschichte, die Ereignisgeschichte aber mit der politischen Geschichte gleichgesetzt wurden. In der politischen Geschichte geht es in der Tat vielfach um individuelle Entscheidungen, einzelne herausragende Ereignisse. Typische Vorkommnisse sind etwa der Abschluß eines Vertrags, die Vorlage und die Verabschiedung eines Gesetzes, Kriegserklärungen, ja Tele-

---

15 Ebd. 16 Ebd.
17 Fernand Braudel, Histoire et Sciences sociales: La longue durée, in: Ders., Écrits sur l'histoire, Paris 1969, S. 45.
18 Ders., Histoire et Sociologie, in: Ders., Écrits sur l'histoire (wie Anm. 17), S. 114.

gramme (Emser Depesche, Krüger-Depesche), eine einzelne Rede, eine diplomatische Note, politische Wahlen, der Rücktritt einer Regierung und ähnliches. In einer sozialgeschichtlichen Betrachtung dagegen scheinen wie mit innerer Notwendigkeit Phänomene in den Blick zu rücken, von denen man mit Braudel sagen könnte, sie seien von langer, ja von sehr langer Dauer; die also in diesem Sinne langfristige Strukturen ausmachen: Man denke an soziale Schichtung und Klassenbildung, an die Verteilung von Bildung und Bildungschancen in einer Gesellschaft, an die Familienstrukturen, an das generative Verhalten, an die Stellung der Frau, an die Geschichte von Mentalitäten usw.

All dies ist ohne Zweifel überzeugend, und doch erscheint die Gleichsetzung von politischer Geschichte mit Ereignisgeschichte und Sozialgeschichte mit Strukturgeschichte unbefriedigend, wenn nicht irreführend. Braudel selber hat hierzu später (1958) präzisierend geschrieben, für »ereignisgeschichtlich« wolle er lieber den Begriff der »kurzen Dauer« setzen,[19] was durchaus in Übereinstimmung mit dem Mittelmeer-Buch steht. Nur wird jetzt noch klarer, daß es in allen Bereichen des Lebens, wie er sagt, in Wirtschaft, Gesellschaft, Literatur, Religion etc. Vorgänge von kurzer Dauer gibt. In der Tat findet sich dergleichen auch in der Sozialgeschichte: ein Streik, eine Pestepidemie, eine Wanderungswelle. Aber nicht nur solche Massenerscheinungen kommen in Frage, sondern auch einzelne Ereignisse und Entscheidungen mit sozialgeschichtlicher Bedeutung wie die Gründung von Vereinen, die Stiftung der Inneren Mission, die Erfindung der Eisenbahn, die Entdeckung des Pockenerregers, die Erfindung des Kunstdüngers usw. Und umgekehrt meinte ebenfalls schon Braudel, die Gleichsetzung von Ereignisgeschichte und politischer Geschichte geschehe nicht »ohne eine gewisse Ungenauigkeit«. »Die politische Geschichte ist nicht notwendig ereignishaft und nicht dazu verdammt, es zu sein.«[20]

Braudel wird bis heute vielfach so verstanden, als habe er die Ereignisgeschichte bzw. die »Geschichte kurzer Dauer« abwerten wollen. Dagegen sollte man die kritische Funktion seiner Theorie hervorheben: durch die künstliche Isolierung der

---

19 Ders., Histoire et Sciences sociales (wie Anm. 17), S. 45.
20 Ebd., S. 46.

verschiedenen Zeitebenen auf die Notwendigkeit hinzuweisen, mit größerer Entschiedenheit und Bewußtheit als zuvor hinter die Kulissen des bloß Ereignishaften zu blicken und Phänomene langer Dauer zu einem expliziten Gegenstand der Historie zu machen.

Ganz analog zu dem, was oben über den Idealtypus gesagt wurde, gilt auch für die Erforschung von Strukturen, daß sie dazu verhilft, das Singuläre und Ereignishafte besser zu verstehen. Die Struktur der Gutswirtschaft erklärt den Widerstand des ostelbischen Adels gegen die Bauernbefreiung. Die Struktur des frühindustriellen Arbeitsmarkts mit seinem Überangebot an ungelernten Arbeitskräften erklärt das damalige Elend des Fabrikproletariats. Die Struktur des Ost-West-Gegensatzes mit dem nuklearen Patt bildet den Hintergrund der Kuba-Krise von 1962.

Das zuletzt genannte Beispiel kann deutlich machen, daß es eine Wahl zwischen Strukturanalyse und Ereignisforschung nicht geben kann. Das eine ist ohne das andere nicht denkbar. Vor allem vermag die Besinnung auf die zugrundeliegenden Strukturen Kriterien zu liefern für die Bedeutung von Ereignissen. Von bestimmten Ereignissen pflegen wir zu sagen, daß sich in ihnen eine Struktur offenbare. Die Wahl von Louis Napoléon Bonaparte zum Staatspräsidenten der Zweiten Republik im Dezember 1848 beispielsweise brachte die konservative Grundstruktur der französischen Wählerschaft zum Vorschein.

Daraus ergibt sich, worin der eigentliche Sinn einer Strukturgeschichte bestehen müßte: nicht in der einseitigen Analyse und Aneinanderreihung von Phänomenen langer Dauer im Sinne Braudels, sondern im Studium der Verschränkungen und Wechselbeziehungen zwischen den Zeitebenen, zwischen Struktur und Ereignis. Nur auf diesem Wege kann schließlich auch die Erklärung für den Wandel von Strukturen gefunden werden.

Literaturhinweise

Fernand Braudel, La Méditerranée et le Monde méditerranéen à l'époque de Philippe II, Paris 1949.

Lothar Gall, Bismarck. Der weiße Revolutionär, Frankfurt 1980.

Gunther Ipsen, Die preußische Bauernbefreiung als Landesausbau, in: Wolfgang Köllmann/Peter Marschalck (Hg.), Bevölkerungsgeschichte, Köln 1972, S. 154–189.

Allan Mitchell, Bonapartism as a Model for Bismarckian Politics, in: Journal of Modern History 49 (1977), S. 181–209.

Barbara Vogel (Hg.), Preußische Reformen 1807–1820, Königstein 1980.

Max Weber, Die »Objektivität« sozialwissenschaftlicher und sozialpolitischer Erkenntnis, in: Ders., Gesammelte Aufsätze zur Wissenschaftslehre, hg. von Johannes Winckelmann, Tübingen ²1951, S. 146–214.

Ders., Wirtschaft und Gesellschaft. Grundriß der verstehenden Soziologie, Tübingen ⁵1980.

11.
Mentalität und Ideologie

Soziales Handeln ist stets mit Sinn verbunden. Die unreflektierten kollektiven Sinnstrukturen, die namentlich das Alltagsverhalten bestimmen, nennen wir Mentalitäten. Die bewußte Setzung von gesellschaftlichem Sinn dagegen nennen wir ideologisch. Mentalitäten und Ideologien sind soziale Realitäten und zugleich historische Tatsachen von besonderem Rang. Wo immer der Mensch handelt, sind Mentalitäten, wo immer er sich über sein Verhalten äußert und Rechenschaft ablegt, sind Ideologien im Spiel.

Das Wort *Mentalität* stammt ursprünglich aus dem Englischen: *mentality* ist 1691 zum ersten Mal belegt. Im 19. Jahrhundert wurde es ins Französische übernommen. Allerdings erklärte Marcel Proust *mentalité* noch um 1897 für »ein neues Wort«, als »das Feine vom Feinen, und, wie man sagt, den › letzten Schrei‹«.[1] In die deutsche Sprache hat das Wort offenbar kurz vor dem Ersten Weltkrieg Eingang gefunden. Heute ist *Mentalität* zu einem Modewort geworden. Ein Blick in eine beliebige Tageszeitung genügt, um Ausdrücke in Fülle zu finden wie »Genußmentalität«, »Bürokratenmentalität«, »Subventionsmentalität«. Was ist mit diesen Begriffen gemeint?

Offenbar unterstellen wir den Personen, denen wir solche Mentalitäten zuschreiben, bestimmte Verhaltensgrundsätze oder Maximen. Wir sagen von dem einen, er handle so, als seien Genuß und Vergnügen seine höchsten Lebensziele. Über einen anderen urteilen wir, er verhalte sich wie ein Bürokrat, und meinen damit jemanden, der Sachprobleme nur zur Kenntnis nehmen will, wenn sie zuvor einen vorgeschriebenen Geschäftsgang durchlaufen haben. Vom dritten sagen wir, er führe seinen Betrieb unbekümmert um künftige Marktchancen in der selbstverständlichen Erwartung, daß in Zeiten

---

1 Marcel Proust, A la recherche du temps perdu, Bd. 3: Le côté de Guermantes I, Paris ⁴²1920, S. 212f.

der Krise der Staat ihm mit Subventionen unter die Arme greifen werde.

Das Auffällige an diesen Urteilen ist, daß sie durchweg Dritte zum Gegenstand haben. Die Maximen sind unterstellt, das heißt, sie sind aus dem beobachteten Verhalten – wozu übrigens auch die verbalen Äußerungen gehören – bloß erschlossen. Wir sagen, im Verhalten einer Person offenbare sich eine bestimmte Einstellung oder Mentalität.

Nun könnten wir unsere Zeitgenossen natürlich auch nach ihren Verhaltensmaximen fragen; und da Menschen sich über die Gründe ihres Tuns nicht selten auch schriftlich äußern, hätten wir vielleicht auch für vergangene Zeiten die Möglichkeit, aus den Aussagen der Akteure selbst ihre Verhaltensgrundsätze zu erfahren. Zu befürchten ist freilich, daß Aussagen, mit denen ein Akteur sein eigenes Verhalten zu erklären sucht, ideologisch sind und nicht die wirklichen Motive benennen.

Was versteht man unter einer ideologischen Aussage?

Die Struktur von Ideologien besitzen bereits die einfachsten Rationalisierungen des Alltagslebens, und vielleicht läßt sie sich an diesen am besten studieren. Rationalisierung bedeutet eine gedankliche Operation, dank derer jemand sich selbst oder anderen einredet, daß sein Verhalten vernünftig und seine Versäumnisse entschuldbar seien. Motiv für die Rationalisierung ist regelmäßig das Bedürfnis, in Übereinstimmung mit den in der Gesellschaft geltenden Normen zu handeln. Das zeigt sich schon an einer so einfachen Redensart wie »Einmal ist keinmal«: Sie enthält sowohl die prinzipielle Anerkennung der Norm als auch die Rechtfertigung dafür, daß sie ausnahmsweise durchbrochen wurde.

In Salcia Landmanns Sammlung jüdischer Witze gibt es einen Handlungsreisenden, der in seiner Spesenabrechnung außer Frühstück, Mittagessen, Taxi und Hotel Tag für Tag auch die Kosten für gewisse amoureuse Abenteuer aufführt und zwar unter dem Titel: »Man ist doch nicht aus Holz«![2] Auch diese Formulierung verrät das Bestreben, den Konflikt zwischen der als fragwürdig empfundenen Neigung und den geltenden Normen zu lösen. Der Rechtfertigungsdruck treibt

---

2 Salcia Landmann (Hg.), Jüdische Witze, München ²⁸1992, S. 180.

eine Formel hervor, die sich den Anschein einer unwiderleglichen allgemeingültigen Aussage gibt und eben deshalb die Funktion erfüllt, das an sich als problematisch empfundene Verhalten zu legitimieren.

Ein Konflikt ganz analoger Struktur entsteht, wenn man statt einer unüberwindlichen Neigung einen Zustand der Entbehrung oder ein Unvermögen rechtfertigen möchte. Der bekannte Fuchs, dem die Trauben zu hoch hängen, erklärt, sie seien sauer, und der Maler, dessen Bilder niemand kauft, tröstet sich mit dem Gedanken, daß viele Künstler zu ihren Lebzeiten verkannt worden seien. Vor allem das Beispiel des Malers läßt erkennen, daß Ideologien existentielle Bedeutung haben können, indem sie den Menschen vom Verdacht des Unvermögens entlasten und damit unter Umständen vor der Verzweiflung bewahren. Selbstverständlich können Ideologien diese Funktion nur erfüllen, wenn sie als Wahrheiten geglaubt werden. Daraus erklärt sich, daß große Ideologien gerne in wissenschaftlichem Gewand auftreten: man denke an den wissenschaftlichen Sozialismus, an die nationalsozialistische Rassenlehre oder an den Sozialdarwinismus.

Doch damit sind wir aus der Sphäre der Alltagserfahrungen bereits auf die Bühne der Weltgeschichte hinübergewechselt, und dort wollen wir uns zunächst ein anderes Stück anschauen, das uns vertraut ist, weil wir es schon öfters gesehen haben: die Amerikanische Revolution. Der Slogan, mit dem die aufständischen Amerikaner die britischen Steuergesetze bekämpften – »No taxation without representation« – war natürlich eine Ideologie. Nicht weniger ideologisch war die Behauptung, Georg III. sei ein Tyrann, weswegen man ihm keinen Gehorsam schuldig sei.

Diese Ideologien haben dieselbe Struktur wie die vorhin geschilderten Versuche, eine an sich fragwürdige Neigung zu rationalisieren. Die Amerikaner hatten keine Lust, nach dem glücklich überstandenen Krieg dem König auch noch Steuern zu bezahlen; und sich von den fernen Briten in ihre inneren Angelegenheiten hineinregieren zu lassen, betrachteten sie je länger je mehr als eine unerträgliche Bevormundung. Auf der anderen Seite empfanden sie eine unreflektierte Loyalität gegenüber der britischen Krone und waren sich insgeheim der Rechtswidrigkeit ihres Widerstands bewußt. Oder vielleicht sollte man sagen: Es gab Überzeugte, und es gab Zögernde, und in dieser Lage hing der Erfolg des Widerstands davon ab, daß es gelang, möglichst viele Zögernde zu Überzeugten zu machen. Eben dazu diente die Ideologie. Sie sollte das an sich rechtswidrige Verhalten gleichwohl rechtmäßig erscheinen lassen.

Der Slogan »No taxation without representation« war dementsprechend nur ein Kürzel für eine Aussage folgender Art: Wir Amerikaner stellen die Befugnis des britischen Parlaments zur Erhebung von Steuern keinen Augenblick in Frage. Aber das Parlament ist eine Repräsentativkörperschaft, und deshalb kann es das Recht zur Besteuerung nur über diejenigen ausüben, die es repräsentiert. Würde das Parlament darüber hinausgreifen, so geriete es notwendig in Widerspruch mit sich selbst.

Die Behauptung, Georg III. sei ein Tyrann, löste den Loyalitätskonflikt dadurch, daß sie das Verhalten des Königs in Kategorien zwängte, die nach geltender Rechtsauffassung die Untertanen von der Gehorsamspflicht entband.

Diese Überlegungen zeigen, warum der Historiker, wenn er nach den Gründen für ein Verhalten fragt, die Erklärungen, die die Akteure selber gegeben haben, mit äußerstem Mißtrauen betrachten muß. Nicht weil die Unterzeichner der Unabhängigkeitserklärung geglaubt hätten, Georg III. habe sie tyrannisch behandelt, haben die dreizehn Kolonien sich vom Mutterland gelöst; vielmehr war die Behauptung, er sei ein Tyrann, nichts anderes als der Versuch, die Unabhängigkeitsbewegung zu rechtfertigen, und zugleich ein Mittel, um breite Unterstützung für sie zu erlangen. Die wirklichen Gründe für den Aufstand erschließen sich über die Ebene der Mentalität, nicht der Ideologie. Wir hatten Mentalität als Komplex von Maximen gedeutet, die von Dritten aufgrund des beobachteten Verhaltens unterstellt werden können. Das Verhalten der Amerikaner bis 1763 vollzog sich gemäß folgenden Maximen: Loyalität gegenüber dem Mutterland; Anerkennung der Gesamtleitung des Empire durch Großbritannien, namentlich im Verhältnis zu anderen Mächten und in Fragen der Wirtschaftslenkung; im übrigen aber selbständige Regelung aller inneramerikanischen Aufgaben.

Man kann diese Mentalitäten auch als Verhaltensdispositionen oder als Verhaltensorientierungen beschreiben. So waren die Amerikaner disponiert, sich der Gesamtleitung des

Empire unterzuordnen, ihre eigenen Angelegenheiten aber weitgehend in die eigene Hand zu nehmen. Oder anders ausgedrückt: Sie verstanden ihre politische Existenz in dieser Verbindung von globaler Unterordnung und Selbstregierung; ihr Verhalten war in diesen Kategorien orientiert. Die neue britische Politik nach 1763 trug einen Konflikt in diese Verhaltensorientierung. Die Loyalitätsorientierung gegenüber dem Empire sprach für Gehorsam; die Selbständigkeitsorientierung sprach für Ablehnung der Bevormundung. Dieser Konflikt erzeugte Unsicherheit, führte zum Orientierungsverlust und verlangte nach einer Lösung, welche die frühere Verhaltenssicherheit wiederherstellen würde. Der Mensch kann nicht zwei Haltungen, die einander widersprechen, gleichzeitig als sinnvoll erleben. Vielmehr ist er unwillkürlich bestrebt, die Welt in konsistenter Sinnhaftigkeit zu erfahren. Nur so kann er sich in ihr orientieren, und das heißt, Sicherheit darüber gewinnen, wie er sich verhalten soll. Ein Konflikt zwischen Verhaltensdispositionen muß daher gelöst werden. Dies eben ist eine wichtige Funktion der Ideologie. Wo die traditionelle und unreflektierte Sinngewißheit verlorengegangen ist, soll durch die Ideologie neuer Sinn gesetzt und die verlorene Verhaltenssicherheit wiederhergestellt werden.

Die Setzung neuen Sinns soll dadurch bewirkt werden, daß die Ideologie das von den Akteuren bevorzugte Verhalten auf Grundsätze zurückführt, die innerhalb der Gesellschaft oder Kultur unbezweifelbare Geltung besitzen: Die Steuern müssen von den Repräsentanten der Nation bewilligt werden; einem ungerechten Herrscher schuldet niemand Gehorsam; und so geht es weiter.

Natürlich gab es in der Amerikanischen Revolution auch Versuche, die aufgebrochene Orientierungskrise im entgegengesetzten Sinne zu lösen. Die Verteidiger der britischen Position im Streit um die Besteuerung erfanden denn auch eine ganz andere Ideologie, nämlich die These von der »virtuellen Repräsentation«. Daß die Amerikaner nicht durch eigene Abgeordnete in Westminster vertreten seien, so wurde gesagt, dieses Schicksal teilten sie mit bedeutenden Städten in England selbst, z.B. mit Manchester und Birmingham. Trotzdem komme dort niemand auf den Gedanken, die Steuern zu verweigern. Der Grund hierfür sei, daß jeder einzelne Abgeordnete nicht seinen Wahlkreis, sondern das gesamte Empire repräsentiere. Insofern seien, wo nicht buchstäblich, so doch »virtuell« auch die Amerikaner im britischen Parlament vertreten.

Man erkennt an dem britisch-amerikanischen Streit um Steuern und Repräsentation, wie eine Orientierungskrise zu einem Kampf, zu einem Wettbewerb der Ideologien führt. Dafür gibt es in der Geschichte natürlich eine Fülle von Beispielen. Aber nicht nur in der großen Geschichte, auch in der Welt der kleinen Geschichten, im Kinderbuch, findet sich anschaulich dargestellt, wie Menschen nach Grundsätzen suchen, an denen sie ihr Verhalten orientieren können.

Ein Bauer zog mit seinem Sohn zum Markt; was er dort feilbieten wollte, hatte er auf einen Esel gepackt. Nach einer Stunde kamen sie an einer Frau mit einem Kind vorbei; die ereiferte sich darüber, daß der Bauer dem kleinen Buben bei der Hitze den anstrengenden Fußmarsch zumute. Also setzte der Bauer seinen Sohn zwischen die Körbe und Säcke auf den Esel. Kurz darauf begegnete ihnen ein alter Mann; der schalt den Bauern, daß er den Buben mit seinen jungen Beinen verwöhne, statt ihn zur Rücksicht auf das Alter zu erziehen. Also hob der Bauer seinen Sohn wieder herunter und setzte sich selbst auf den Esel. Nach einiger Zeit trafen sie auf einen Reiter; der lachte den Bauern aus, weil er den Buben nicht mitreiten ließ, obwohl der Esel, wenn schon die Körbe und die Säcke und den Bauern, wohl auch das Kind noch tragen könnte. Also hob der Bauer seinen Sohn zu sich auf das Tier. Wenig später fuhren ein Mann und eine Frau in einer Kutsche an ihnen vorüber; die schalten den Bauern, daß er das arme Tier durch Überlastung quäle und zugrunderichte. Da stiegen der Bauer und sein Sohn wieder herab, luden die Waren auf ihre eigenen Schultern, banden den Esel an eine Stange und trugen ihn zu zweit weiter auf ihrem Weg. Auf einer Brücke trafen sie eine Gruppe junger Leute; als diese den Bauern mit seiner seltsamen Last erblickten, brachen sie in ein solches Gelächter aus, daß der Esel zu Tode erschrak, sich losriß und davongaloppierte; der Bauer und sein Sohn hingegen fielen mitsamt ihrer Habe in den Fluß. »Merke«, sagte der Bauer am Ende zu seinem Sohn, »man kann's nicht allen recht machen«.[3]

---

[3] Der Bauer und sein Sohn. Eine Fabel, nacherzählt von Jean B. Showalter. Bilder von Tomi Ungerer, Zürich 1971, ohne Seitenzahlen.

Wie wahr! Aber genau das hatte der Bauer versucht: eine von der Gesellschaft anerkannte Norm zu finden, um sich richtig verhalten zu können. Welcher Gesichtspunkt sollte Vorrang besitzen: die Rücksicht auf das Kind, die Ehrfurcht vor dem Alter oder der Schutz des Tieres? Jede Verhaltensmöglichkeit hatte gute Gründe für sich. Das Schwanken des Bauern sollte offenbar machen, daß selbst die guten Gründe, und gerade weil sie gut sind, letztlich austauschbar sind, wenn einer nicht weiß, was er will.

Die Geschichte ist vor allem darin lebensnah, daß sie die Handlungsanweisungen der verschiedenen fremden Leute als Rationalisierungen von deren jeweiliger Situation präsentiert. Die Frau mit dem kleinen Kind stellt die elterliche Fürsorge obenan, der Greis die Rücksicht auf das Alter, der Reiter die Bequemlichkeit und Schnelligkeit der Fortbewegung. Das vornehme und vermögende Paar schließlich kann es sich leisten, über die Schonung der Ressourcen nachzudenken, gerade als ob der Bauer nach Belieben einen weiteren Esel anschaffen könnte. Der Bauer aber faßt alle diese je situationsbedingten Rationalisierungen als allgemeinverbindliche und vernünftige Normen auf und macht sich dadurch zuletzt zum Gespött der unbefangenen Jugend. Weder hat er selbst einen Standpunkt, noch durchschaut er den ideologischen Charakter der Standpunkte der anderen Leute.

Es verhält sich tatsächlich nicht anders als in der Amerikanischen Revolution: Die These von der »virtuellen Repräsentation« ist genauso stichhaltig und der britischen Verfassung gemäß wie der Grundsatz »no taxation without representation«. Worauf es schließlich ankam, war die konkrete Entscheidung für eine bestimmte Politik und deren Durchsetzung. Genau diese Art von Entscheidung hatte der Bauer nicht zustandegebracht.

Eine Orientierungskrise braucht sich jedoch nicht notwendig auf konkrete Konflikte und Entscheidungssituationen zu beziehen. Vielmehr ist eine Orientierungskrise auch dann gegeben, wenn die vorherrschende Deutung der Welt durch neue Erfahrungen plötzlich erschüttert wird. Man denke etwa an die soziale Frage des 19. Jahrhunderts. Schon der Ausdruck *soziale Frage* weist auf ihren Charakter als Orientierungskrise hin. Man lebte im Glauben an den Fortschritt der Zivilisation, an die moralische Verbesserung der Menschheit, an die grenzenlose Vermehrung des Wissens und der technischen Möglichkeiten und an das Wachstum des allgemeinen Wohlstands. Und nun entwickelte sich mitten in dieser Gesellschaft das Elend des Proletariats mitsamt den Gefährdungen für die Sicherheit und Stabilität der bürgerlichen Ordnung. Das war die soziale Frage des 19. Jahrhunderts! In gewissem Sinne erscheint sie wie eine zeitgemäße Neuauflage des alten Problems der Theodizee. Hatte man ehedem gefragt, wie man die Schlechtigkeit der Welt mit dem Gedanken des gütigen und allmächtigen Gottes vereinbaren könne, so fragte man jetzt, wie sich der Fortschrittsoptimismus angesichts der sozialen Not weiter Bevölkerungskreise noch vertreten lasse.

Wie nicht anders zu erwarten, gab es viele Antworten, oder anders ausgedrückt: Es gab einen Kampf der Ideologien. Die eine stammt von Karl Marx. Marx lehrte, die Verelendung des Proletariats sei ein geschichtlich notwendiges Durchgangsstadium und zugleich die Voraussetzung für die kommende soziale Revolution, durch die alle Klassengegensätze aufgehoben würden. Marx' Lehre enthielt zugleich einen Entlastungseffekt für das bedrückte Proletariat, indem sie dieses zum Träger einer weltgeschichtlichen Mission stilisierte. Eine zweite Ideologie stammt von dem britischen Sozialphilosophen Herbert Spencer. Für Spencer offenbarte sich im Elend des Proletariats nur das Wirken eines universellen Naturgesetzes. Im Sinne des Sozialdarwinismus nannte er es geradezu eine Voraussetzung für den Fortschritt der Menschheit, daß nur der Tüchtige überlebe. Eine dritte Ideologie wurde von vielen Liberalen vertreten. Da in einer freien Gesellschaft jeder die Möglichkeit habe, entsprechend seinen Kenntnissen und Fähigkeiten sein Glück zu machen, komme es lediglich darauf an, die allgemeine Erziehung und Bildung zu heben. Dann werde sich die Lage der arbeitenden Klassen über kurz oder lang von selbst verbessern.

Fragt man nach den Voraussetzungen, unter denen diese Ideologien überzeugen konnten, so ergibt sich, daß sie letztlich wiederum in Sinngewißheiten verankert wurden, deren Kraft daher rührte, daß sie weithin für wahr gehalten wurden, obwohl sie weder geprüft noch überhaupt beweisbar waren. Daß der Proletarier sich bei dem Gedanken trösten konnte, daß seine Not im Sinne einer weltgeschichtlichen Mission nicht umsonst sei und irgendwann in einer neuen sozialen

Ordnung enden werde, entspringt dem Bedürfnis, die Welt letztlich als gerecht zu erleben, und ist im Grunde ein christliches Motiv. Wurde von Marx somit ein Einklang mit der Geschichte behauptet, so ist Spencers Position in dem ungeprüften Vorurteil verankert, daß ein soziales Phänomen nicht zu beanstanden sei, wenn es sich im Einklang mit der Natur befindet; die liberale Ausdeutung schließlich brachte die Not des Proletariats in Einklang mit dem Glauben an die Perfektibilität des Menschen durch Bildung und Erziehung.

Damit zeigt sich nun aber ein komplexer Zusammenhang zwischen Mentalität und Ideologie. Wir haben gesehen, wie eine neue Tatsache – die steuerpolitische Wendung der Briten gegenüber den amerikanischen Kolonien, die Entstehung des Proletariats im 19. Jahrhundert – die traditionellen Sinngewißheiten in Frage stellte. Die überlieferte Verhaltenssicherheit ging verloren. Eine neue Sinngewißheit mußte gefunden werden. Diese gewissermaßen künstliche Sinnstiftung leistete die Ideologie. Dabei griff sie ihrerseits auf andere unbezweifelte Sinngewißheiten zurück. Es ist damit zu rechnen, daß eine gelingende Sinnstiftung sich im Laufe der Zeit zu einem so selbstverständlichen Besitz entwickelt, daß sie zuletzt selbst Mentalität wird.

Wie aus Mentalität Ideologie wird, hat Karl Mannheim 1927 an der Entstehung des konservativen Denkens nachgewiesen. Die unreflektierte Art, die von den Vorvätern übernommenen Institutionen und Bräuche ungeprüft zu übernehmen und an die nächste Generation weiterzureichen, wurde im 18. Jahrhundert durch Aufklärung und Revolution radikal in Frage gestellt. Der gedankenlose Traditionalismus sah sich in die Verteidigung gedrängt. In dieser Lage entwickelten Schriftsteller wie Justus Möser, Edmund Burke und Adam Müller die Ideologie des Konservatismus. Anliegen dieser Schriftsteller war es, Begründungen dafür bereitzustellen, daß es besser sei, den überlieferten Grundsätzen treu zu bleiben, als sich auf die Deduktionen der Aufklärer einzulassen. Das heißt: Man erfand eine Doktrin, die mit Argumenten begründen und verteidigen sollte, was man ohnehin glaubte oder glauben wollte, weil man aus diesen Überzeugungen Verhaltenssicherheit gewann.

Ungeachtet der zu Anfang angeführten Beispiele fragt der Historiker, außer im Zusammenhang einer Biographie, nicht nach individuellen, sondern nach kollektiven Sinnorientierungen oder Verhaltensdispositionen, und selbst innerhalb einer Biographie sucht er vor allem die kulturellen und gesellschaftlichen Prägungen zu erfassen, die sein Held gemäß dem Milieu seiner Herkunft, gemäß der sozialen Gruppe, der er zugehörte, oder gemäß der spezifischen Erfahrungen seiner Generation erkennen läßt. Mentalitäten sind insofern soziale Tatsachen, und Ideologien sind es erst recht. Schon die Bezugnahme auf kulturelle Normen zur Rechtfertigung selbst individueller Schwächen verweist auf den gesellschaftlichen Kontext. Erst recht gilt dies für Ideologien wie die der Amerikanischen Revolution und der sozialen Frage.

Mentalitäten erscheinen also als kollektive Muster der Wirklichkeitsdeutung und als sozial und intrakulturell gültige Verhaltensdispositionen. Sie ermöglichen dem einzelnen die Orientierung in seiner »Lebenswelt«.[4] Sie erlauben es ihm, eine Situation adäquat zu deuten, auf Herausforderungen angemessen zu reagieren, sich bietende Möglichkeiten zu ergreifen und so fort. Im Grunde handelt es sich um das für die Lebensführung unverzichtbare praktische Wissen. Insofern ist Mentalitätsgeschichte ein Stück historischer Wissenssoziologie. »Die Wissenssoziologie« – schreiben Peter L. Berger und Thomas Luckmann – »muß sich mit allem beschäftigen, was in der Gesellschaft als ›Wissen‹ gilt ... Theoretische Gedanken, ›Ideen‹, Weltanschauungen« sind »nur ein Teil dessen, was ›Wissen‹ ist ... Allerweltswissen, nicht ›Ideen‹ gebührt das Hauptinteresse der Wissenssoziologie, denn dieses ›Wissen‹ eben bildet die Bedeutungs- und Sinnstruktur, ohne die es keine menschliche Gesellschaft gäbe«.[5]

Im Sinne eines solchen Orientierungswissens *weiß* einer, wann »einmal« besser »keinmal« geblieben wäre, *weiß* der Handlungsreisende, daß es geboten sein kann, aus Holz zu scheinen, *wußte* der aufstiegsbewußte Unternehmer im 19. Jahrhundert, daß er seine Familie durch Verheiratung seiner

---

4 Edmund Husserl, Die Krisis der europäischen Wissenschaften und die transzendentale Phänomenologie. Eine Einleitung in die phänomenologische Philosophie, hg. von Walter Biemel, Den Haag 1954, S. 105ff.

5 Peter L. Berger/Thomas Luckmann, Die gesellschaftliche Konstruktion der Wirklichkeit. Eine Theorie der Wissenssoziologie, Frankfurt [5]1977, S. 16.

Tochter mit einem Offizier oder einem höheren Beamten gesellschaftlich voranbringen konnte, *wußten* die Bauern im Landgericht Freising in der ersten Hälfte des 19. Jahrhunderts, daß Kindern im ersten Lebensjahr ein Arzt nicht würde helfen können, weshalb gleich gar keiner gerufen wurde.

Zu dieser Art von lebenspraktischem *Wissen* gehört auch die Geltung von Autoritäten – der Eltern, des Pfarrers, des Doktors oder der Obrigkeit. An früherer Stelle haben wir Max Webers drei Typen legitimer Herrschaft kennengelernt. Grundlage der Geltung jeder Herrschaft war hierbei der jeweilige Glaube an ihre Legitimität – von welchem Typus auch immer – gewesen. Dieser Glaube ist ein Stück kollektiver Mentalität und evidentermaßen die Grundlage jeder politischen Ordnung. Die Geschichte der Amerikanischen Revolution ist die Geschichte von der Art und Weise, wie die britische Krone ihre Legitimität in den Kolonien verlor. Die Weimarer Republik ist nicht zuletzt an mangelnder Legitimität gescheitert. Was geschieht mit einer Gesellschaft, in der niemand und keine Institution Legitimität zu gewinnen vermag?

Mentalitäten sind offenbar an gesellschaftliche Kontexte geknüpft. Tritt ein sozialer Wandel ein, so kann das überlieferte praktische Orientierungswissen rasch unbrauchbar werden. Es könnte aber auch als Fremdkörper fortbestehen und in neuen gesellschaftlichen Ordnungen dysfunktionale und ganz unzeitgemäße Wirkungen hervorrufen. Wenn man bedenkt, daß die letzten zweihundert Jahre unserer Geschichte von einem beschleunigten und sich immer stärker beschleunigenden sozialen Wandel bestimmt waren, wird verständlich, daß die westlichen Gesellschaften und in unserem Jahrhundert alle Gesellschaften der Welt in tiefgreifende Orientierungskrisen geworfen wurden, und daß gleichzeitig eine Fülle von Ideologien, das heißt von neuen Sinnstiftungsangeboten erfunden wurden – teils zur Deutung der unverstandenen Krisen (man denke an den Antisemitismus), teils als Entwürfe ganz neuer politischer und sozialer Ordnungen (man denke an Nationalismus, Liberalismus und Sozialismus) bis hin zur Rechtfertigung radikaler politischer Strategien (man denke an Bolschewismus oder Nationalsozialismus). Aus diesem Grunde ist unsere Epoche auch verschiedentlich das Zeitalter der Ideologien genannt worden.

Die Mentalitätsgeschichte ist bis heute eine Domäne der Historikerschule um die seit 1929 erscheinende französische Zeitschrift »Annales«. Im Sinne von Fernand Braudels Geschichte der langen Dauer bevorzugen die Annales-Historiker das Ancien Régime, in dem sich soziale Strukturen und so auch Mentalitäten über Generationen durchgehalten haben. Die Zeit des beschleunigten Mentalitätswandels seit der modernen Doppelrevolution um 1800 dagegen hat bisher bei dieser Historikergruppe nur geringe Aufmerksamkeit gefunden. In Deutschland wurde die französische Mentalitätsgeschichte erst spät zur Kenntnis genommen. Dagegen sind schon vor der Gründung der Zeitschrift »Annales« in Deutschland unter der Feder von Sozialwissenschaftlern bedeutende Werke entstanden, die der Mentalitätsgeschichte zugerechnet werden können.

Das berühmteste Beispiel ist Max Webers Abhandlung von 1905 über den Zusammenhang von protestantischer Ethik und dem Geist des Kapitalismus. Mit »Geist« bezeichnete Weber hierbei die Arbeitsgesinnung derer, die kapitalistisch, das heißt rational im Sinne der Gewinnorientierung, handeln. Weber entwickelte die These, daß diese Arbeitsgesinnung aus der innerweltlichen Askese entstanden sei, die der Protestantismus und namentlich der Calvinismus gepredigt habe, das heißt aus dem Bestreben, auch im beruflichen Alltag nach dem Evangelium zu leben. Um zu verdeutlichen, was kapitalistische Arbeitsgesinnung und damit »Geist« des Kapitalismus heißen soll, stellte er ein längeres Zitat von Benjamin Franklin an den Beginn der Abhandlung. »Bedenke, daß Zeit Geld ist«, beginnt das Zitat, und weiter unten folgt ein Absatz, der erkennen läßt, wie der kapitalistische Geist die gesamte Lebenspraxis umgestaltete.

»Die unbedeutendsten Handlungen, die den Kredit eines Mannes beeinflussen, müssen von ihm beachtet werden. Der Schlag deines Hammers, den dein Gläubiger um fünf Uhr morgens oder um acht Uhr abends vernimmt, stellt ihn auf sechs Monate zufrieden; sieht er dich aber am Billardtisch oder hört er deine Stimme im Wirtshaus, wenn du bei der Arbeit sein solltest, so läßt er dich am nächsten Morgen um die Zahlung mahnen und fordert sein Geld, bevor du es zur Verfügung hast«. Wenn du aber zu jeder Zeit bei der Arbeit angetroffen wirst, so »zeigt dies, daß du ein Gedächtnis für deine Schulden hast; es läßt dich als einen ebenso sorgfältigen wie ehrlichen Mann erscheinen, und das vermehrt deinen Kredit«.[6]

Das Wort *Mentalität* stand Max Weber noch nicht zur Verfügung, denn es hat erst etwa zehn Jahre später Eingang in die deutsche Sprache gefunden. Um so bemerkenswerter erscheint, wie Weber den »Geist« umschreibt. Er kennzeichnet ihn als eine »ethisch gefärbte Maxime der Lebensführung«, an anderer Stelle als »spezifisch bürgerliches Berufsethos«.[7]

Als weiteres Beispiel einer mentalitätsgeschichtlichen Abhandlung, die vor der Gründung der Zeitschrift »Annales« in Deutschland erschienen ist, sei Joseph Schumpeters Essay von 1919 zur Soziologie der Imperialismen genannt. In diesem Essay entwickelte der aus Mähren stammende Wirtschaftstheoretiker eine Theorie des Imperialismus, die in schroffem Gegensatz steht zu den verschiedenen ökonomischen Imperialismustheorien von Hobson bis Lenin. Statt wie diese Autoren den Imperialismus auf den modernen Industriekapitalismus zurückzuführen, erklärte Schumpeter, dem ausgebildeten Kapitalismus entspreche gerade keine expansionistische oder gewaltpolitische Tendenz; vielmehr sei der Kapitalismus seinem Wesen nach auf friedlichen Austausch zwischen den Nationen angewiesen. Den Imperialismus seiner Zeit erklärte Schumpeter demgegenüber aus dem Fortbestehen von sozialpsychischen Dispositionen, die in der Epoche des frühneuzeitlichen Fürstenstaats entstanden seien. Die Entstehung solcher Dispositionen in der damaligen Adelsgesellschaft habe zu ihrer Zeit im Rahmen der akuten politischen Notwendigkeiten gute Gründe gehabt. Die Fähigkeit, sich im Kampf gegen äußere Feinde zu bewähren und fremde Provinzen zu erobern, sei damals eine notwendige Bedingung für die Behauptung der Herrschaft des Fürsten gewesen. Inzwischen aber habe sich die soziale und politische Struktur vollkommen verändert. Daher sei der Imperialismus im Industriezeitalter ein Atavismus, ein Rückfall in eine frühere Phase der geschichtlichen Entwicklung.

---

6 Max Weber, Die protestantische Ethik und der Geist des Kapitalismus, in: Ders., Gesammelte Aufsätze zur Religionssoziologie, Bd. 1, Tübingen 1920, S. 31f.
7 Ebd., S. 33, 198.

Das Interessante für unser Problem ist an dieser Theorie zum einen die Rückführung einer so gewaltigen Bewegung, wie sie der moderne Imperialismus darstellt, auf eine sozialpsychische Disposition – in unseren Worten: auf eine kollektive Mentalität –, zum anderen die These, daß Mentalitäten ein Eigenleben gewinnen und das Verhalten noch in Zeiten bestimmen können, in denen ein rationaler Zusammenhang mit den realen Gegebenheiten und Bedürfnissen der jeweiligen Gegenwart nicht mehr erkennbar ist.

Mentalitäten und Ideologien, so haben wir festgestellt, besitzen existentielle Bedeutung, für den einzelnen wie für die Gesellschaft. Man kann dies an der Heftigkeit erkennen, mit der sich Menschen gegen neue Wirklichkeitsdeutungen, vor allem aber gegen die Entlarvung von Ideologien zur Wehr setzen. Das konnte man zur Zeit Gorbatschows in der Sowjetunion studieren, als die Legende um den Genossen Stalin endgültig zerstört wurde. Man kann es aber auch an jedem Konflikt zwischen den Generationen erkennen. Es fällt offensichtlich schwer, sich einzugestehen, daß man längere Zeit, vielleicht sogar sein Leben lang, Götzen angebetet hat. Galilei mußte abschwören, und Giordano Bruno wurde verbrannt, weil sie Überzeugungen in Frage stellten, welche die Autorität der Bibel und den Glauben von Jahrhunderten auf ihrer Seite zu haben schienen.

Wir haben Mentalitäten und Ideologien bis hierher als Gegenstände der geschichtswissenschaftlichen Analyse, mithin als historische Tatsachen behandelt. Kann man sie wirklich darauf beschränken? Kann man ganz sicher sein, daß nicht auch der Historiker selber Ideologien hervorbringt statt Wissenschaft, daß folglich die Produktion von Ideologien nicht nur sein Thema ist, sondern auch sein Metier? Als der Hamburger Historiker Fritz Fischer im Jahre 1961 behauptete, Deutschland sei nicht nur für den Ausbruch des Zweiten, sondern auch des Ersten Weltkriegs allein verantwortlich, erhob sich ein Sturm der Entrüstung bei den führenden Historikern der älteren Generation. Diese Entrüstung läßt sich nicht nur mit Zweifeln an Fischers Methoden erklären. Sie reichte tiefer. Denn Fischers Thesen bedrohten eine Lesart der deutschen Geschichte, auf die viele Zeitgenossen ihr nationales Selbstwertgefühl gegründet hatten. Danach war Hitler eine unsägliche und auch damals keineswegs beschönigte Katastrophe, aber nicht zugleich auch Ergebnis und Ausdruck der deutschen politischen Tradition insgesamt. Daher war es wichtig, den Unterschied zwischen der deutschen Politik in der Julikrise 1914 und im August und September 1939 herauszuarbeiten, aber genau diesen Unterschied verwischte Fritz Fischers Buch »Griff nach der Weltmacht«.

Die Amerikaner rühmen sich zu Recht der ältesten geschriebenen Verfassung und einer der stabilsten Demokratien der Welt. Angesichts dessen ist es kein Wunder, daß die sog. Gründerväter der Vereinigten Staaten, die im Jahr 1787 in Philadelphia die amerikanische Bundesverfassung ausgearbeitet haben, seitdem wegen ihrer politischen Klugheit und Weitsicht nationale Verehrung genießen. Da war es ein Schock und Ursache heftigster Auseinandersetzungen, als ein Historiker namens Charles Beard im Jahre 1913 ein Buch veröffentlichte mit dem Titel »An Economic Interpretation of the American Constitution«, worin er behauptete, es seien vor allem ganz persönliche ökonomische Motive gewesen, welche die verehrten Gründerväter zur Formulierung einer neuen Verfassung bewogen hätten. Ein erheblicher Teil von ihnen sei nämlich im Besitz von Staatsanleihen gewesen; die Schaffung einer starken Bundesregierung habe bewirken sollen, daß die gesunkenen Kurse dieser Papiere wieder nach oben gingen. Es war wie 1961 in Deutschland. Der Angriff auf das herrschende Geschichtsbild entlarvte dieses, so könnte es scheinen, mit einem Schlage als eine Art heilig gehaltener Ideologie, von der Abschied zu nehmen weit mehr bedeutet hätte als die bloße intellektuelle Anstrengung des Umlernens.

Weder Beard noch Fischer sind übrigens von der nachfolgenden Forschung bestätigt worden. Dennoch geben die Reaktionen auf ihre Bücher Anlaß, darüber nachzudenken, daß Historiker nicht nur Wissenschaftler, sondern auch Bürger eines Staates, Glieder einer Gesellschaft und Angehörige einer Nation sind. Zugleich haben sie politische Vorlieben, sind von bestimmter sozialer Herkunft und gehören vielleicht einer christlichen Konfession oder einer anderen Religionsgemeinschaft an. Können sie in ihrer Arbeit als Historiker von all diesen Bindungen absehen, und ist die Geschichte nicht so mannigfaltig und kompliziert und die Wissenschaft letztlich so ohnmächtig, daß sich nicht für viele verschiedene Deutungen auch gute wissenschaftliche Argumente finden lassen, so daß es nicht schwer sein würde, als Wissenschaft auszugeben, was in Wahrheit nur Ideologie ist?

Das Problem der Objektivität in der Geschichtswissenschaft wird uns noch beschäftigen. Es besteht gar kein Zweifel, daß jeder Historiker sich seinem Gegenstand mit bestimmten inhaltlichen Erwartungen nähert. Diese Erwartungen sind sogar eine notwendige Voraussetzung für sinnvolle wissenschaftliche Fragestellungen. Jede wissenschaftliche Leistung eines einzelnen ist für die Geschichtswissenschaft insgesamt, wie wir gesehen haben, jedoch nichts anderes als ein Beitrag in einem unendlichen Gespräch, an dem viele Forscher ganz unterschiedlicher Herkunft teilnehmen. Solange diese Forscher frei und unabhängig arbeiten können, sind sie darauf angewiesen, Ergebnisse und vor allem Begründungen zu liefern, die auch derjenige nicht ohne weiteres widerlegen kann, der aus einem ganz anderen sozialen und politischen Milieu stammt. Solange die Wissenschaft frei ist und der wissenschaftliche Austausch vor Schlagbäumen und Sprachgrenzen nicht haltmacht, verfügt die Historie über massive Gegenkräfte gegen die Gefahr einer Überwältigung durch Ideologien, in deren Dienst sie willentlich oder unwillkürlich gestellt werden könnte.

Literaturhinweise

Charles A. Beard, An Economic Interpretation of the Constitution of the United States, New York 1913.

Horst Dippel, Die Amerikanische Revolution 1763–1787, Frankfurt 1985.

Fritz Fischer, Griff nach der Weltmacht. Die Kriegszielpolitik des kaiserlichen Deutschland 1914/18, Düsseldorf 1961.

Karl Mannheim, Das konservative Denken. Soziologische Beiträge zum Werden des politisch-historischen Denkens in Deutschland, in: Archiv für Sozialwissenschaft und Sozialpolitik 57 (1927), S. 68–142, 470–495.

Joseph A. Schumpeter, Zur Soziologie der Imperialismen, in: Ders., Aufsätze zur Soziologie, Tübingen 1953, S. 72–146.

Max Weber, Die protestantische Ethik und der Geist des Kapitalismus, in: Ders., Gesammelte Aufsätze zur Religionssoziologie, Bd. 1, Tübingen 1920, S. 17–206.

12.
Geschichte und andere Geschichten

Es gibt bekanntlich eine große Zahl historischer Wissenschaften. Der ohne nähere Bestimmung so genannten Geschichtswissenschaft haben sie allesamt dies voraus, daß sie schon durch ihren Namen erkennen lassen, wovon es die Geschichte ist, die sie behandeln. Offenbar ist Gegenstand der Rechtsgeschichte das Recht in seiner historischen Entwicklung, Gegenstand der Kunstgeschichte die Kunst, Gegenstand der Wirtschaftsgeschichte die Wirtschaft usw. Was aber ist der Gegenstandsbereich der ohne nähere Qualifizierung daherkommenden Geschichtswissenschaft? Und wie verhalten sich die Sondergeschichten zur unspezifischen Geschichte? Stehen sie als selbständige Disziplinen neben ihr, oder bildet die Geschichtswissenschaft ohne Spezifikation das Band, das sie alle verbindet, gewissermaßen ein gemeinsames Dach, unter dem sie alle versammelt sind?

Man darf es sich mit der Antwort nicht zu leicht machen. Von der Kunstgeschichte denken wir unwillkürlich, sie sei eine selbständige Disziplin; aber Historiker beschäftigen sich trotzdem mit Nationaldenkmälern oder mit Schloßbauideen. Von der Rechtsgeschichte denken wir vielleicht, sie gehöre unbedingt zur Historie, aber in der Wirklichkeit der Universität finden wir sie in der Juristischen Fakultät angesiedelt. Daneben gibt es Themenbereiche, die unzweifelhaft zur Historie gehören, die sich aber gleichwohl durch einen eigenen Namen den Anschein einer Sonderdisziplin geben: Diplomatiegeschichte, Kolonialgeschichte, Geistesgeschichte, Bildungsgeschichte. Die Frage ist also: Gibt es einen spezifischen Gegenstandsbereich oder eine spezifische Perspektive auf die Vergangenheit, wodurch die unspezifisch so genannte Geschichtswissenschaft in ähnlicher Weise präzise charakterisiert wäre wie die Kunstgeschichte durch die Kunst und die Wirtschaftsgeschichte durch die Wirtschaft? Wir stellen diese Frage in der Erwartung, daß die Antwort uns zugleich dazu befähigen wird, die Geschichtswissenschaft von den anderen historischen Disziplinen abzugrenzen und ihr wechselseitiges Verhältnis zueinander genauer zu bestimmen.

Spontan würde man vielleicht antworten, die Geschichtswissenschaft befasse sich mit allem, was von öffentlichem Interesse ist, nicht mit der Privatsphäre der Individuen; Gegenstand der Geschichtswissenschaft sei das gemeinsame Schicksal eines Volkes oder der Völker, und wenn man in Erwägung zieht, daß die Historiker die mannigfaltigen Einzelstudien ihrer Disziplinen zu deutschen, französischen, englischen oder amerikanischen Geschichten zusammenfassen, dann gewinnt man vielleicht den Eindruck, daß unser Gegenstand letztlich die Geschichte der Nationalstaaten oder – noch besser – einfach die Geschichte der historischen Staaten sei. Denn nicht zu allen Zeiten gab es Nationalstaaten: Der deutsche Nationalstaat wurde erst 1871 aus der Taufe gehoben; das Habsburger Reich, das Zarenreich, erst recht die Sowjetunion und das Osmanische Reich waren dagegen Vielvölkerstaaten. Staatengeschichte also wäre unser Gegenstand, denn der Staat und seine Politik bestimmen das gemeinsame Schicksal eines Volkes. Der Staat schützt das Recht. Er verteidigt sich gegenüber Angriffen von außen. Durch Wirtschafts- und Handelspolitik sorgt er für materiellen Wohlstand, durch Schulen und Universitäten fördert er Kultur und Wissenschaft.

In eine solche Konzeption von Geschichte als vorwiegend politischer Geschichte läßt sich eine Fülle von Gegenstandsbereichen einordnen. Man denke z. B. an die deutsche Geschichte im 19. Jahrhundert! Da gab es nach 1815 eine zunächst auf einen kleinen Kreis von Personen beschränkte, in der Folgezeit jedoch rasch erstarkende liberale und nationale Bewegung: Wir studieren sie in der Rubrik der *Politischen Ideengeschichte*. Die Bewegung zielte auf die Gründung eines deutschen Nationalstaats und die Schaffung demokratischer Verfassungsstaaten mit parlamentarischer Regierung: Da haben wir ein Stück *Verfassungsgeschichte*. Die Schaffung eines Deutschen Nationalstaats gelang nach dem Scheitern der Revolution von 1848 erst Otto von Bismarck mit den Mitteln der Diplomatie und der Kriegführung: Wir analysieren diesen Vorgang als Teil der *Diplomatiegeschichte* und der *Militärgeschichte*, die Reichsgründung selbst wiederum als ein Stück *Verfassungsgeschichte*. Nach der Reichsgründung mußte der deutsche Nationalstaat in der Mitte Europas Vertrauen und Sicherheit gewinnen. Wir studieren die Bismarcksche Außenpolitik als Teil der *Geschichte des europäischen Staatensystems*. Als Bismarck damit anfing, Kolonien in Übersee zu erwerben, schrieb er ein Stück *Kolonialgeschichte*, und seine Sozialversicherungsgesetzgebung gehört in die *Geschichte der Sozialpolitik*.

Allen genannten Perspektiven ist gemeinsam, daß sie den Staat als Machtorganisation zum Gegenstand haben: die Verfassung der Machtorganisation, Ideen über die Machtorganisation, das Handeln des Staates nach innen in der Sozialpolitik oder nach außen gegenüber anderen Staaten mit den Mitteln der Diplomatie oder der Kriegführung.

Ein großer Teil der Historiker in Deutschland wie in anderen Ländern betreibt die Geschichte im geschilderten Sinne als politische Geschichte. Ja, es gibt nicht wenige, die speziell die Geschichte der Außenpolitik und der internationalen Beziehungen für den wichtigsten Bereich der Geschichtswissenschaft halten, da auf dem Feld der Außenpolitik über Sein oder Nichtsein eines Staates entschieden werde, auf allen anderen Feldern dagegen allenfalls über das So- oder Anderssein eines Staates. Wer so denkt, vertritt, wie man sagt, die These vom Primat der Außenpolitik.

Gegen diese These, wie überhaupt gegen die These vom Vorrang der politischen Geschichte, lassen sich vor allem zwei Einwände vorbringen. Der eine Einwand kleidet sich in die Frage, ob man die Politik und speziell die Außenpolitik eines Staates überhaupt erklären kann, wenn man nur sie im Auge hat. Der zweite Einwand läßt sich ebenfalls als Frage formulieren; sie zielt darauf, ob wirklich alles, was wir als das gemeinsame Schicksal erfahren, sich im Bereich des Staates abspielt. Offenbar gibt es auch gesellschaftliche Realitäten jenseits staatlicher Regelungsmacht, die das gemeinsame Schicksal einer beliebigen Kollektivität nachhaltig, vielleicht noch viel unmittelbarer determinieren als der unter Umständen ferne und abstrakte Staat mit seiner Bürokratie und seinen Gerichten. Man denke z.B. an so unterschiedliche Phänomene wie materielle Versorgung, soziale Schichtung, soziale Kontrolle, Bildungschancen, Kindersterblichkeit, Glaube und Aberglaube.

Zunächst aber zum ersten Einwand: Ist Politik, speziell Außenpolitik, in dem Sinne abgrenzbar, daß alles, was dort geschieht, bestimmt ist von Faktoren, die ebenfalls dieser Sphäre angehören? Drei Beispiele aus der deutschen Geschichte der letzten 120 Jahre erscheinen geeignet, Zweifel an einer solchen Annahme zu wecken.

1. Hans-Ulrich Wehler hat gezeigt, daß Bismarck Kolonien erwarb, um der Arbeiterschaft zu zeigen, daß Deutschland eine glänzende wirtschaftliche Zukunft vor sich habe. Die Kolonien eröffneten der Industrie unbegrenzte Absatzchancen; es komme nur darauf an, sich noch ein wenig zu gedulden und vor allem von Streik und Aufruhr abzusehen, da dergleichen den Aufschwung in Gefahr brächte. Wenn dagegen die wirtschaftlichen Beziehungen zu den Kolonien erst einmal entwickelt seien, dann werde der allgemeine Wohlstand in allen Bereichen der Gesellschaft wachsen. Wehler nannte diese Spielart des Imperialismus *Sozialimperialismus*, und es ist offenkundig, daß diese Deutung der Bismarckschen Kolonialpolitik nur zu verstehen ist, wenn man über die soziale Lage der Arbeiterschaft, ihre Größe, ihren Bewußtseinsstand, ihren Organisationsgrad und ihre politischen Ziele Bescheid weiß. Themen dieser Art erforschen jedoch im allgemeinen Sozialhistoriker, nicht Historiker der internationalen Beziehungen.

2. Bismarck hat versucht, die Arbeiterschaft durch die staatliche Sozialversicherung an den Staat zu binden und der Sozialdemokratie abspenstig zu machen. Wiederum kann man den Sinn von Bismarcks Sozialpolitik nur verstehen aufgrund einer Analyse der sozialen Lage der Industriearbeiterschaft.

3. Nach der deutschen Niederlage am Ende des Ersten Weltkriegs 1918 haben sich viele gefragt, welche politischen Fehler gemacht worden sind und wie man sie hätte vermeiden können. In einem berühmten Aufsatz mit dem Titel »Parlament und Regierung im neugeordneten Deutschland« hat Max Weber die Sonde schon vor dem Kriegsende tiefer angesetzt und ein Strukturproblem in der Regierung des Wilhelminischen Reiches identifiziert: das Verfahren, nach dem in diesem Reich die politischen Führer ausgewählt wurden. Webers Analyse ist teilweise verfassungsgeschichtlich, vor allem aber mentalitäts- und sozialgeschichtlich, gewiß nicht diplomatiegeschichtlich. Max Weber stellte die Führerauslese in einem Obrigkeitsstaat der Führerauslese in einem parlamentarischen Regime gegenüber und kam zu dem Schluß, daß nur in der Esse des parlamentarischen Kampfes und der parlamentarischen Bewährung politische Führernaturen geschmiedet wür-

den. Dagegen seien im Obrigkeitssystem des Kaiserreichs Beamte und damit Beamtennaturen in die politischen Führungspositionen berufen worden. Die Bewährung und der Aufstieg dieser Personenkategorie hätten sich jedoch nicht nach Kriterien der Führungseigenschaft und der Durchsetzungsfähigkeit im Machtwettbewerb vollzogen, sondern gemäß den spezifischen Beamtentugenden wie Fleiß, Pflichterfüllung, Redlichkeit, Sachkompetenz. Dies aber seien nicht die Eigenschaften, deren ein Staatsmann und namentlich in so schwierigen Situationen bedürfe.

Aus den drei Beispielen folgt, daß die Geschichte der Politik und namentlich die Geschichte der Außenpolitik nur unter der Bedingung überzeugend betrieben werden können, daß sie über den Bereich der Politik hinausgreifen und z.B. soziale Phänomene und Entwicklungen wie etwa die soziale Rekrutierung des politischen Personals mitberücksichtigen. Diese Folgerung läßt noch offen, ob man die Einbeziehung der anderen Wirklichkeitsbereiche mehr in dienender Funktion gegenüber der politischen Geschichte sieht oder ob man versucht, von vornherein ganz anders zu bestimmen, was das gemeinsame Schicksal tatsächlich ausmacht, von dem wir einmal angenommen haben, es bilde den Gegenstand der unspezifisch so genannten Geschichtswissenschaft.

Genau darauf zielt der zweite Einwand. Was spricht eigentlich dafür, den staatlich-politischen Bereich von vornherein als eine besonders geschichtsmächtige Sphäre anzusehen und entsprechend auszuzeichnen? Ist nicht Gesellschaft ursprünglicher als Herrschaft und Herrschaft in Wahrheit nur eine Funktion von Gesellschaft? Eine moderne demokratische Gesellschaft betrachtet den Staat als eine Art Agentur, die für gerechte Güterverteilung, Bereitstellung der nötigen Infrastruktur, innere und äußere sowie soziale Sicherheit, Bildung, Rechtspflege und vieles andere mehr zu sorgen habe. Diese Erwartungen sind gesellschaftliche Erwartungen und Ziele; sie entsprechen bestimmten gesellschaftlichen Wertvorstellungen und Idealen, die zu verschiedenen Zeiten und in verschiedenen Gesellschaften durchaus unterschiedlich sein können. Man vergleiche etwa die Standards der sozialen Sicherheit in Deutschland und in den Vereinigten Staaten!

Und weiter: Die finanziellen Mittel und die Instrumente, auch das nötige technische Wissen und das wissenschaftliche

Rüstzeug, die für die Erbringung solcher Leistungen erforderlich sind, bezieht die Agentur Staat wiederum aus der Gesellschaft. Wo die Einkommen zu niedrig sind, um die nötigen Steuereinnahmen zu ermöglichen, wo das technische und organisatorische Wissen nicht ausreicht, um bestimmte Einrichtungen und die nötige Infrastruktur zu schaffen, dort verlangt eine Gesellschaft vergeblich nach Leistungen, die in anderen Gesellschaften längst wie selbstverständlich erbracht werden.

Was heißt hier aber Gesellschaft? Der Begriff ist offenbar zweideutig. Die Redeweise, wonach die Gesellschaft den Staat als Agentur betrachtet, von der sie bestimmte Leistungen erwartet, suggeriert einen Dualismus zwischen einer für sich stehenden Machtorganisation Staat hier und einer staatsfreien Gesellschaft dort. Daneben benützen wir jedoch in bestimmten Wendungen den Gesellschaftsbegriff so, daß er das Politische mit umgreift, z. B. wenn wir von der Feudalgesellschaft oder von den Industriellen Gesellschaften sprechen. Wenn wir vom Historiker verlangen, daß er bei der Suche danach, was das gemeinsame Schicksal eines Volkes bestimmt, nicht vom Staat, sondern von der Gesellschaft ausgeht – welchen Begriff von Gesellschaft sollen wir dann zugrundelegen?

Man kann eine solche Frage nicht nach reiner Willkür entscheiden. Als Historiker versuchen wir vielmehr zunächst zu verstehen, wie sich die Begriffe und damit unsere Vorstellungen von *Staat* und *Gesellschaft* entwickelt haben und wie es eigentlich dazu gekommen ist, daß wir, sobald wir vom Staat sprechen, die Gesellschaft als einen Gegensatz dazu empfinden. Auf der Suche nach der Begriffsgeschichte von »Gesellschaft« kommt uns Manfred Riedel zu Hilfe mit seinem Artikel »Bürgerliche Gesellschaft« im Lexikon »Geschichtliche Grundbegriffe. Historisches Lexikon zur politisch-sozialen Sprache in Deutschland«. Riedel zeigt, daß von der Zeit des Aristoteles im vierten vorchristlichen Jahrhundert bis ins 18. Jahrhundert unserer Zeitrechnung begrifflich zwischen Staat und Gesellschaft gar nicht unterschieden wurde. Er zitiert z.B. Thomas Hobbes mit einer Abhandlung aus dem Jahre 1640, in der Hobbes den Akt der Staatsgründung durch die bisher im Naturzustand lebenden Menschen analysiert und dann schreibt: »This union so made, is that which men call now-a-days a Body Politic or civil society; and the Greeks call it polis that is to say, a city, which may be defined to be a multitude of men, united as one person by a common power, for their common peace, defence and benefit«.[1]

»Body Politic« – das heißt »politischer Körper«, eine traditionelle Metapher für den Staat, mit deren Hilfe schon im Jahre 494 v. Chr. Menenius Agrippa die Plebejer, die aus Rom ausgezogen waren, zur Rückkehr überredet hat. Sehr schön zeigt das Zitat auch, wie Hobbes im 17. Jahrhundert sich mit dem Sprachgebrauch des antiken Griechenland in fragloser Übereinstimmung befand: »the Greeks call it polis«, englisch »city«, lateinisch »civitas«. Aber der wichtigste Begriff ist doch »civil society«, lateinisch »societas civilis«, deutsch »bürgerliche Gesellschaft«. Auch dieser Begriff ist eine Übersetzung aus dem Griechischen, wo der entsprechende, von Aristoteles geprägte Ausdruck *politikè koinonía* lautet, zu deutsch »politische Gemeinschaft« oder vielleicht angemessener »Polis-Gemeinschaft«. Daß »politische Gemeinschaft« und »bürgerliche Gesellschaft« dasselbe bedeuten, zeigt sich auch am Titel des 7. Kapitels von John Locke's »Second Treatise of Civil Government«; er lautet: »Of Political or Civil Society«.

Die Identität von Staat und Gesellschaft, die aus den begriffsgeschichtlichen Zeugnissen belegt wird, läßt sich nur mit der Vorstellung einer »herrschaftlich verfaßten Gesellschaft« verdeutlichen.[2] Gesellschaft und Herrschaft gehörten zusammen. Jeder soziale Verband war zugleich Herrschaftsverband und als solcher mit bestimmten politischen Befugnissen ausgestattet. Im noch heute üblichen Begriff des »Hausherrn« erkennen wir einen Widerschein der alten hausväterlichen Gewalt, die nicht nur über Ehefrau und Kinder, sondern auch über Dienerschaft und Gesinde ausgeübt wurde. Nur der Hausvater gehörte übrigens zur »bürgerlichen Gesellschaft«, nicht auch die seiner Herrschaft Unterworfenen.

Das Haus war freilich nur die kleinste Einheit innerhalb der vielfältig gegliederten und gestuften bürgerlichen Gesellschaft. Über dem Bürger standen z.B. die Zünfte, darüber die Stadtgemeinde; und beide Typen von Korporationen waren

---

1 Zit. nach Manfred Riedel, Art. Bürgerliche Gesellschaft, in: Geschichtliche Grundbegriffe, Bd. 2, Stuttgart 1975, S. 734.
2 Ebd., S. 740.

selbstverständlich mit hoheitlichen Rechten ausgestattet. Landbesitz war in der Regel verbunden mit Herrschaft über Bauern; Adelspersonen, Klöster und Städte besaßen grund-, leib- oder gerichtsherrschaftliche, im alten Reich nicht selten auch landesherrliche Gerechtsame, und selbst wo sie in Territorien eingebunden waren, beanspruchten sie häufig landständische Rechte im Rahmen einer ständischen Verfassung. In dieser untergegangenen Welt war in der Tat Herrschaft unmittelbar eine Funktion von Gesellschaft, so daß gesellschaftliche Gebilde und Positionen wie selbstverständlich zugleich mit politischen Rechten und Funktionen ausgestattet waren. Wie ist nun aus diesem Begriff von »bürgerlicher Gesellschaft«, der zugleich »res publica« bedeutete, der moderne Begriff der Gesellschaft entstanden, die wir als eine dem Staat gegenüberstehende Sphäre verstehen?

Die staatsfreie Gesellschaft ist ein Ergebnis der Herausbildung des modernen Staates, zunächst des Fürstenstaates. Das läßt sich an der Geschichte des Absolutismus studieren, beispielhaft und besonders eindrücklich an der Geschichte des französischen Absolutismus. Der König erhob sich über die Großen des Reiches, er unterwarf sie, er entkleidete sie Schritt für Schritt ihrer politischen Rechte – ein Prozeß, der namentlich unter Kardinal Richelieu in der ersten Hälfte des 17. Jahrhunderts seine entscheidenden Durchbrüche erfuhr. Die Tendenz der absoluten Herrscher ging überall dahin, den Adel, die Sondergewalten aller Art, die Städte und die anderen Korporationen ihrer politischen Befugnisse zu entheben. Die hoheitliche Gewalt wurde auf den Fürsten und seinen Machtapparat konzentriert; er monopolisierte sie gewissermaßen. Dadurch wurde zugleich tendenziell die alte bürgerliche Gesellschaft entpolitisiert. Bis zum Ende des 18. Jahrhunderts war diese Entwicklung unterschiedlich weit gediehen, aber nirgendwo vollständig zum Ziel gelangt. Erst die Revolution vollendete den Prozeß, freilich nunmehr in der Form, daß angestrebt wurde, die Bestimmungsmacht über den Staat auf gewählte Repräsentanten der Nation zu übertragen und durch eine geeignete Organisation den Mißbrauch der Staatsgewalt zu verhindern. Dieser Übergang zum modernen Verfassungsstaat änderte allerdings nichts an dem grundsätzlichen Ergebnis der geschilderten Entwicklung, daß der Staat als Machtorganisation und eine staatsfreie bürgerliche Gesellschaft, das

»System der Bedürfnisse«, wie Hegel formulierte,³ in dem die Bürger als Privatleute unter dem Schutz des Staates ihren persönlichen Interessen nachgingen, als prinzipiell getrennte Sphären einander gegenüberstanden.

Halten wir fest: Der Absolutismus hat durch Konzentration der hoheitlichen Gewalt in der Hand des Fürsten die alte bürgerliche Gesellschaft entpolitisiert und dadurch die Trennung von Staat und Gesellschaft weit vorangetrieben. Die Revolution hat diesen Prozeß vollendet. Zwar hat sie zugleich den demokratischen Verfassungsstaat begründet und damit in ganz neuer Form wiederum politische Befugnisse auf die Gesellschaft übertragen. Die Träger der öffentlichen Gewalt konnten nunmehr regelmäßig zur Verantwortung gezogen werden: Sie wurden abrufbar. Aber der Staatsapparat als solcher blieb in der Form eines abgesonderten und für sich stehenden Bereichs erhalten. Die Beamten wurden von oben eingesetzt und bildeten eine abgeschlossene Hierarchie. Wenn die Wahlberechtigten ihre Stimmzettel abgegeben hatten, kehrten sie für die Zeit bis zur nächsten Wahl in ihre private Sphäre der Arbeit, der Familie, der persönlichen Bildung, des Freizeitvergnügens zurück.

Dies war im Zeitalter der konstitutionellen Monarchie eine neue Erfahrung, so neu, daß der französische Aristokrat Alexis de Tocqueville um 1840 feststellte, man könne das Werk der Revolution, die sich da in der Gesellschaft, in den Gesetzen, in den Ideen und in den Empfindungen der Menschen vollziehe, mit nichts vergleichen, was es früher in der Welt gegeben habe. »Ich schreite zurück von Jahrhundert zu Jahrhundert bis in die fernste Vergangenheit, aber ich entdecke nichts, das dem gliche, was unter meinen Augen geschieht. Da also die Vergangenheit die Zukunft nicht mehr zu erhellen vermag, tappt der Geist im Dunkeln«.⁴ Um trotzdem soviel Einsicht wie möglich in das Wesen und zugleich in die Chancen und Gefahren der neuen Gesellschaftsform für die Freiheit zu gewinnen, reiste Tocqueville 1831 und 1832 in die Vereinigten Staaten, um dort die moderne Demokratie zu studieren.

---

3 Georg Wilhelm Friedrich Hegel, Grundlinien der Philosophie des Rechts, hg. von Johannes Hoffmeister, Hamburg ⁴1955, S. 169ff.
4 Alexis de Tocqueville, De la Démocratie en Amérique, hg. von J.-P. Mayer, Bd. 2, Paris ⁷1951, S. 336.

Frucht dieser Reise wurde das epochale Werk »De la Démocratie en Amérique«, aus dem der zitierte Ausspruch stammt. In diesem Werk finden sich prägnante Analysen des Zustands von Staat und Gesellschaft im Zeitalter ihrer Trennung:

»Ich erblicke eine unüberschaubare Menge von gleichartigen Menschen mit gleichen Rechten, die sich ohne Unterbrechung mit sich selbst beschäftigen, um sich kleine und vulgäre Vergnügungen zu verschaffen, mit denen sie ihre Seele erfüllen. Jeder von ihnen lebt für sich und kümmert sich nicht um das Schicksal aller anderen: Seine Kinder und seine persönlichen Freunde machen für ihn die ganze Menschheit aus ... Er lebt nur in sich selbst und für sich allein, und auch wenn er vielleicht noch eine Familie hat, so kann man zumindest sagen, daß er kein Vaterland mehr besitzt.

Über diesen Menschen erhebt sich eine ungeheure vormundschaftliche Gewalt, welche ganz alleine die Aufgabe übernommen hat, deren Wohlfahrt sicherzustellen und über ihre Geschicke zu wachen. Sie ist absolut, auf jede Einzelheit vorbereitet, gleichförmig, vorausschauend und mild. Sie würde der väterlichen Gewalt gleichen, wenn sie – wie diese – das Ziel verfolgte, die Menschen auf das Erwachsensein vorzubereiten; aber ganz im Gegenteil will sie die Menschen unwiderruflich im Zustand der Kindheit festhalten ...

Zuletzt macht sie aus jeder Nation nichts anderes als eine Herde von furchtsamen und fleißigen Tieren, und der Staat ist ihr Hirte«.[5]

Was folgte aus der so beschriebenen Trennung von Staat und Gesellschaft für die Geschichtswissenschaft? Die Antwort liegt fast auf der Hand. Die Menscheit war durch Staaten in Gruppen gesondert. Innerhalb dieser Gruppen repräsentierte der Staat das Allgemeine; er bestimmte das gemeinsame Schicksal; was geschichtsmächtig und von existentieller Bedeutung war, das spielte sich, so schien es, allein in der Sphäre des Staates ab. Die Politik – das war das Schicksal. Die dem Staat jeweils korrespondierende Gesellschaft dagegen erschien als eine Sphäre des privaten Lebens, als Bereich der Wirtschaft, der Kultur, der Wissenschaft, aber auch der Freizeit und des Vergnügens: wichtige Dinge gewiß, aber Dinge, die einer historischen Bearbeitung zunächst nicht eigentlich würdig erschienen. Wenn jemand aber nach historischen Zusammenhängen in dieser Sphäre fragte, dann entsprang dies nicht

---

5 Ebd., S. 324f.

dem allgemeinen Interesse am Gemeinwesen und am gemeinsamen Schicksal, sondern einem Spezialinteresse; und so erfand er eine Spezialgeschichte, die sich auch in ihrem Namen als Spezialgeschichte zu erkennen gab: Wirtschaftsgeschichte, Rechtsgeschichte, Kunstgeschichte, Literaturgeschichte. Vielleicht wird jetzt deutlich, warum die Spezialgeschichten ihren Gegenstand im Namen führen, die Geschichtswissenschaft als solche dagegen nicht. Offenbar handelt es sich um historische Disziplinen aus zwei ganz verschiedenen Sphären. Verständlich wird nun auch, warum sich für die unspezifisch so genannte Geschichtswissenschaft alsbald der bis heute anzutreffende Begriff der »Allgemeinen Geschichte« einbürgerte. Das Wort »allgemein« bedeutet hier natürlich das Gegenteil von »speziell«; es bedeutet nicht »allumfassend«. Denn entsprechend der Genese dieser »allgemeinen« Geschichte ist klar, daß es sich um Staatengeschichte oder politische Geschichte handelt, und diese politische Geschichte erscheint heute nicht wenigen Historikern, jedenfalls solange sie wirklich im Staatlich-Politischen verhaftet bleibt, höchst einseitig.

Die Kritiker der Gleichsetzung von allgemeiner mit politischer Geschichte wollten nun keineswegs die mannigfaltigen Spezialgeschichten – also die Geschichte von Kunst, Wissenschaft, Kultur, Recht usw. – einfach in eine umgreifende Geschichtsbetrachtung zusammenfassen. Vielmehr hielten sie an der Unterscheidung von allgemeiner Geschichte und speziellen Geschichten durchaus fest. Sie forderten aber, daß die Gesellschaft, die im Zuge der Entpolitisierung der alten *societas civilis* aus der historischen Betrachtung gleichsam herausgefallen war, ebenfalls in die »Allgemeine Geschichte« einbezogen werde. Gefordert wurde Sozialgeschichte als Ergänzung zur Politischen oder Staats-Geschichte.

Der Sinn dieser Forderung soll wiederum an einem Beispiel erläutert werden. Bismarcks Sozialpolitik war ein Stück Politik, das in die Sphäre der Gesellschaft hineinwirken, also gesellschaftliche Veränderungen hervorrufen sollte. Nach ihren realen Voraussetzungen und Folgen läßt sich diese Politik dementsprechend nur durch eine sozialgeschichtliche Analyse erhellen. Schon hier wird die Notwendigkeit der Sozialgeschichte offenbar. Noch viel stärker wird der Zwang zur Sozialgeschichte allerdings, wenn man aus der Perspektive der Arbeiter selbst fragt, welche Faktoren ihre Lage im Industrialisierungsprozeß am einschneidendsten verändert haben. Die Antwort könnte nur lauten, die Industrialisierung selbst habe ihre Lage von Grund auf umgestaltet und auch die maßgeblichen Voraussetzungen für die Verbesserung ihrer wirtschaftlichen und sozialen Lage geschaffen. Die Industrie schuf Arbeitsplätze für die durch Massenverelendung bedrohten Opfer der Übervölkerungskrise. Sie entwurzelte die Menschen freilich auch, nämlich dadurch, daß sie sie vom Land in die Städte und industriellen Ballungszentren zog mit allen Folgeerscheinungen im Bereich des Wohnungswesens, der Hygiene und der Güterversorgung. Der säkulare Trend jedoch war die Verbesserung des Lebensstandards und die Beseitigung der Armut – angesichts der Massen, die davon betroffen waren, gewiß ein gemeinsames Schicksal, aber keines, das die Politik geplant hatte oder hätte planen können.

Doch die Unzulänglichkeiten einer bloß im Staatlich-Politischen verharrenden Politischen Geschichte zeigen sich eben nicht nur dort, wo ein ganzer Wirklichkeitsbereich ausgeblendet bleibt, sondern er wird, wie angedeutet, auch im ureigensten Bereich einer so verstandenen Politischen Geschichte fühlbar. Die Machtergreifung des Nationalsozialismus und die Politik Hitlers, die zur Zerstörung Deutschlands und halb Europas führte, waren gewiß politische Vorgänge. Gleichwohl kann man die Tatsache, daß Hitler überhaupt an die Macht gelangte, nicht verstehen, ohne die gesellschaftlichen Voraussetzungen zu berücksichtigen, die in den Krisenjahren zwischen 1930 und 1933 so viele Deutsche dazu veranlaßten, der NSDAP ihre Stimme zu geben. Man muß auf die Arbeitslosigkeit hinweisen, auf die wirtschaftlichen Schwierigkeiten der Landwirtschaft, auf die Furcht des alten Mittelstands vor dem sozialen Abstieg, auf die Vernichtung so vieler Vermögen durch Weltkrieg und Inflation, auf die sozialen Ursprünge des Antisemitismus und auch auf die sozialgeschichtlichen Grundlagen des überzogenen Nationalismus.

Nicht die Politik also ist unser Schicksal, sondern die Gesellschaft ist es, könnte man mit gleichem Recht sagen. Wir treiben Sozialgeschichte, um zu verstehen, wie sich diese Gesellschaft historisch entwickelt hat, welche Kräfte in ihr gewirkt haben, wie sie in verschiedenen Epochen gegliedert und geschichtet war. Dabei zeigt sich, daß sich die Vision Tocquevilles von der Herde furchtsamer Tiere, die von ihrem Hirten

Staat unter Vormundschaft gehalten werden, in den demokratischen Gesellschaften des Westens nicht bewahrheitet hat. Dank Institutionen wie kommunaler Selbstverwaltung, Unabhängigkeit der Gerichte, Pressefreiheit, Parteien, Verbänden und Interessengruppen ist zwischen Staat und Gesellschaft ein komplexes Beziehungsgeflecht entstanden, welches den Historiker dazu zwingt, überall die gesellschaftlichen Determinanten der Politik wie umgekehrt zugleich die mannigfaltigen gestaltenden Einwirkungen des Staates auf die Gesellschaft in den Blick zu nehmen.

Die Sozialgeschichte ist in der Bundesrepublik nach dem Zweiten Weltkrieg entwickelt worden, maßgeblich von dem seit 1957 in Heidelberg lehrenden Werner Conze, nicht so sehr als historische Spezialdisziplin, wie schon gesagt, als vielmehr im Sinne einer veränderten Perspektive und der Erschließung eines bisher zu wenig beachteten Gegenstandsbereichs. Insofern die Hinwendung zur Sozialgeschichte mit der durchaus zutreffenden Behauptung verbunden wurde, daß die ausschließlich Politische Geschichte nicht einmal ihre eigenen Fragen zureichend beantworten könne, führte dieser Prozeß natürlich anfänglich zu einer polemischen Frontstellung zwischen Politischer Geschichte und Sozialgeschichte. Heute erscheint dieser schroffe Dualismus überwunden. Die Einsicht in die Zusammengehörigkeit und wechselseitige Verschränkung des Politischen und des Gesellschaftlichen setzt sich immer stärker durch. Das zeigt sich nicht zuletzt daran, daß ein neuer Name vorgeschlagen wurde für die integrative oder, wie man jetzt mit besseren Gründen sagen könnte, allgemeine Geschichte, die Staat und Gesellschaft zugleich thematisiert und umgreift. Von Hans-Ulrich Wehler aus Bielefeld stammt der Begriff der »Gesellschaftsgeschichte«, der nicht die vom Staat unterschiedene Gesellschaft meint, sondern beide Sphären zugleich, so wie sie uns in Begriffen wie Feudalgesellschaft, Industrielle Gesellschaft oder Gesellschaft der Naturvölker entgegentreten.[6] Ganz gleich, ob sich auf die Dauer die-

---

6 Hans-Ulrich Wehler, Sozialgeschichte und Gesellschaftsgeschichte, in: Wolfgang Schieder/Volker Sellin (Hg.), Sozialgeschichte in Deutschland. Entwicklungen und Perspektiven im internationalen Zusammenhang, Bd. 1, Göttingen 1986, S. 33–52.

ser oder ein anderer Name durchsetzen wird, so scheint sich gegenwärtig ein Konsens darüber einzustellen, daß der eigentliche Gegenstand der unspezifisch so genannten Geschichtswissenschaft in der integralen Perspektive zu suchen ist, in der – ganz im Sinne der alten bürgerlichen Gesellschaft – das herrschaftliche und das gesellschaftliche Element gleichzeitig in den Blick geraten.

Wie aber ist das Verhältnis einer so verstandenen allgemeinen Geschichte zu den verschiedenen Spezialgeschichten zu bestimmen? Unproblematisch erscheint das Verhältnis zu den fachinternen Spezialisierungen: Geistesgeschichte, Stadtgeschichte, Mentalitätsgeschichte und ähnliche Geschichten stellen bloß Schwerpunkte und Interessenrichtungen dar und keinesfalls eigene Disziplinen. Fächer wie Kunst-, Musik- oder Literaturgeschichte dagegen stehen außerhalb der Geschichtswissenschaft im engeren Sinne, gleichwohl gibt es Überschneidungen, bei denen die Geschichtswissenschaft die Nachbargebiete unter Fragestellungen einbezieht, die ihrer spezifischen Thematik entsprechen. Sobald mit bildender Kunst politische Aussagen verbunden werden, gehört sie auch zum Themenkreis des Historikers. Sofern in der Literatur politische Erfahrungen verarbeitet oder soziale Beziehungen gedeutet wurden, bildet sie ebenfalls einen Gegenstand des geschichtswissenschaftlichen Interesses.

Bei Aristoteles hatte die bürgerliche Gesellschaft Polis-Gemeinschaft geheißen. In seiner politischen Philosophie hatte die Polis-Gemeinschaft die Funktion, das gute und gerechte Leben des einzelnen zu ermöglichen. Denn Aristoteles war der Überzeugung, daß der einzelne die ethischen Gebote nur in der Polis erfüllen könne. Darum war Ethik in die Politik eingebettet und die Politik nicht wie in der Neuzeit in der Tradition Machiavellis die Kunst des Machterwerbs und der Machtbehauptung, sondern ein Handlungsfeld, dem die Verwirklichung des guten Lebens, der Glückseligkeit (griech. *eudaimonia*) aufgegeben war. Vielleicht finden wir in den Kategorien des Aristoteles auch eine Möglichkeit, den eigentlichen Gegenstand der Geschichtswissenschaft angemessen zu bestimmen. Der Gedanke scheint nicht abwegig, das Interesse an der Geschichte aus der Aufgabe zu begreifen, das gute und gerechte Leben zu verwirklichen. Kann die nicht endende Abfolge von Kämpfen und Kriegen, von sozialen Spannungen und Konflikten, von Revolution und Unterdrückung in der Geschichte im Ernst ein anderes Interesse beanspruchen, als überall der Suche des Menschen nach einer sozialen und politischen Ordnung nachzuspüren, die ihm ein Dasein in Gerechtigkeit und Würde ermöglicht?

Literaturhinweise

Werner Conze, Vom »Pöbel« zum »Proletariat«. Sozialgeschichtliche Voraussetzungen für den Sozialismus in Deutschland, in: Hans-Ulrich Wehler (Hg.), Moderne deutsche Sozialgeschichte, Köln 1966, S. 11–136, 481–484.

John Locke, Two Treatises of Government, hg. von Peter Laslett, Cambridge 1960.

Manfred Riedel, Art. Bürgerliche Gesellschaft, in: Geschichtliche Grundbegriffe, Bd. 2, Stuttgart 1975, S. 719–800.

Volker Sellin, Art. Politik, in: Geschichtliche Grundbegriffe, Bd. 4, Stuttgart 1978, S. 789–874.

Alexis de Tocqueville, De la Démocratie en Amérique, hg. von J.-P. Mayer, Bd. 1, Paris [6]1951; Bd. 2, Paris [7]1951.

Rudolf Vierhaus, Absolutismus, in: Ders., Deutschland im 18. Jahrhundert. Ausgewählte Aufsätze, Göttingen 1987, S. 63–83, 275–279.

Max Weber, Parlament und Regierung im neugeordneten Deutschland, in: Ders., Gesammelte politische Schriften, hg. von Johannes Winckelmann, Tübingen [3]1971, S. 306–443.

Hans-Ulrich Wehler, Bismarck und der Imperialismus, Köln 1969.

13.
Über Objektivität

Es gibt sie überall, die freundlichen Zeitgenossen, die gerade die eifrigsten Jünger der Muse Klio mit der Behauptung erschrecken, die Geschichtswissenschaft sei nicht objektiv, ja, sie könne es gar nicht sein. Einer Wissenschaft die Objektivität abzusprechen, heißt natürlich, ihren Charakter als Wissenschaft in Frage zu stellen. Aber wenn die Historiker keine Wissenschaftler sein sollten, was wären sie dann? Vielleicht Dichter? Oder Ideologen, die den Tätern von gestern ein gutes Gewissen und den Tätern von morgen passende Argumente verschaffen?

Wer an der Objektivität der Geschichtswissenschaft zweifelt, der muß natürlich eine Vorstellung davon haben, was das eigentlich heißt: Objektivität. *Objektivität* kommt von *Objekt; Objekt* bedeutet *Gegenstand, objektiv* also *gegenständlich*, und *Objektivität* wäre demnach eine Betrachtungsweise, die etwas in seiner reinen Gegenständlichkeit, das heißt in seinem An-sich-selbst-so-Sein, in vollkommener Sachangemessenheit also, begreift. Der Vorwurf gegen die Geschichtswissenschaft würde dementsprechend lauten, sie sei nicht in der Lage, ihren Gegenstand, nämlich vergangenes Geschehen, in Sachangemessenheit zu erfassen. Vielmehr mische der Historiker überall seine Subjektivität mit ein, so daß im Ergebnis das vergangene Geschehen niemals in der Gestalt ermittelt werde, wie es an sich selbst abgelaufen sei, sondern nur so, wie es dem forschenden Historiker jeweils erscheine.

Es gibt natürlich eine große Zahl von Argumenten, um diesen Vorwurf zu untermauern. Für die Einmischung der Subjektivität spricht schon der Umstand, daß sich keine zwei Historiker über denselben Gegenstand auf exakt dieselbe Weise äußern. Noch offenkundiger wird der Mangel an Objektivität, wenn man bedenkt, daß jede Generation die Geschichte neu schreibt, oder daß sich die Geschichte eines Landes oder eines ganzen Kontinents anders liest, je nach dem, ob ein Deutscher, ein Franzose oder ein Amerikaner sie geschrieben hat.

Schreitet man an den Regalen in einer geschichtswissenschaftlichen Bibliothek entlang, so stellt man sehr schnell fest, daß die Historiker bei der Festlegung ihrer Forschungsgegenstände äußerst selektiv verfahren. Es gibt z.b. eine Fülle von Büchern über Napoleon, aber nur sehr wenig Literatur über seinen Gegenspieler Alexander I. Es gibt spezielle Zeitschriften, Buchreihen und sogar eigene Forschungsinstitute zur Geschichte der Arbeiter und der Arbeiterbewegung, aber viel weniger Publikationen zur Geschichte des Bürgertums oder des Adels. Es gibt Historiker, die sich nur für die Geschichte der Außenpolitik und der Internationalen Beziehungen interessieren, als ob dieser Bereich in Isolierung von allen anderen Bereichen – vor allem von der Innenpolitik und von der wirtschaftlichen und gesellschaftlichen Entwicklung – existierte und beurteilt werden könnte. Schaut man in die Bücher hinein, so entdeckt man sehr schnell, daß die einzelnen Autoren jeweils durchaus verschiedene Dinge für wichtig halten. Sucht man nach Erklärungen für bestimmte Entwicklungen oder Entscheidungen, dann stellt man fest, daß häufig keine Quellenbelege existieren oder daß die Quellen unklar oder widersprüchlich sind, und man wird gewahr, daß die Historiker oftmals mit Plausibilitätsüberlegungen argumentieren, wenn sie etwas zu beweisen suchen.

Daß die Historiker ihre Themen einseitig auswählen und daß sie notfalls mit bloßen Plausibilitätsüberlegungen zufrieden sind, dies versuchen die Skeptiker mit der Behauptung zu erklären, die Historiker seien eben nicht interesselos, sondern Partei. Ein Deutscher werde im allgemeinen mehr Verständnis für die deutsche Position in der internationalen Politik haben als z.B. ein Franzose, ein Liberaler mehr Verständnis für liberale als für konservative oder sozialistische Politik. Wo immer sich ein Ergebnis abzeichne, das seinen Vorurteilen entgegenkomme, nehme der Historiker es mit den Nachweisen nicht so genau. Ein weiteres häufig gebrauchtes Argument ist diesem verwandt. Die Historiker könnten nicht objektiv sein, weil sie selber Teil des Geschehens seien, das sie analysieren. Daher könnten sie auch bei bestem Willen gar keinen Standpunkt finden, von dem aus es ihnen möglich wäre, ihren Gegenstand rein für sich in seinem unverfälschten So-Sein in den Blick zu nehmen.

Diese und noch manche weiteren Zweifel an der Objektivität der Geschichtswissenschaft haben natürlich zumindest einen berechtigten Kern. Bevor wir uns allerdings gänzlich von ihnen entmutigen lassen, sollten wir ihnen zunächst einmal einige unbezweifelbare Tatsachen entgegenstellen.

1. Selbst der entschiedenste Verfechter der These, daß in geschichtswissenschaftlichen Urteilen immer ein subjektives Element enthalten sei, wird doch nicht behaupten wollen, alle denkbaren Aussagen über einen Gegenstand seien gleich legitim. Also gibt es innerhalb der Geschichtswissenschaft zumindest einen höheren oder geringeren Grad der Annäherung an die gedachte objektive Wahrheit. Oder anders ausgedrückt: Es gibt in den Grenzen der geschichtswissenschaftlichen Erkenntnismöglichkeiten durch Quellenaussagen gestützte, und es gibt nicht belegte, ja nachweislich falsche Urteile. Wir sind also nicht der Anstrengung enthoben, in Anwendung der historischen Methoden nach möglichst wahren Antworten auf unsere Fragen zu streben.

2. Daß jede Generation die Geschichte neu schreibe: Diese Aussage bedeutet nicht, daß jede Einzelheit in jeder Generation anders dargestellt und beurteilt würde. Vielmehr zeigt sich bei näherem Zusehen sehr schnell, daß ein ganz breiter Bestand an gesichertem Wissen über Generationen hinweg gültig bleibt. Entsprechendes gilt für die Unterschiede der Darstellung zwischen Historikern aus verschiedenen Nationen oder aus verschiedenen politischen Lagern, sozialen Milieus und so fort. Daß Bismarck die Einheit Deutschlands in drei Kriegen geschaffen habe, steht seit jeher unbezweifelt fest. Worüber Meinungsverschiedenheiten bestanden haben und vielleicht bis heute bestehen, sind demgegenüber Einzelheiten, z. B. die Frage, wer letztlich den Kriegsausbruch im Jahre 1870 unvermeidlich gemacht habe – die französische Regierung oder Bismarck. Hinsichtlich der Bedeutung der von Bismarck redigierten Emser Depesche gibt es Nuancierungen in den Auffassungen der Historiker, und lange Zeit war übersehen worden, daß Bismarck selbst und nicht nur die Militärs und die öffentliche Meinung auf die Abtretung des Elsaß und Lothringens durch Frankreich hingearbeitet hatten. Aber daß Bismarck der Annexion zustimmte, war selbstverständlich immer bekannt, und niemand hat je ernsthaft bezweifelt, daß der deutsch-französische Krieg von Bismarck hätte vermieden werden können, wenn er nur gewollt hätte.

Es gibt Werke der Geschichtsschreibung, die ihren Gegenstand auf so vollkommene Art und Weise dargestellt haben, daß sie unüberholbar erscheinen. Ein solches Werk ist z. B. Friedrich Meineckes Buch »Die Idee der Staatsraison in der neueren Geschichte« von 1924, das einem zentralen Element der neuzeitlichen Reflexion auf die Bestimmungsgründe der Politik gewidmet ist; oder die Untersuchung des französischen Historikers Marc Bloch von 1924 über »Die wundertätigen Könige«, ein klassisches Werk der frühen französischen Mentalitätsgeschichte, das den traditionellen Glauben an die Fähigkeit der Könige von Frankreich darstellt, durch Handauflegung von der Skrofulose zu heilen; oder schließlich Gerhard Ritters Monographie von 1956 über den Schlieffen-Plan, ein Buch, in dem abschließend über einen besonders krassen Fall von unangemessener Dominanz der militärischen Planung über die Politik berichtet wird, mit verheerenden Folgen für Deutschland und die Welt.

3. Daß die Quellen häufig nicht aussagekräftig genug seien und der Historiker daher bestimmte Aussagen gar nicht erst machen, andere nur mit Plausibilitätserwägungen begründen könne, ist so lange kein Einwand gegen die Objektivität der Geschichtswissenschaft, als die Mängel der Informationsbasis und das Zustandekommen der historischen Erkenntnis aus dem verfügbaren Quellenbestand in den Nachweisen offengelegt werden. Daß Erkenntnisse unvollständig oder nur begrenzt gesichert seien, bedeutet nicht, daß sie lediglich subjektive Geltung beanspruchen könnten. Auf der anderen Seite darf nicht übersehen werden, daß manche historischen Schlußfolgerungen sich so offensichtlich nahelegen, daß selbst ein lückenloser Nachweis ihre Überzeugungskraft nicht steigern könnte. Kann man beispielsweise ernsthaft bezweifeln, daß der sog. Ballhausschwur der französischen Nationalversammlung vom 20. Juni 1789 entscheidend dadurch motiviert war, daß die Abgeordneten ihren bisherigen Sitzungssaal am Morgen dieses Tages verschlossen fanden und daher argwöhnten, der König wolle sie an der weiteren Beratung der politischen Probleme des Landes hindern? Bekanntlich beschlossen sie daraufhin in dem Ballhaus, in das sie zur Fortsetzung ihrer Arbeit ausgewichen waren, nicht auseinanderzugehen, bis sie Frankreich eine Verfassung gegeben hätten. Der Zusammenhang erscheint so plausibel, daß ein Einzelnach-

weis über die Meinungsbildung jedes einzelnen Abgeordneten (der übrigens auch unmöglich wäre) sich erübrigt. Dergleichen begegnet man häufig in der Geschichtswissenschaft.

Nimmt man die drei Tatsachen zusammen, die wir dem grundsätzlichen Zweifel an der Objektivität der Geschichtswissenschaft zunächst entgegengestellt haben, so scheint es, daß dieser Zweifel noch lange nicht bedeuten muß, daß es nicht einen bestimmten Grad, vielleicht sogar einen sehr hohen Grad an Urteilssicherheit in der Geschichtswissenschaft geben könne, so daß es sich jedenfalls trotz allem lohnt, ein möglichst großes Maß an Wahrheit anzustreben und sich deshalb um methodische Strenge zu bemühen.

Vielleicht rühren die vorgetragenen Zweifel zu einem erheblichen Teil von einem verfehlten Begriff von Objektivität her. Wir sollten daher genauer prüfen, welche Art von Objektivität der Geschichtswissenschaft überhaupt angemessen ist.

In einer Vorüberlegung haben wir festgestellt, Objektivität heiße soviel wie eine Betrachtungsweise, die den Gegenstand in Sachangemessenheit erfaßt und gelten läßt. Was gehört zu einer solchen Betrachtungsweise? Die nächstliegende Antwort scheint dahin zu gehen, daß auf alle Fälle Verzicht auf Beimischung der Subjektivität des erkennenden Historikers verlangt werden müsse, namentlich auf Beimischung von Emotionen und Parteistandpunkten. Eine weitere Bedingung der Objektivität möchte man darin erblicken, daß der Gegenstand vollständig erfaßt werde und nicht nur ein Ausschnitt oder Teile davon. Schließlich müßte, wenn diese Forderung gelten soll, zur Objektivität auch die Feststellung der funktionalen, kausalen, proportionalen oder logischen Zusammenhänge gehören, in denen ein Erkenntnisgegenstand sich befindet. Denn was würde es nützen, wenn man ein Objekt vollständig beschriebe, ohne zugleich zu sagen, wo es herkommt, wozu es dient, wie groß sein Anwendungsbereich ist und so fort!

Das klingt vernünftig und erscheint zwingend. Sieht man jedoch näher hin, so ergibt sich, daß nicht nur Unmögliches verlangt, wer dergleichen im Namen der Objektivität von der Geschichtswissenschaft fordert, sondern geradezu eine Absurdität. Objektivität in diesem Sinne liefe auf eine vollständige Rekonstruktion der Vergangenheit hinaus. Ganz abgesehen davon, daß eine solche Rekonstruktion ein unerreichbares Ziel bleiben müßte, ist die Geschichtswissenschaft geradezu darauf angelegt, aus der Fülle des Vergangenen auszuwählen. Kein vernünftiger Mensch beschäftigt sich mit der Geschichte, um möglichst umfassend darüber unterrichtet zu werden, was in der Vergangenheit alles geschehen ist. Vielmehr sucht der Historiker diejenigen Tatsachen und Prozesse herauszuarbeiten, die sich in der Distanz als bedeutsam und maßgebend für die weitere Entwicklung erwiesen haben. Das haben wir bei der Diskussion der historischen Tatsache bereits festgestellt. Wie oft begegnen wir nicht unserer eigenen Gegenwart und ihrer verwirrenden Fülle an offenen Fragen, Tendenzen, Kräften und Bestrebungen mit dem Gedanken, erst der künftige Historiker werde in der Lage sein, das Bleibende und Bedeutungsvolle vom Kurzlebigen und Vorübergehenden zu unterscheiden! Der Historiker soll uns dereinst sagen, was heute wirklich mit uns geschieht, welche Prozesse gleichsam hinter unserem Rücken ablaufen, ohne daß wir sie durchschauen. Diese übergeordneten Tendenzen erkennen wir nämlich nicht, solange wir noch mitten im Geschehen darinstehen. Gerade die Nähe zur wirklich geschehenden Geschichte macht uns unfähig zur Erkenntnis. Die Authentizität, die Alltagswahrheit, die Unmittelbarkeit: All diese Attribute, die uns immer wieder als Garanten der Objektivität vorgegaukelt werden: Sie behindern gerade die wirkliche Einsicht.

Mit anderen Worten: Objektivität im Sinne von Vollständigkeit erwarten wir gerade nicht vom Historiker. Seine Leistung soll vielmehr in der unterscheidenden Auswahl dessen bestehen, was historisch bedeutsam erscheint. Wir erwarten Urteile von ihm, keine bloße Tatsachenermittlung um ihrer selbst willen. Wir wünschen uns keinen positivistischen Antiquar, sondern einen abwägenden, vergleichenden, analysierenden und die Dinge auf den Begriff bringenden Historiker. Damit wird zugleich die Selbstverständlichkeit ins Gedächtnis gerufen, daß jede Erkenntnis eine analytische Leistung des erkennenden Subjekts voraussetzt. Diese Art von Subjektivität aus dem Erkenntnisprozeß ausklammern zu wollen, wäre offensichtlich eine Selbsttäuschung. Etwas begreifen kann nur das Subjekt.

Die Beimischung von Subjektivität behindert die Erkenntnis deshalb nur dann, wenn sie von bestimmter Art ist, und das heißt, wenn sie sich dort einschleicht, wo sie nicht hingehört. So wollen wir die Leidenschaft und die Emotionen aus der Wissenschaft verbannen – den Chauvinismus, den Rassenhaß, das soziale Ressentiment, gewiß. Sollen wir aber auch die Bewunderung für eine große Leistung, die Gerechtigkeitsliebe oder den Zorn über die Verbrechen und die Verantwortungslosigkeit in der Geschichte als illegitime und einer objektiven Betrachtung eher abträgliche Motive für die Beschäftigung mit der Vergangenheit ansehen? Das wäre natürlich ganz verkehrt. Denn es ist nicht dasselbe, ob einen die Leidenschaft zur historischen Forschung treibt oder ob man sich von dieser Leidenschaft im Vollzug der Forschung den nüchternen Blick vernebeln läßt. Die Erfahrung bestätigt, daß man ohne Leidenschaft nichts entdeckt und keine Ideen entwickelt. Wissenschaft ist keine Art von Buchhalterei. Jemand kann eine Woche lang im Archiv sitzen und die interessantesten Akten lesen. Wenn er keine schöpferischen Ideen hat, was er damit anfangen könnte, wird er nichts darin finden, jedenfalls nichts, was irgend jemanden, am wenigsten ihn selbst, interessiert. Auf der anderen Seite darf die Leidenschaft für die Sache mit dem Historiker natürlich nicht durchgehen, wenn er sich selbstkritisch prüfen muß, ob seine Hypothesen mit dem vorhandenen Material auch hinreichend gestützt und begründet werden können. Hier hat die klassische Maxime ihren Platz, daß der Historiker vor allem *sine ira et studio* verfahren müsse.

Daß, wie wir vorhin festgestellt haben, erst der zurückblickende Historiker zu einem Urteil über die maßgeblichen Tendenzen einer Epoche in der Lage sein soll, bedeutet zugleich, daß keine abschließenden Urteile über die Geschichte möglich sind, solange sie nicht zu Ende ist. An diesem Faktum kommen wir nicht vorbei. Der Grund dafür ist freilich nicht eine irgendwie fahrlässige Beimischung der Subjektivität des Historikers in seine wissenschaftlichen Urteile, sondern vielmehr die notwendige Perspektivität des Blicks, die sich aus der Zugehörigkeit zu einer bestimmten Gegenwart unausweichlich ergibt.

Die jeweilige Gegenwart beeinflußt die Erkenntnis des Historikers auf entgegengesetzte Weise. Gegenüber seinen Vorgängern kann er seinen Fragestellungen neue Erfahrungen zugrundelegen: in unseren Tagen zum Beispiel den Zusammenbruch der Sowjetunion, die Wiedervereinigung Deutschlands, den unvorhergesehenen Anstieg der Arbeitslosigkeit in allen Industrieländern, die globale Energie- und Umweltkrise. Insofern erscheinen seine Erkenntnismöglichkeiten gegenüber der

Generation seiner Eltern erweitert. Im Vergleich zu den nachfolgenden Generationen von Historikern dagegen erscheinen seine Erkenntnisspielräume begrenzt. Wir wissen nicht, ob die Kernfusion gelingen wird und die Energiekrise lösen kann; die politische Zukunft Rußlands liegt im Dunkeln; ob wir je wieder Vollbeschäftigung erreichen werden, ist offen; auf welche Weise und wann die innere Einigung Deutschlands vollendet sein wird, kann niemand vorhersagen.

Das Fortschreiten der Geschichte ermöglicht also neue Perspektiven und neue Erkenntnisse, allerdings ohne daß die bisherigen damit notwendig falsch oder gegenstandslos würden. Insofern gilt auch, daß keine Generation die Geschichte vollständig neu zu schreiben braucht. Richtiger wäre es zu sagen: Jede Generation lernt hinzu; jede Generation vertieft und erweitert das zuvor schon erarbeitete Wissen und Verständnis. Dem entspricht die Arbeitsweise des Historikers. Der Historiker versucht nicht, ein mehrfach abgehandeltes Thema nur deshalb neu anzupacken, weil seit längerer Zeit niemand darüber gearbeitet hätte. Vielmehr greift er es auf, wenn er den Eindruck gewonnen hat, daß die Fragestellungen, unter denen es bisher behandelt wurde, den Einsichten seiner Zeit und seinem persönlichen Erkenntnisinteresse nicht mehr entsprechen. Darum wird er seine eigene Forschung darüber vorzugsweise an einer neuen Fragestellung orientieren, und das Ergebnis wird auch insofern mit Notwendigkeit wiederum perspektivisch sein, weil es eine Antwort auf eine konkrete Frage bildet.

Häufig versucht sich ein Historiker auch an einer bereits bearbeiteten Fragestellung, weil er glaubt, eine neue Methode zu ihrer Bearbeitung oder neue Gesichtspunkte zu ihrer Beantwortung oder auch neue Quellen gefunden zu haben. Auf solche Ideen kommt man, wenn man die Arbeiten anderer studiert, und daran zeigt sich, daß die Geschichtswissenschaft sich nicht einfach als Addition vieler Einzelanstrengungen vollzieht, sondern als ein Prozeß, in dem eine Erkenntnisleistung aus der anderen hervorwächst. Darum darf zur Beurteilung dessen, was der Geschichtswissenschaft möglich ist und was sie tatsächlich zustandebringt, auch nicht nur der Beitrag eines einzelnen oder gar nur eine einzelne Abhandlung ins Auge gefaßt werden. Vielmehr muß die Leistung des Fachs als Ergebnis einer kollektiven Anstrengung gewürdigt werden, bei der das eine auf dem anderen fußt.

Das führt auf eine weitere Feststellung. Die Überlegung, daß erst der künftige Historiker ermitteln kann, welches die entscheidenden Kräfte und Tendenzen einer Epoche waren, könnte den Eindruck vermitteln, daß die Historiker vor allem damit beschäftigt sind, Epochendarstellungen zu schreiben. Das wäre jedoch ein höchst einseitiger Eindruck, und man würde die Leistungsfähigkeit der Geschichtswissenschaft ziemlich sicher am falschen Objekt messen, wenn man Gesamtdarstellungen von Epochen oder gar Jahrhunderten hierzu heranzöge. Hinter der Präferenz für Gesamtdarstellungen als Maßstab für die Wissenschaftlichkeit des Fachs steht letztlich die Vorstellung, als sehe die Geschichtswissenschaft ihre Hauptaufgabe darin, ein verbindliches Bild der Geschichte insgesamt zu entwerfen. Gesamtdarstellungen von Epochen bilden zwar eine besondere Herausforderung für den Historiker und insofern in der Tat ein Maß für seine individuelle Leistungsfähigkeit. Gesamtdarstellungen sind jedoch zugleich Synthesen von vielen Einzelergebnissen, die andere Forscher erzielt haben. Damit sind die Verfasser von Gesamtdarstellungen von diesen anderen Forschern abhängig; sie schöpfen aus zweiter Hand. Nicht für alle Fragen, die sich bei der Abfassung einer Gesamtdarstellung aufdrängen, werden sich gleich brauchbare Einzelstudien finden. Was überhaupt nicht erforscht ist, dazu kann auch in der Gesamtdarstellung nichts gesagt werden. Die eigentliche Leistung des Autors einer Gesamtdarstellung, nämlich die vielen einzelnen Entwicklungslinien in einen kohärenten Zusammenhang zu fügen und das einzelne im Ganzen überzeugend zu plazieren und zu gewichten, bleibt insofern mit vielen Unsicherheiten behaftet.

Demgegenüber sollte man den Grad der Ergebnissicherheit und Urteilswahrheit, dessen die Geschichtswissenschaft fähig ist, vor allem danach beurteilen, wie überzeugend sie konkrete Fragen beantworten kann, Fragen der Art wie: Warum ist der Erste Weltkrieg ausgebrochen? Wie kam es zur Oktoberrevolution in Rußland? Warum erlangte Hitler die Macht in Deutschland? Warum war Deutschland fast ein halbes Jahrhundert lang geteilt? Auf derartige Fragen vermag die Geschichtswissenschaft durchaus gesicherte Antworten zu geben, und speziell auf die eben genannten hat die Forschung in kollektiver Anstrengung – auch über politische Grenzen hinweg – ein hohes Maß an Übereinstimmung, das heißt an intersubjektiver Verbindlichkeit erzielt. Offenbar erweist sich der Mensch doch als fähig, trotz aller Standpunkthaftigkeit und Perspektivität seines Blicks und trotz seiner Interessengebundenheit und seiner je besonderen sozialen wie politischen Verortung von sich selbst abzusehen und in Nüchternheit und Distanziertheit sich ganz in den Dienst der Ermittlung von Sachverhalten zu stellen. Wenn Objektivität überhaupt ein angemessener Begriff ist, um Ergebniswahrheit in der Historie zu bezeichnen, so scheint er hier seine Anwendung zu finden.

Kriterium für die Richtigkeit eines Ergebnisses ist letztlich die Zustimmung der anderen Historiker aufgrund der Überprüfung der Nachweise, mit denen die Aussage begründet wird. Die Überprüfung entspricht der Wiederholung eines Experiments im Labor in der Naturwissenschaft. Aber sie ist nicht gleichbedeutend mit der Wiederholung der einstigen Wirklichkeit. Der Historiker kann seine Hypothesen nicht dadurch überprüfen, daß er das wirklich geschehene Leben entsprechend nachstellt und zusieht, ob es genauso abläuft wie einst.

Darin zeigt sich eine besondere Schwierigkeit der Historie. Gerade bei den wichtigsten Fragen geht es nicht um Regelmäßigkeiten oder statistische Wahrscheinlichkeiten – warum Kriege überhaupt ausbrechen, unter welchen Bedingungen charismatische Führer Zulauf erhalten usw. –, sondern es geht um diesen konkreten Kriegsausbruch im Juli 1914, und es geht um diesen Adolf Hitler. Für solche konkreten Umstände lassen sich jedoch niemals alle Determinanten ermitteln. Letztlich würde auch ein Kausalregress in infinitum erforderlich, der jedoch deshalb nicht hilfreich sein kann, weil er die jeweilige Offenheit der Situationen, die er durchläuft, nicht zugleich berücksichtigen kann. So gehörte die Annexion von Elsaß-Lothringen im Frankfurter Frieden von 1871 im weiteren Sinne sicher zu den längerfristigen Ursachen des Ersten Weltkriegs; man darf jedoch nicht vergessen, daß der Kriegsausbruch im Juli 1914 damit keineswegs vorprogrammiert war. Ebenso war Reichspräsident Hindenburg am 30. Januar 1933 trotz der Tatsache, daß die NSDAP die stärkste Fraktion im Reichstag stellte, nicht gezwungen, Adolf Hitler zum Reichskanzler zu ernennen.

<u>Was sollen wir also antworten, wenn demnächst wieder einer kommt und fragt: Ist die Geschichtswissenschaft objektiv?</u>

Wir könnten ihm sagen, wir verstünden sein Problem überhaupt nicht. Wissenschaft sei ein Verfahren, um Fragen zu beantworten. Es sei unser Schicksal, daß wir in eine geschichtliche Welt hineingeworfen seien, in der wir bestimmte Vorstellungen, auch Sorgen und Sehnsüchte hätten, in der wir das Leben bestehen und unsere Existenz fristen müßten. Im Vollzug dieses Schicksals würden wir unwillkürlich vor bestimmte Fragen gestellt – nach den Traditionen, in denen wir stehen, nach den Erfahrungen, die unsere Eltern und Voreltern gemacht hätten, und auch nach den Kräften und Umständen, die uns in unsere konkrete Situation gebracht hätten. Auf diese Fragen eine Antwort zu erhalten, sei uns ein existentielles Bedürfnis, und dementsprechend sei an der Geschichtswissenschaft für uns entscheidend, ob sie in der Lage sei, unsere Fragen mit hinreichender Sicherheit zu beantworten. Dabei interessiere es uns herzlich wenig, ob unsere Kinder und Enkel dereinst dieselben Fragen stellen und darauf dieselben Antworten finden würden, ob also die Geschichtswissenschaft mit der Beantwortung unserer Fragen zugleich ein Werk für die Ewigkeit vollbringe. Was die Geschichtswissenschaft heute und für uns leiste, darauf komme es uns an, und das sei, nach allem was wir erkennen könnten, immerhin soviel, daß der ganze Aufwand sich lohne.

Skepsis und Selbstkritik sind gewiß unentbehrliche Voraussetzungen für die wissenschaftliche Arbeit. Aber es gibt einen Grad an Skepsis und an Kritik, an dem die Wissenschaft erstickt. Wer die Einsicht nicht aushält, daß keine Erkenntnis mit dem Anspruch auf Endgültigkeit auftreten kann, der ist nicht geschaffen für die wissenschaftliche Arbeit. Allerdings fällt nur allzuleicht dem Teufel in die Hände, wer leichtfertig verdammt, was dem Menschen nicht nur möglich, sondern zugleich unentbehrlich ist.

Wie sprach Mephisto doch zu Faust, als der an der Begrenztheit der menschlichen Erkenntnis verzweifelte?

> »Ich sag' es dir: ein Kerl, der spekuliert,
> Ist wie ein Tier, auf dürrer Heide
> Von einem bösen Geist im Kreis herum geführt,
> Und rings umher liegt schöne grüne Weide«.

Und als Faust hinausgegangen war, fuhr er fort:

»Verachte nur Vernunft und Wissenschaft,
Des Menschen allerhöchste Kraft,
Laß nur in Blend- und Zauberwerken
Dich von dem Lügengeist bestärken,
So hab ich dich schon unbedingt –«[1]

Literaturhinweise

Marc Bloch, Les rois thaumaturges. Etude sur le caractère surnaturel attribué à la puissance royale particulièrement en France et en Angleterre, Strasbourg 1924.

François Furet/Denis Richet, Die Französische Revolution, Frankfurt 1968.

Lothar Gall, Bismarck. Der weiße Revolutionär, Frankfurt 1980.

Friedrich Meinecke, Die Idee der Staatsräson in der neueren Geschichte, hg. von Walther Hofer, München ²1960.

Gerhard Ritter, Der Schlieffen-Plan. Kritik eines Mythos, München 1956.

---

1 Johann Wolfgang Goethe, Faust. Texte (= Goethe, Sämtliche Werke. Briefe, Tagebücher und Gespräche, hg. von Friedmar Apel u.a., Abtlg. I, Bd. 7/1), hg. von Albrecht Schöne, Frankfurt 1994, S. 80f.

14.
Vom Sinn der Historie

In der Einleitung zu den »Vorlesungen über die Philosophie der Weltgeschichte« schreibt Hegel:

»Man verweist Regenten, Staatsmänner, Völker vornehmlich an die Belehrung durch die Erfahrung der Geschichte. Was die Erfahrung aber und die Geschichte lehren, ist dies, daß Völker und Regierungen niemals etwas aus der Geschichte gelernt und nach Lehren, die aus derselben zu ziehen gewesen wären, gehandelt haben. Jede Zeit, jedes Volk hat so eigentümliche Umstände, ist ein so individueller Zustand, daß in ihm aus ihm selber entschieden werden muß und allein entschieden werden kann (...). Im Gedränge der Weltbegebenheiten hilft nicht ein allgemeiner Grundsatz, eine Erinnerung an ähnliche Verhältnisse [in der Vergangenheit] reicht nicht aus; denn so etwas wie eine fahle Erinnerung hat keine Gewalt im Sturm der Gegenwart, keine Kraft gegen die Lebendigkeit und Freiheit der Gegenwart.«[1]

Hegel scheint mit diesen Sätzen dem Gemeinplatz eine Stütze zu reichen, den jeder Historiker sich so und so oft anhören muß: »Aus der Geschichte kann man nichts lernen.« Die Verfechter dieses Gemeinplatzes können sich außer auf Hegel auch noch auf andere große Geister berufen. So schreibt etwa Jacob Burckhardt in seinen »Weltgeschichtlichen Betrachtungen« an einer berühmten Stelle:

»Wir wollen durch Erfahrung nicht sowohl klug (für ein andermal) als weise (für immer) werden.«[2]

Nimmt man die beiden Zitate zusammen, so zeigt sich, daß sowohl Hegel als auch Burckhardt sich gegen eine ganz bestimmte Art des Lernenwollens aus der Geschichte wenden.

---

[1] Georg Wilhelm Friedrich Hegel, Die Vernunft in der Geschichte, hg. von Johannes Hoffmeister, Hamburg ⁵1955, S. 19.
[2] Jacob Burckhardt, Weltgeschichtliche Betrachtungen, hg. von Albert Oeri/Emil Dürr (Jacob Burckhardt-Gesamtausgabe, Bd.7), Berlin 1929, S. 7.

Sie bestreiten, daß man die Lösung eines konkreten Problems dadurch finden könne, daß man nachsieht, wie dieses Problem – oder ein Problem derselben Art – in der Geschichte gelöst wurde. Wenn dies nämlich möglich wäre, dann eben hätte die Geschichte uns »klug« gemacht »für ein andermal«. Daß die beiden Autoren diese Möglichkeit mit solchem Nachdruck bestreiten, erklärt sich damit, daß durch die Jahrhunderte hindurch, und zwar bis in Hegels eigene Zeit hinein, die Geschichte in der Tat in eben diesem Sinne als Lehrmeisterin des Lebens aufgefaßt worden ist. Burckhardt verweist an der zitierten Stelle sogar ausdrücklich auf den alten, von Cicero geprägten Topos *historia vitae magistra*.³

Will man sich die Geltung dieses Topos im alten Europa vergegenwärtigen, so braucht man nur in die Werke der großen politischen Schriftsteller hineinzuschauen. Vor allem die Geschichte des Altertums war das Arsenal, aus der die politische Reflexion der Neuzeit Belehrung zu schöpfen suchte. Niccolò Machiavelli z. B. hat einen großen politischen Traktat geschrieben, in dem er entlang der Lektüre der ersten zehn Bücher des Livius politische Betrachtungen für seine eigene Zeit – oder besser für alle Zeiten – entwickelte: die »Discorsi sopra la prima deca di Tito Livio«. Auf welche Art und Weise Machiavelli in dieser Schrift politische Lehren aus der Geschichte zu ziehen versuchte, mag eine Stelle aus dem sechsten Kapitel des ersten Buchs veranschaulichen. Es heißt dort:

»Wer ... einem Staat eine Verfassung geben will, muß prüfen, ob sich dieser gleich Rom an Ausdehnung und Macht vergrößern oder aber in engen Grenzen bleiben soll. Im ersten Fall muß er es machen wie Rom ...; denn ohne große Einwohnerzahl und ohne gute Bewaffnung kann nie ein Staatswesen wachsen und sich, wenn es wächst, behaupten. Im zweiten Fall kann er es machen wie Sparta und Venedig. Da aber für solche Staaten jede Vergrößerung Gift ist, muß ihr Gesetzgeber auf jede nur mögliche Weise verbieten, Eroberungen zu machen, weil Eroberungen für ein schwaches Staatswesen zum völligen Ruin führen, wie Sparta und Venedig zeigen.«⁴

---

3 Ebd.; vgl. Reinhart Koselleck, Historia Magistra Vitae. Über die Auflösung des Topos im Horizont neuzeitlich bewegter Geschichte, in: Ders., Vergangene Zukunft. Zur Semantik geschichtlicher Zeiten, Frankfurt 1979, S. 38-66.

4 Niccolò Machiavelli, Discorsi. Gedanken über Politik und Staatsführung, hg. von Rudolf Zorn, Stuttgart ²1977, S. 27.

Wie das Beispiel veranschaulicht, ging Machiavelli mit dem Altertum, wie übrigens auch mit der gesamten europäischen Geschichte, gerade so um, als wären die Spartaner und die Römer, die Venezianer und die Florentiner seine Zeitgenossen gewesen. Die Geschichte schritt nicht fort, sie veränderte nicht die Bedingungen, unter denen die Menschen lebten und handelten. Darum konnten auch die Berichte des Livius aus der Frühzeit Roms noch zweitausend Jahre später zu Maximen der Politik verarbeitet werden. Diese Sicht der Geschichte bildete die Voraussetzung für die Überzeugung, daß man aus der Geschichte Lehren ziehen könne für die konkreten Aufgaben der eigenen Gegenwart.

In dem Augenblick aber, in dem die Geschichte als Fortschreiten, als Entwicklung begriffen wurde, konnte das Vergangene der Zukunft keine Erleuchtung mehr bringen. Schon in anderem Zusammenhang waren wir auf ein Wort von Alexis de Tocqueville aus dem Jahre 1840 gestoßen, in dem es heißt: »Da die Vergangenheit die Zukunft nicht mehr zu erhellen vermag, tappt der Geist im Dunkeln.«[5] Die Geschichte als Entwicklung zu begreifen, hieß nämlich zugleich, die geschichtlichen Phänomene in ihrer Einmaligkeit, Unwiederholbarkeit, auch Unwiederbringlichkeit zu erkennen. Also war von vornherein keine Situation, keine Problemstellung, keine Aufgabe denkbar, die in irgendeiner Vergangenheit ein Vorbild oder einen Vorläufer besessen hätte. Die neue Auffassung der Geschichte setzte sich um die Wende vom 18. zum 19. Jahrhundert durch. Sie war noch nicht Allgemeingut geworden, als Hegel seine Vorlesungen hielt. So mußte er damit rechnen, daß seine Hörer sich unter dem Lernen aus der Geschichte genau das vorstellten, was bis vor kurzem als selbstverständlich gegolten hatte: klug zu werden für ein andermal, praktische Hinweise zu erlangen für praktische Aufgaben. Daher mochte der Philosoph besondere Veranlassung gesehen haben, diesen Irrtum zu bekämpfen.

Wir Heutigen dürften die geringsten Schwierigkeiten haben, Hegels Standpunkt zu bestätigen. Haben wir nicht den Eindruck, daß unsere technisch bestimmte Welt sich immer schneller verändert, fast im selben Rhythmus, wie die techni-

---

5 Alexis de Tocqueville, De la Démocratie en Amérique, hg. von J.-P. Mayer, Bd. 2, Paris [7]1951, S. 336.

schen Erfindungen voranschreiten, die unser Leben so nachhaltig beeinflussen? Müssen wir uns nicht ständig anpassen und neu orientieren? Erscheinen die Grundsätze, die uns noch vor zwei oder drei Jahrzehnten geleitet haben, heute nicht schon überholt und wirklichkeitsfremd? Welchen Nutzen aber soll Geschichte haben, wenn sie uns bei der Bewältigung unserer Lebensaufgaben nicht soll helfen können?

Die Frage haben auch andere schon gestellt, z. B. Friedrich Nietzsche in seiner zweiten »Unzeitgemäßen Betrachtung« von 1873: »Vom Nutzen und Nachteil der Historie für das Leben«. Nietzsches Schrift galt der Abwehr eines Übermaßes an Historie: »Es gibt einen Grad, Historie zu treiben, und eine Schätzung derselben, bei der das Leben verkümmert und entartet«. Daher dürfe man der Historie nur dienen, soweit sie selbst dem Leben diene: »Wir brauchen sie zum Leben und zur Tat, nicht zur bequemen Abkehr vom Leben und von der Tat«.[6] Drei Arten, Geschichte zu treiben, ließ Nietzsche in dieser Perspektive gelten: die monumentalische, die antiquarische und die kritische Art der Historie.

Die monumentalische Historie hält das Große und Denkwürdige als Vorbild und Tröstung im Gedächtnis fest. Die antiquarische Historie sucht den Wurzeln der gelebten Wirklichkeit nachzuspüren und sich pietätvoll bewahrend am Gewordensein des Eigenen zu erheben; es ist, wie Nietzsche sich ausdrückt, »das Wohlgefühl des Baumes an seinen Wurzeln«.[7] Die kritische Historie schließlich sucht der Geschichte den Prozeß zu machen, um sich von ihr zu befreien. Der Mensch, schreibt Nietzsche, »muß die Kraft haben und von Zeit zu Zeit anwenden, eine Vergangenheit zu zerbrechen und aufzulösen, um leben zu können: Dies erreicht er dadurch, daß er sie vor Gericht zieht, peinlich inquiriert und endlich verurteilt; jede Vergangenheit aber ist wert, verurteilt zu werden ... Es ist nicht die Gerechtigkeit, die hier zu Gericht sitzt; es ist noch weniger die Gnade, die hier das Urteil verkündet: sondern das Leben allein, jene dunkle, treibende, unersättlich sich selbst begehrende Macht«.[8]

---

6 Friedrich Nietzsche, Unzeitgemäße Betrachtungen, Zweites Stück: Vom Nutzen und Nachteil der Historie für das Leben, in: Ders., Werke, hg. von Karl Schlechta, Bd. 1, München ²1960, S. 209.
7 Ebd., S. 227.   8 Ebd., S. 229.

Nietzsches Schrift ist ein Protest nicht nur gegen eine Überflutung mit historischer Bildung, sondern zugleich auch und vor allem gegen den Entwicklungsgedanken in der Geschichte überhaupt. Nietzsche empfand die Vorstellung als lähmend, daß jede Generation gleichsam eingesperrt sei in die Gefängnisse ihrer Zeitbedingtheit, ihre historischen Determinationen. Alle drei von ihm als legitim bezeichneten Arten der Historie lagen quer zu dem Gedanken der Entwicklung. Die monumentalische Historie griff nach Art des Topos von der Lehrmeisterin Geschichte willkürlich heraus, was ihr groß und vorbildhaft erschien. Die antiquarische Historie suchte sich, unbekümmert um die bestimmenden Prozesse des geschichtlichen Werdens, zu versenken in die Ursprünge einer persönlichen, lokalen und daher partikularen Geschichte, um sich daran zu erwärmen. Die kritische Historie schließlich zielte nicht auf Erkenntnis, sondern auf das Gericht, auf die Verurteilung der Vergangenheit und damit auf die Befreiung von ihr.

Keine von Nietzsches Arten der Historie kann den Ansprüchen eines wissenschaftlichen Umgangs mit der Geschichte genügen, auch und gerade nicht die kritische Historie, denn es kann nicht die Aufgabe des Historikers sein, der Geschichte den Prozeß zu machen. Nietzsche hat ausdrücklich anerkannt, daß in einem solchen Prozeß nicht die Gerechtigkeit auf dem Richterstuhl sitzen würde. Daß er dies wußte, war ein Stück Einsicht, die derselbe Historismus vermittelt hatte, den er doch gleichzeitig bekämpfte. Daß eine Zeit nach ihren eigenen Maßstäben und in den Grenzen ihrer je gegebenen Möglichkeiten beurteilt werden müsse, ist eine der fundamentalen Maximen der modernen Geschichtswissenschaft. Sie kann diese Maxime nicht preisgeben, wenn sie sich nicht selbst in Frage stellen will.

Gerade für uns Deutsche läge eine besondere Verlockung darin, der Geschichte im Sinne Nietzsches den Prozeß zu machen. Warum setzen wir sie nicht alle einfach auf die Anklagebank: Friedrich den Großen und den preußischen Militarismus, Bismarck und den Obrigkeitsstaat, Tirpitz und den Schlachtflottenbau, Wilhelm II. und die Arroganz der Macht, Ludendorff und den uneingeschränkten U-Boot-Krieg und natürlich Adolf Hitler und alle, die ihm geholfen haben! Es wäre nicht schwer, das Urteil zu sprechen. Natürlich käme nur die Höchststrafe in Betracht, und wir wären diese bösen Geister ein für allemal los und könnten noch einmal ganz von vorne anfangen.

Die Geschichte ist aber keine Klaviersonate, bei deren Vortrag auf dem Podium der Pianist steckenbleiben und noch einmal von vorne beginnen könnte, wenn er es nicht sogar vorzöge, ein ganz anderes Stück zu spielen. Wir können uns nicht aus unserer Geschichte fortstehlen. Wir können sie nicht einmal vergessen, denn es wird immer genug Leute geben, die uns an sie erinnern. Was also sollen wir tun? Die Antwort auf diese Frage soll uns als erstes Argument dafür dienen, daß Geschichtswissenschaft einen Sinn hat.

Rufen wir uns Nietzsches Worte noch einmal in Erinnerung. Der Mensch, so hatte er geschrieben, müsse »die Kraft haben und von Zeit zu Zeit anwenden, eine Vergangenheit zu zerbrechen und aufzulösen, um leben zu können: Dies erreicht er dadurch, daß er sie vor Gericht zieht, peinlich inquiriert und endlich verurteilt; jede Vergangenheit aber ist wert, verurteilt zu werden«.[9] Man stelle sich vor, ein Individuum, dem fast alles mißlungen ist, würde versuchen, sich auf solche Weise von seiner Vergangenheit zu befreien! Würde dieser Mensch dadurch wirklich die Möglichkeit zu einem neuen, unbelasteten, zukunftsfrohen Leben gewinnen? Es ist zu befürchten, daß sich der Versuch, die eigene Geschichte durch ein Negativurteil einfach abzuschütteln, sehr schnell als Illusion erweisen würde. Denn dieser unglückliche Mensch müßte sich sagen, daß er doch derselbe geblieben sei, mit denselben Anlagen, mit demselben Stand des Wissens, mit demselben Erfahrungsschatz, geprägt auch von denselben Erlebnissen und vor allem Enttäuschungen. Kurz: Er würde alsbald bemerken, daß er ein beschriebenes Blatt geblieben ist und daß die Schrift auf diesem Blatt nicht gelöscht werden kann. Diese Erkenntnis aber würde ihm wahrscheinlich allen Mut zum Weiterleben nehmen, denn da er es abgelehnt hat, im einzelnen nach den Gründen für das Scheitern in seinem bisherigen Leben zu fragen, kann er auch keine Anhaltspunkte dafür erkennen, daß ihm das neue Leben besser gelingen würde.

So bleibt dem Menschen in Wahrheit nur der Weg, seine Geschichte anzunehmen, und das gilt sowohl für die Individuen als auch für die Völker. Die Geschichte anzunehmen

---

9 Ebd.

202

heißt, die eigene Identität als Person wie als Volk anzuerkennen. Sobald wir dazu bereit sind, hilft uns die Historie, Fehlentwicklungen und Irrtümer in unserer Geschichte als Versäumnisse zu verstehen, die auch hätten vermieden werden können. Nur aus dem Bewußtsein, daß wir zu diesem Vermeiden prinzipiell fähig gewesen wären, erwächst der Mut, die Zukunft erneut zu wagen.

In diesem Sinne könnte die Historie wirklich dem Leben dienen und uns trotz allem, was geschehen ist, den nötigen Mut für die Zukunft geben. Darum eben ist die abwägende, der historischen Gerechtigkeit verpflichtete Geschichtswissenschaft von so großem lebenspraktischem Wert. Darum ist es wichtig, die Offenheit von Situationen in der Geschichte aufzuzeigen, wichtig auch darzustellen, wie komplex die historische Wirklichkeit tatsächlich gewesen ist. Darum kommt es darauf an, nicht ungebührlich zu vereinfachen, nicht vorschnell abzuurteilen, sondern zu differenzieren und die Vielgestaltigkeit und Mehrdeutigkeit der Phänomene herauszuarbeiten. So können wir unser erstes Argument zugunsten der Historie in dem Satz zusammenfassen: Die Geschichtswissenschaft ermöglicht es uns, zu unserer Vergangenheit zu stehen, Rechenschaft über sie zu geben, die Versäumnisse und deren Ursachen offenzulegen, eben dadurch aber auch den Mut zum Leben zu bewahren.

Das zweite Argument für die Historie hängt mit dem ersten zusammen. Wenn es richtig ist, daß wir unsere Identität geschichtlich bestimmen und daß unsere Zukunftsentwürfe wesentlich davon abhängen, wie wir zu unserer Geschichte stehen, dann liegt offenbar sehr viel daran, daß wir in der Lage sind, die falschen Deutungen der Geschichte zurückzuweisen. Die Historie dient daher auch der Ideologiekritik. Was Ideologien sind, haben wir in anderem Zusammenhang bereits erörtert. Hier würde es sich um Ideologien handeln, die unsere Geschichte oder Teile davon um bestimmter praktischer Ziele und Interessen willen verzeichnen.

So hat die außerparlamentarische Opposition der sechziger Jahre ihre Angriffe gegen die Bundesrepublik unter anderem mit der These begründet, der westdeutsche Staat sei aus einer Restauration der politischen und gesellschaftlichen Strukturen hervorgegangen, die vor 1933 geherrscht hätten. Da diese Strukturen jedoch die Voraussetzung für den Aufstieg des Nationalsozialismus gebildet hätten, sei auch die Bundesrepublik ein präfaschistisches Regime. Daher müsse man sie gerade im Namen der wahren Demokratie, der Freiheit, der Menschenrechte und natürlich im Gedenken an die Opfer des Nationalsozialismus bekämpfen. Ohne Kenntnis der wirklichen Zusammenhänge wäre man solchen Behauptungen wehrlos ausgeliefert. Natürlich hat es nach 1945 Akte der Restauration gegeben: Die Freiheit der Wissenschaft, der Presse, des Gewissens wurde wiederhergestellt; der Rechtsstaat wurde wiedereingeführt. Mit dem Grundgesetz trat erneut eine demokratische Verfassung in Kraft, und mit Ludwig Erhards sozialer Marktwirtschaft wurde in der Tat eine kapitalistische Wirtschaftsordnung wiederhergestellt. Andere Kräfte und Faktoren dagegen, welche Politik und Gesellschaft in Deutschland vor 1933 nachhaltig bestimmt hatten, traten nicht wieder auf den Plan. Dem ostelbischen Junker war die wirtschaftliche und gesellschaftliche Grundlage für immer entzogen; die Gebiete, in denen seine Güter gelegen waren, wurden sogar zu einem erheblichen Teil von Deutschland abgetrennt und Polen bzw. der Sowjetunion zugeschlagen; Brandenburg und Mecklenburg gehörten zur Sowjetisch Besetzten Zone bzw. zur DDR. Der preußische Staat wurde durch Kontrollratsgesetz vom 25. Februar 1947 aufgelöst. Jede Form des Militarismus war erledigt. Er entstand auch nicht neu, als Mitte der fünfziger Jahre die Bundeswehr gegründet wurde. Nicht nur der Nationalismus war wie weggeblasen, selbst ein bescheidenes Nationalgefühl oder gar ein verhaltener Nationalstolz waren, namentlich in der nachwachsenden Generation, kaum irgendwo zu finden. Der Gedanke an einen kulturellen und politischen Sonderweg Deutschlands zwischen Ost und West wurde durch die klare Entscheidung Konrad Adenauers für die Westintegration der Bundesrepublik Deutschland überholt.

Man könnte sich noch mehr Einwände gegen die Restaurationsthese einfallen lassen. Das Gesagte mag jedoch genügen, um zu demonstrieren, daß historische Kenntnisse und ein selbständiges historisches Urteilsvermögen so lange unerläßlich sind, als Geschichte im politischen Streit zum Argument gemacht wird, und das wird vermutlich immer so bleiben. Schon zeichnet sich eine für das Selbstbewußtsein des Volks der ehemaligen DDR zentrale neue Streitfrage ab: Ist die DDR an innerer Auszehrung oder wegen des Zusammenbruchs der Sowjetmacht oder infolge der friedlichen Revolution ihrer Bürger zugrunde gegangen?

Fassen wir das zweite Argument für die Wichtigkeit der Historie unter den Begriff der Ideologiekritik zum Zwecke der Abwehr unbegründeter Ratschläge für die Zukunft, so könnte man als drittes Argument das Bedürfnis nach Ortsbestimmung nennen.

Keiner von uns möchte mit verbundenen Augen an einer belebten Straßenkreuzung stehen oder auch – zwar mit unverbundenen Augen, aber ohne Stadtplan – allein in einer fremden Großstadt, vielleicht in einem Land, dessen Sprache er nicht beherrscht, vielleicht in Peking, wo die meisten Europäer nicht einmal die Schrift entziffern und auch nur im Glücksfall jemanden finden können, der eine europäische Sprache versteht. Wir brauchen uns nur einmal auszumalen, wir besäßen überhaupt keine Kenntnisse über die geschichtlichen Zusammenhänge, in denen wir stehen, und sofort wird uns bewußt, wie stark wir uns immer schon historisch orientiert haben. Die gegenwärtige wirtschaftliche und politische Krise Rußlands leiten wir selbstverständlich aus der Geschichte der Sowjetunion und ihres Zusammenbruchs ab. Den Konflikt Israels mit seinen Nachbarn verstehen wir als Folge der Gründung des Staates Israel im Jahre 1948. Der Krieg in Bosnien ist eine Folge der Auflösung Jugoslawiens, eines Vielvölkerstaats, dessen Wurzeln ins 19. Jahrhundert zurückreichen. Daß dort Muslime wohnen, ist ein Ergebnis der jahrhundertelangen Herrschaft der Osmanen in diesem Raum. Die gegenwärtigen Verteilungskämpfe in der Bundesrepublik und die Erbitterung, die sie bei vielen hervorrufen, sind natürlich vor dem Hintergrund der in unserer Geschichte beispiellosen Entwicklung des allgemeinen Wohlstands seit Gründung der Bundesrepublik zu sehen. Da sind soziale Besitzstände gewachsen, von denen Abschied zu nehmen äußerst schmerzhaft ist. Die Überfüllung der Universitäten und die Übersetzung vieler akademischer Berufe sind eine unmittelbare Folge der Demokratisierung der Bildungschancen seit den sechziger Jahren, die dazu geführt hat, daß heute etwa dreißig Prozent einer Altersgruppe studieren, während es am Ende der fünfziger Jahre nur sechs Prozent waren.

All dies sind Beispiele von geschichtlichen Tatsachen, ohne deren Kenntnis wir orientierungslos, urteilslos und handlungsunfähig – wie mit verbundenen Augen – in unserer Gegenwart stünden.

Das Orientierungsbedürfnis bezieht sich keineswegs nur auf Entwicklungen, die unserem Jahrhundert angehören. Die Wurzeln des französischen Zentralismus und des deutschen Föderalismus reichen ins hohe Mittelalter zurück. Der politischen Zersplitterung verdankt Deutschland seine Wehrlosigkeit im 17. und 18. Jahrhundert und seine späte Nationsbildung, aber auch die Kirchenspaltung, den föderalistischen Charakter seiner Verfassungsordnung und schließlich seine kulturelle Vielfalt: In welchem Land gibt es so viele Schauspielhäuser, Theater- und Opernensembles und Orchester wie in Deutschland?

Gerade wenn man sich in die ältesten Traditionen vertieft, wird man gewahr, wie kontinuierlich und durch lange Zeiten hindurch Institutionen wachsen. Man lernt das Eigene schätzen als etwas Besonderes und Wertvolles, das es zu bewahren lohnt. Das wäre ein viertes Argument für die Historie: sich bewußt zu machen, was uns aus der Geschichte zugewachsen ist, um es zu pflegen. Die Franzosen und Italiener bemühen sich heute durch Delegation politischer Befugnisse an sogenannte Regionen von oben einen Föderalismus neu zu schaffen, der in Italien im Zuge der nationalen Einigung vor 130 Jahren, in Frankreich bereits in den Zeiten des Kardinals Richelieu in der ersten Hälfte des 17. Jahrhunderts beseitigt worden ist.

Das Bewahren der Erinnerung, die Pflege des Gedächtnisses, die Erhaltung auch der Denkmäler, die es stützen, ist eine Aufgabe, zu der wir schon um der nachfolgenden Generationen willen verpflichtet sind. Das Heidelberger Schloß ist ein Denkmal der politischen Zersplitterung Deutschlands; das Mannheimer Schloß ist zugleich ein Denkmal der konfessionellen Spaltung, denn wegen eines Konflikts mit dem kurpfälzischen reformierten Kirchenrat um die Nutzung der Heiliggeistkirche sind die katholischen Kurfürsten von Heidelberg nach Mannheim umgezogen. Das Mannheimer Nationaltheater vergegenwärtigt die kulturellen Segnungen der politischen Zersplitterung: Hier, unter der milden Herrschaft Karl Theodors, konnte Friedrich Schiller im Jahre 1781 seine von revolutionärem Pathos diktierten »Räuber« zur Uraufführung bringen, obwohl er ein Untertan des württembergischen Herzogs Karl Eugen war.

Offenbar werden unsere Denk- und Handlungsmöglichkeiten wesentlich umschrieben durch die Traditionen, in denen wir stehen. Jedes Volk besitzt ein kulturelles Erbe, das es verschleudern oder erhalten und weiterentwickeln kann. Man muß dieses Erbe kennen, um es zu besitzen, um es zu verteidigen, aber auch um es fruchtbar zu machen. In dieser Aufgabe der Erkenntnis und Bewahrung wertvoller Traditionen wollen wir also das vierte Argument für die Historie erblicken.

Mit dem fünften Argument soll noch einmal an die zu Eingang gestellten Fragen angeknüpft werden. Sollen wir tatsächlich annehmen, daß man aus der Geschichte nichts lernen kann? Oder anders gefragt: Ist es dem Menschen wirklich unmöglich, Erfahrungen zu machen?

Daß der Mensch als Individuum Erfahrungen machen kann, ja auf Erfahrung angewiesen ist, um zu überleben, ist uns ganz selbstverständlich. Das Kind macht die Erfahrung, daß unkameradschaftliches Verhalten zur Isolierung führt. Der Student macht die Erfahrung, daß er in seinem Studium auf der Strecke bleibt, wenn er nur das tut, was ausdrücklich von ihm verlangt und was überdies kontrolliert wird. Jedermanns Biographie ist eine Geschichte solcher Erfahrungen, und es ist auch bekannt, wie schmerzhaft Erfahrungen sein können. Soll nun, was für Individuen evident ist, für die Gesellschaft und für die Völker nicht gelten?

Zunächst fallen einem zahlreiche Beispiele ein, wo die Politik, aber auch die Gesellschaft aus historischen Erfahrungen tatsächlich praktische Schlüsse gezogen hat.

Die deutschen Liberalen in der Revolution von 1848 hatten ständig das Abgleiten der großen Französischen Revolution zuerst in den Terror und dann in die Militärdiktatur Napoleons vor Augen, und deshalb lag ihnen soviel daran, die Throne zu erhalten und mit den Fürsten zusammen ein einiges und demokratisches Deutschland zu gründen.

Aus der Krieg-in-Sicht-Krise von 1875 lernte Bismarck, daß die europäischen Mächte nach der Hinnahme der Reichsgründung nicht bereit waren, eine weitere Machtsteigerung Deutschlands im Herzen Europas zu dulden. Bismarck wich zurück und hat sich fortan in seiner Außenpolitik streng an dieser Einsicht orientiert.

Der Parlamentarische Rat hat sich bei der Gestaltung des Grundgesetzes bemüht, die Nachteile der Weimarer Reichsverfassung zu vermeiden. Nachdem der Reichspräsident Hindenburg, durch die Volkswahl mit großer Autorität und durch die Verfassung mit weitreichenden Befugnissen ausgestattet, zu einer Art Ersatzkaiser geworden war, der seit 1930 eine Präsidialdiktatur ermöglicht und 1933 ohne wirkliche Not Adolf Hitler zum Reichskanzler ernannt hatte, schuf der Parlamentarische Rat einen Bundespräsidenten ohne wesentliche Befugnisse und ohne die Legitimation durch eine direkte Wahl.

Weiter könnte man daran erinnern, daß die Abkehr der Deutschen von Nationalismus und Militarismus nach 1945, wie wir sie vorhin bereits erwähnt haben, ebenso das Ergebnis eines Lernvorgangs aus leidvollen Erfahrungen war.

Wenn wir wirklich glaubten, aus der Geschichte ließe sich nichts lernen, dann müßten wir schließlich auch alle Bemühungen für überflüssig halten, durch Aufklärung über das Dritte Reich die Wiederkehr eines solchen Regimes unmöglich zu machen.

Soll das aber heißen, daß der ciceronianische Topos *historia magistra vitae* wieder in Geltung gesetzt wäre und wir über die Zeiten hinweg praktische Handlungsanweisungen aus der Geschichte herauslesen dürften? Dieses Verfahren scheidet schon deshalb aus, weil es sich nicht mit dem Entwicklungsgedanken verträgt. Damit ist jedoch nicht zugleich die Möglichkeit grundsätzlich ausgeschlossen, Erfahrungen aus einer Epoche auf andere Epochen zu übertragen. Die Voraussetzung ist lediglich, daß die unterschiedlichen Rahmenbedingungen entsprechend in Rechnung gestellt werden. Das Lernen über die Zeiten hinweg wird somit lediglich schwieriger, nicht aber grundsätzlich unmöglich. Es erscheint vor allem dann denkbar, wenn es zugleich systematische Gründe für die Annahme gibt, daß bestimmte Maßnahmen oder Institutionen sich so und so auswirken würden. Die Liberalen von 1848 sahen in den Monarchen Garanten der Rechtskontinuität, mithin der Stabilität. Das Ausgleiten der Revolution in Frankreich nach dem Sturz König Ludwigs XVI. im Sommer 1792 erklärten sie sich dementsprechend aus dem Verlust dieses Garanten. Der Parlamentarische Rat erkannte in der Ausgestaltung der Figur des Reichspräsidenten in der Weimarer Reichsverfassung einen unausgetragenen Widerspruch zum Gedanken der parlamentarischen Demokratie. Reichstag und Reichspräsident konnten sich beide auf die unmittelbare Legitimation durch die Volkswahl berufen. Dadurch wurden das Parlament und die parlamentarische Regierung im Konfliktfall geschwächt; sie waren zu wenig gezwungen, sich zu den notwendigen Kompromissen durchzuringen, da es notfalls immer noch den Reichspräsidenten gab, der durch Reichstagsauflösung oder Notverordnungen würde versuchen können, das jeweils anstehende Problem zu lösen.

Das fünfte Argument für die Historie wäre also die Wahrnehmung und Sicherung der für den Menschen lebensnotwendigen Fähigkeit, Erfahrungen zu machen und aus der Geschichte zu lernen, wie er wenigstens einige der ihm gestellten Aufgaben besser bewältigt als seine Altvordern.

Das sechste und letzte Argument für die Historie könnte man darin erblicken, daß das Studium der Geschichte uns dazu befähigt, unsere eigene Zeit in die gehörigen Proportionen zu rücken. Vielleicht können wir uns dann selber vor unangemessenen Ansprüchen und Erwartungen bewahren und bestimmte Haltungen in uns ausbilden, die einem Leben in Gemeinschaft jedenfalls nicht hinderlich, für die eigene Daseinsbewältigung jedoch mit Sicherheit hilfreich sein dürften: Gelassenheit, Zufriedenheit, Bescheidenheit und Toleranz und zuletzt vielleicht sogar ein Stück von jenem Selbstbewußtsein, das Wilhelm Busch einst auf unnachahmliche Weise in Verse gebracht hat:

>>Früher, da ich unerfahren
Und bescheidner war als heute
Hatten meine höchste Achtung
Andere Leute.

Später traf ich auf der Weide
Außer mir noch mehre Kälber,
Und nun schätz' ich, sozusagen,
Erst mich selber«.[10]

---

10 Wilhelm Busch, Kritik des Herzens, in: Ders., Sämtliche Werke und eine Auswahl der Skizzen und Gemälde in zwei Bänden, hg. von Rolf Hochhuth, Bd. 1, Gütersloh o.J., S. 816.

Literaturhinweise

Friedrich Karl Fromme, Von der Weimarer Reichsverfassung zum Bonner Grundgesetz. Die verfassungspolitischen Folgerungen des Parlamentarischen Rates aus Weimarer Republik und nationalsozialistischer Diktatur, Tübingen 1960.

Lothar Gall, Bismarck. Der weiße Revolutionär, Frankfurt 1980.

Jürgen Kocka, 1945: Neubeginn oder Restauration?, in: Carola Stern/Heinrich August Winkler (Hg.), Wendepunkte deutscher Geschichte 1848–1990, Frankfurt ²1994, S. 159–192, 247f.

Wolfram Siemann, Die deutsche Revolution von 1848/49, Frankfurt 1985.

15.
Weiterführende Literatur

Die nachfolgenden Literaturangaben sind als Empfehlungen für die eigenständige Vertiefung der im Hauptteil dieses Buches angeschnittenen Probleme gedacht. Kriterien der Auswahl waren zunächst Verständlichkeit und Zugänglichkeit; bei gleicher Qualität wurde sodann der neueren Publikation der Vorzug vor älteren Werken gegeben; schließlich erschien es wichtig, solche Titel zu nennen, die ihrerseits weiterführende Literaturangaben enthalten.

Die Anordnung der bibliographischen Hinweise entsprechend der Kapitelfolge des Hauptteils erschien nicht sinnvoll, da bei einem solchen Verfahren Mehrfachnennungen und Überschneidungen nicht zu vermeiden gewesen wären. Stattdessen wird die Literaturübersicht in drei Abschnitte gegliedert.

Als Einführung reiht sich der vorliegende Versuch zunächst in die stattliche Reihe bereits erschienener Einführungen ein, die sich dadurch voneinander unterscheiden, daß sie jeweils andere Schwerpunkte gesetzt haben oder anderen Leitlinien gefolgt sind. Eingeführt werden soll in eine wissenschaftliche Disziplin, und das heißt zum einen, daß grundlegende Aussagen über diese Wissenschaft als solche gemacht, zum anderen, daß Kenntnisse darüber vermittelt werden müssen, wie man in dieser Wissenschaft wissenschaftlich arbeitet. Die erste Klasse der Aussagen kann man Aussagen zur Theorie, die zweite dagegen Aussagen zur Methode dieser Wissenschaft nennen.

1. Literatur zur Einführung

Unter den Versuchen, dem Anfänger und Nichthistoriker einen anschaulichen Begriff davon zu vermitteln, was Geschichte eigentlich heißt, ragt *Edward Hallett Carr*, »Was ist Geschichte?«, Stuttgart 1963, hervor. Unter dem Titel »Der Historiker und seine Fakten« behandelt gleich das erste Kapitel souverän das Problem der historischen Tatsache. Eine Fülle von Denkanstößen vermittelt *Paul Veyne*, »Geschichtsschreibung – und was sie nicht ist«, Frankfurt 1990. Neuerdings sind zwei weitere Einführungen von vergleichbarem Zuschnitt erschienen: *Hans-Jürgen Goertz*, »Umgang mit Geschichte. Eine Einführung in die Geschichtstheorie«, Reinbek 1995, und *Richard J. Evans*, »Fakten und Fiktionen. Über die Grundlagen historischer Erkenntnis«, Frankfurt/New York 1998. An älteren Werken ist nach wie vor zu empfehlen *Reinhard Wittram*, »Das Interesse an der Geschichte«, Göttingen ³1968.

Andere Einführungen verfolgen in unterschiedlicher Akzentuierung vor allem zwei weitere Zwecke: das Fach Geschichte auf seinem gegenwärtigen Stand vorzustellen und zu selbständigem geschichtswissenschaftlichen Arbeiten anzuleiten.

In seiner »Einführung in die Geschichte des Mittelalters«, München ⁶1996, versucht *Hartmut Boockmann* die Eigenart des Gegenstands dadurch zu umreißen, daß er Grundgegebenheiten der Gesellschaft, der Wirtschaft, der politischen Ordnung und der Kirche des Mittelalters skizziert. *Winfried Schulze*, »Einführung in die Neuere Geschichte«, Stuttgart ³1996, stellt seine Epoche anhand von Schlüsselbegriffen und fundamentalen Entwicklungen der Neuzeit sowie von zentralen Theoriefragen der Geschichtswissenschaft vor. *Egon Boshof, Kurt Düwell* und *Hans Kloft*, »Grundlagen des Studiums der Geschichte. Eine Einführung«, Köln ⁵1997, legen das Hauptgewicht ihrer Vorstellung des Fachs auf die Quellenkunde und die historischen Hilfswissenschaften. Die Anleitung zu selbständigem historischen Arbeiten bis hin zur Herstellung einer Bibliographie und zur Anfertigung von Seminararbeiten setzen sich *Peter Borowsky, Barbara Vogel* und *Heide Wunder*, »Einführung in die Geschichtswissenschaft I: Grundprobleme, Arbeitsorganisation, Hilfsmittel«, Opladen 1975, zum Ziel. Der Folgeband derselben Autoren – »Einführung in die Geschichtswissenschaft II: Materialien zu Theorie und Methode«, Opladen 1975 – führt an ausgewählten Beispielen den Umgang mit geschichtswissenschaftlicher Fachliteratur vor. Ebenfalls auf die Praxis des Studiums zugeschnitten sind: *Vera Nünning/Ralf Saal*, »Uni-Training Geschichtswissenschaft. Einführung in Grundstrukturen des Fachs und Methoden der

Quellenarbeit«, Stuttgart/Dresden 1995; *Sören Deng/Inge Swolek*, »Uni-Training Geschichtswissenschaft. Geschichtsschreibung und Geschichte«, Stuttgart/Dresden 1996; schließlich: *Peter Burschel/Heinrich Schwendemann/Kirsten Steiner/Eckhard Wirbelauer*, »Geschichte. Ein Tutorium«, Freiburg 1997. *Heinz Quirin*, »Einführung in das Studium der mittelalterlichen Geschichte«, Stuttgart ⁴1985, legt den Schwerpunkt auf Quellenkunde und Quellenauswertung. Die exemplarische Interpretation und Analyse von Quellen bieten *Gerhard Theuerkauf*, »Einführung in die Interpretation historischer Quellen. Schwerpunkt Mittelalter«, Paderborn 1991, und *Bernd-A. Rusinek, Volker Ackermann* und *Jörg Engelbrecht* (Hg.), »Einführung in die Interpretation historischer Quellen. Schwerpunkt: Neuzeit«, Paderborn 1992. Als Anleitung zur wissenschaftlichen Arbeit und zum kritischen Umgang mit den Quellen bleibt *Wilhelm Bauer*, »Einführung in das Studium der Geschichte«, Tübingen ²1928, unübertroffen.

Eine besondere Gruppe bildet die große Zahl von Einführungen in spezielle Bereiche der Geschichtswissenschaft, z.B. *Arthur E. Imhof*, »Einführung in die Historische Demographie«, München 1977; *Rolf Walter*, »Einführung in die Wirtschafts- und Sozialgeschichte«, Paderborn 1994; *Eberhard Schmitt*, »Einführung in die Geschichte der Französischen Revolution«, München ²1980; *Gerhard Schulz*, »Einführung in die Zeitgeschichte«, Darmstadt ²1997.

2. Literatur zur Theorie der Geschichtswissenschaft

Genau genommen kann der Historiker gar nicht wissenschaftlich arbeiten, ohne sich zugleich theoretisch zu verhalten. Jede kritische Prüfung der eingeschlagenen Methode oder der gewählten Argumentationsform ist notwendig ein Stück theoretischer Reflexion. Wo derartige Reflexionen systematisch erfolgen und sich ins Grundsätzliche wenden, entsteht Literatur zur Theorie der Geschichtswissenschaft.

Unter dem Titel »Historik« hat einst *Johann Gustav Droysen* 1868 seine »Vorlesungen über Enzyklopädie und Methodologie der Geschichte« veröffentlicht. Unter den jüngsten Entwürfen einer Historik sei das dreibändige Werk von *Jörn Rüsen* genannt: »Historische Vernunft«, Göttingen 1983; ders.,

»Rekonstruktion der Vergangenheit«, Göttingen 1986; ders., »Lebendige Geschichte«, Göttingen 1989. Unter Historik versteht Rüsen dabei »eine Reflexion des historischen Denkens, durch die dessen Verfassung als Fachwissenschaft in den Blick kommt« (»Historische Vernunft«, S. 21). Theorie der Geschichte ist nicht zu verwechseln mit denjenigen Richtungen der Geschichtsphilosophie, die wie Hegel, Marx, Toynbee oder Spengler Aussagen über das Ganze der Geschichte wagen. Vielmehr geht es um die Analyse dessen, was die wissenschaftliche Historie leisten kann, welche Urteile ihr möglich, wie sicher ihre Aussagen sind usw. Dementsprechend heißt diese Philosophie der Geschichte analytisch.

Ein grundlegendes Werk der analytischen Schule ist *Arthur C. Danto*, »Analytische Philosophie der Geschichte«, Frankfurt 1974. Eine zentrale Frage der Theorie der Geschichte kreist um die Möglichkeit von Erklären und Verstehen. Mit dem Problem des Verstehens in den Geisteswissenschaften beschäftigt sich die philosophische Disziplin der Hermeneutik. Das beherrschende Werk der Hermeneutik ist *Hans-Georg Gadamer*, »Wahrheit und Methode«, Tübingen 1960. Eine vergleichende Diskussion der Verstehenslehre und der Erklärungstheorie auf knappem Raum findet sich bei *Günther Patzig*, »Erklären und Verstehen. Bemerkungen zum Verhältnis von Natur- und Geisteswissenschaften«, in: Neue Rundschau 84 (1973), S. 392–413, ausführlicher bei *Thomas Haussmann*, »Erklären und Verstehen. Zur Theorie und Pragmatik der Geschichtswissenschaft«, Frankfurt 1991. Eine besondere Perspektive erörtert *Hermann Lübbe*, »Was heißt: »Das kann man nur historisch erklären«?«, in: ders., »Geschichtsbegriff und Geschichtsinteresse. Analytik und Pragmatik der Historie«, Basel 1977, S. 35–47.

Theoretische Reflexionen sind gerade am Anfang um so leichter zugänglich, je stärker sie mit Anschauung gefüllt sind. Unter diesem Gesichtspunkt ragen aus der Reihe der Theoriedarstellungen zwei Werke hervor, deren Autoren sich zugleich und in erster Linie als Historiker hohes Ansehen erworben haben: *Theodor Schieder*, »Geschichte als Wissenschaft. Eine Einführung«, München 1965; und *Karl-Georg Faber*, »Theorie der Geschichtswissenschaft«, München 1971. Überwiegend praxisnah geschrieben ist auch das ebenfalls von Historikern herausgegebene und großenteils auch verfaßte Sammelwerk »Theorie der Geschichte. Beiträge zur Historik«, hg. von *Reinhart*

Koselleck u. a., München 1977–1990. Unter Berücksichtigung der im Hauptteil des vorliegenden Bandes behandelten Fragen seien eigens genannt Band 1: *Reinhart Koselleck / Jörn Rüsen* (Hg.), »Objektivität und Parteilichkeit«, München 1977; Band 3: *Jürgen Kocka / Thomas Nipperdey* (Hg.), »Theorie und Erzählung in der Geschichte«, München 1979; und Band 5: *Christian Meier / Jörn Rüsen* (Hg.), »Historische Methode«, München 1988. Abhandlungen zu Theoriefragen verstecken sich auch sonst vielfach in Sammelwerken. Zwei davon seien zusätzlich genannt: *Theodor Schieder / Kurt Gräubig* (Hg.), »Theorieprobleme der Geschichtswissenschaft«, Darmstadt 1977; und *Pietro Rossi* (Hg.), »Theorie der modernen Geschichtsschreibung«, Frankfurt 1987.

Zu den grundlegenden theoretischen Fragen der Historie gehört auch die Reflexion darüber, was der Begriff *Geschichte* bzw. *Historie* eigentlich heißt und wie es zum heutigen Verständnis von Geschichte gekommen ist. *Reinhart Koselleck* hat als erster die Begriffsgeschichte von »Geschichte« geschrieben; sie findet sich in seinem umfangreichen Artikel »Geschichte, Historie« in *Otto Brunner/Werner Conze/Reinhart Koselleck* (Hg.), »Geschichtliche Grundbegriffe. Historisches Lexikon zur politisch-sozialen Sprache in Deutschland«, Band 2, Stuttgart 1975, S. 593–717. Weitere Abhandlungen zur Theorie der Geschichte vom selben Autor sind gesammelt in *Reinhart Koselleck*, »Vergangene Zukunft. Zur Semantik geschichtlicher Zeiten«, Frankfurt 1979. In diesem Band findet sich unter anderem eine Reflexion über das Verschwinden der Überzeugung, daß die Geschichte als Lehrmeisterin des Lebens dienen könne: *ders.*, »Historia Magistra Vitae. Über die Auflösung des Topos im Horizont neuzeitlich bewegter Geschichte«, ebda., S. 38–66.

3. Literatur zu Methodenfragen

Die Grenzen zwischen Theorie und Methode sind fließend. Idealtypus, Struktur oder Mentalität sind zunächst einmal theoretische Konzepte, die theoretisch ausgewiesen werden müssen. Gleichzeitig bezeichnen Strukturgeschichte oder Mentalitätsgeschichte jedoch verschiedene Ansätze, um vergangene Wirklichkeit zu erschließen, und erweisen sich insofern als unterschiedliche Methoden. Zu den methodischen Problemen der Geschichtswissenschaft gehören auf der anderen Seite jedoch auch praktisch-technische Probleme wie das Aufspüren der für eine bestimmte Untersuchung erforderlichen Akten und Archive oder die korrekte Identifikation eines einzelnen Aktenstücks.

Ein zentraler Text *Max Weber*s für den Begriff des Idealtypus ist der Aufsatz »Die › Objektivität‹ sozialwissenschaftlicher und sozialpolitischer Erkenntnis«, in: *Ders.*,»Gesammelte Aufsätze zur Wissenschaftslehre«, hg. von *Johannes Winckelmann*, Tübingen ²1951, S. 146–214. Im übrigen sei verwiesen auf *Theodor Schieder*, »Der Typus in der Geschichtswissenschaft«, in: *ders.*, »Staat und Gesellschaft im Wandel unserer Zeit«, München ³1974, S. 172–187. Dem Verhältnis von »Typus und Struktur in der Geschichte« ist ein Kapitel in der oben genannten »Theorie der Geschichtswissenschaft« von *Karl-Georg Faber* gewidmet (München 1971, S. 89–108). Von *Theodor Schieder* stammt ein Aufsatz über »Strukturen und Persönlichkeiten in der Geschichte«, in: *ders.*, »Geschichte als Wissenschaft«, München ²1968, S. 157–194. Die Ansätze Fernand Braudels und anderer Historiker der französischen Annales-Schule aufgreifend hat *Werner Conze* die Debatte über die Möglichkeiten und Grenzen der Strukturgeschichte in Deutschland angestoßen mit der Abhandlung »Die Strukturgeschichte des technisch-industriellen Zeitalters als Aufgabe für Forschung und Unterricht«, Köln 1957.

Die Diskussion über den Begriff der Mentalität und das Konzept einer Mentalitätsgeschichte hat in den letzten Jahren in Deutschland an Lebhaftigkeit gewonnen. Zu nennen wären *Volker Sellin*, »Mentalität und Mentalitätsgeschichte«, in: Historische Zeitschrift 241 (1985), S. 555–598, und *ders.*, »Mentalitäten in der Sozialgeschichte«, in: *Wolfgang Schieder/Volker Sellin* (Hg.), »Sozialgeschichte in Deutschland«, Band 3, Göttingen 1987, S. 101–121. Eine Zusammenstellung von Abhandlungen namhafter Historiker zum Thema bietet *Ulrich Raulff* (Hg.), »Mentalitäten-Geschichte. Zur historischen Rekonstruktion geistiger Prozesse«, Berlin 1987. Eine inhaltliche Umsetzung der theoretischen Postulate versucht *Peter Dinzelbacher* (Hg.), »Europäische Mentalitätsgeschichte. Hauptthemen in Einzeldarstellungen«, Stuttgart 1993.

Das in der Mentalitätsgeschichte implizierte Problem der

Wissenssoziologie behandeln bahnbrechend *Peter L. Berger/ Thomas Luckmann*, »Die gesellschaftliche Konstruktion der Wirklichkeit. Eine Theorie der Wissenssoziologie«, Frankfurt 1980. In das Phänomen der Ideologie führt *Hans-Joachim Lieber*, »Ideologie. Eine historisch-systematische Einführung«, Paderborn 1985, ein. Im übrigen ist auf den vom selben Autor herausgegebenen Sammelband hinzuweisen »Ideologie-Wissenschaft-Gesellschaft. Neuere Beiträge zur Diskussion«, Darmstadt 1976. Unter den älteren Darstellungen erscheint besonders lesbar *Theodor Geiger*, »Ideologie und Wahrheit. Eine soziologische Kritik des Denkens«, Neuwied ²1968. Aus der Feder des Kulturanthropologen *Clifford Geertz* sei der Aufsatz »Ideology As a Cultural System« in: *ders.*, »The Interpretation of Cultures. Selected Essays«, New York 1973, S. 193–233, empfohlen.

Die Konzepte Typus und Struktur, Mentalität und Ideologie haben sich vor allem in der Sozialgeschichte als fruchtbar erwiesen. Einen Einblick in Fragestellungen und Methoden der Sozialgeschichte vermitteln *Jürgen Kocka*, »Sozialgeschichte: Begriffe, Entwicklung, Probleme«, Göttingen ²1986, und die bereits genannte Aufsatzsammlung von *Wolfgang Schieder/Volker Sellin* (Hg.), »Sozialgeschichte in Deutschland. Entwicklungen und Perspektiven im internationalen Zusammenhang«, 4 Bände, Göttingen 1986/87. Eine knappe Information auf neuestem Stand bietet *Volker Sellin*, »Sozialgeschichte«, in: »Evangelisches Kirchenlexikon. Internationale theologische Enzyklopädie«, Band 4, Göttingen 1995, Sp. 345–349.

Die Geschichtswissenschaft ist darauf angewiesen, daß von der Vergangenheit etwas überliefert wird. Nur für die jüngste Geschichte, die so weit zurückreicht wie das Gedächtnis der jetzt lebenden Menschen, kann man das Geschehen mit Hilfe der Befragung rekonstruieren. Einen Einblick in die Methode der »Oral History« vermitteln *Lutz Niethammer* (Hg.), »Lebenserfahrung und kollektives Gedächtnis. Die Praxis der ›Oral History‹«, Frankfurt 1980; und *Herwart Vorländer* (Hg.), »Oral History. Mündlich erfragte Geschichte«, Göttingen 1990. Zum Problem der Überlieferung und vor allem der Überlieferungslücken ist lesenswert der anschauliche Aufsatz von *Arnold Esch*, »Überlieferungs-Chance und Überlieferungs-Zufall als methodisches Problem des Historikers«, in: Historische Zeitschrift 240 (1985), S. 529–570.

Die schriftliche Überlieferung wird vor allem in Archiven und Bibliotheken verwahrt. Darum sollte jeder Historiker die Struktur und Arbeitsweise dieser Institutionen kennen. Für das Archivwesen sei zur ersten Orientierung empfohlen *Eckhart G. Franz*, »Einführung in die Archivkunde«, Darmstadt ^{5}1999. In den Umgang mit den Archivalien führt ein *Heinrich Otto Meisner*, »Urkunden- und Aktenlehre der Neuzeit«, Leipzig 1950. Für die Arbeit im Archiv ist eine solide Beherrschung der Hilfswissenschaften unentbehrlich; dazu gehören neben der Urkunden- und Aktenkunde auch Disziplinen wie Chronologie und Paläographie. Den besten Zugang vermittelt *Ahasver von Brandt*, »Werkzeug des Historikers«, Stuttgart ^{15}1998.

Die Grundbegriffe des Bibliothekswesens erschließen *Werner Krieg*, »Einführung in die Bibliothekskunde«, Darmstadt ^{2}1990, und *Rupert Hacker*, »Bibliothekarisches Grundwissen«, münchen ^{6}1992. Der wachsenden Bedeutung des Internet entsprechend seien hierzuu die folgenden Einführungen genannt: *Christian von Ditfurth*, »Internet für Historiker«, Frankfurt/New York ^{3}1999; *Andreas Ohrmund/Paul Tiedemann*, »Internet für Historiker. Eine praxisorientierte Einführung«, Darmstadt 1999.

Aus der Fülle der Literatur zur Praxis des Sammelns und zur Geschichte des Museums seien genannt *Krzysztof Pomian*, »Der Ursprung des Museums. Vom Sammeln«, Berlin 1993; *Andreas Grote* (Hg.), »Macrocosmos in Microcosmo. Die Welt in der Stube. Zur Geschichte des Sammelns 1450 bis 1800«, Opladen 1994; *Gudrun Calov*, »Museen und Sammler des 19. Jahrhunderts in Deutschland«, in: Museumskunde 38 (1969), S. 1–196; schließlich *Walter Hochreiter*, »Vom Musentempel zum Lernort. Zur Sozialgeschichte deutscher Museen 1800–1914«, Darmstadt 1994.

Bei Bauten obliegt die Erhaltung der Überlieferung dem Denkmalschutz. Einen Zugang zu diesem Aufgabenbereich vermittelt *Gottfried Kiesow*, »Einführung in die Denkmalpflege«, Darmstadt 1982.

Soviel mag zur Vertiefung der Einführung genügen. Wer auch nur ein Viertel der empfohlenen Werke gelesen hat, ist über die Vorhöfe ohnehin längst hinaus, und wer das Lesen noch vor sich hat, den wird schon die Ungeduld packen, weil er endlich anfangen will.

Systematisches Register

Akten 47–49, 52f., 62–67, 93, 215
Aktenplan 66
Allgemeine Geschichte 180, 183
Alltagssprache 128
Altertum 100, 198f.
Anachronismus 14, 136–138
Analyse 122, 212f.
Analytische Schule 213
Anmerkungen 123
Anmerkungsapparat 10, 15, 117, 121
Annales 165f., 216
Antike 56
Archäologie 86
Archiv 50, 52, 54, 63–67, 90, 92, 94, 116, 191, 215, 217
Archivar 66f.
Argument 11, 17f., 27, 35, 72–74, 76, 80, 117, 186, 202–207, 209
Artikel 120, 175, 215
Aufsatz 15, 82, 119–122, 173, 215–217

Bedeutungserwartung 73–75
Befragung 86, 217
Begriff 9, 12f., 33, 36f., 39, 47, 104, 108, 111, 122, 127f., 131f., 134–138, 140, 144–147, 149, 154, 175–177, 182, 189f., 194, 205, 211, 214, 217
Begrifflichkeit 104, 133f., 136
Begriffsbildung 143
Begriffsgeschichte 12, 137f., 175f., 215
Besprechung 121
Betreff 67
Bevölkerungsgeschichte 153
Bewertung 17, 25f.
Bewußtseinsgeschichte 137

Bibliographie 15, 119–121, 123, 211f.
Bibliothek 11, 50, 54f., 57–59, 61, 65f., 68f., 123f., 217f.
Bildungsgeschichte 170
Biographie 12, 24, 31, 33, 43, 48, 93, 119, 123, 207
Brief 49–51, 54, 85

Chronologie 217

Darstellung 10f., 15, 49, 69, 78, 93, 108, 115, 117f., 123, 126, 128, 135, 137, 187, 193, 214, 216
Daten 7, 69f., 91, 94, 131
Dauer 150–152, 165
Definition 44, 115, 126f., 140
Denkmal 11, 56, 60f., 206
Denkmalpflege, Denkmalschutz, 61f., 218
Deutsches Wörterbuch 62
Diplomatiegeschichte 170f., 173
Dokument 51, 63f., 87
Dokumentation 86f., 97
Dossier 66

Echtheit 48, 85
Edition 50–52, 123
Einführung 7, 9–13, 15, 211–214, 216–218
Einleitung 117, 121
Ereignisgeschichte 150–152
Erklären 28f., 98, 101, 103f., 106, 108, 110f., 135, 214
Erklärung 28–31, 38, 73, 76, 91, 94, 99–102, 106–111, 126, 134–137, 157, 186
Erklärungsmodell 38
Erzählung 27, 108, 214
Explanandum 102, 109
Explanans 102, 106, 109

219

Fachsprache 126f.
Fälschung 85
Findbuch 66
Forschung 12, 14, 21, 28f., 47, 66, 86, 91f., 96f., 105, 113f., 116, 121, 168, 191, 193
Forschungsinstitut 186
Forschungsstand 117, 121
Fragestellung 12, 25, 49, 67, 71f., 78, 81, 85, 90–95, 116f., 121, 169, 183, 191–193, 195, 217

Gattung 45, 119, 140
Gattungsbegriff 140f.
Geistesgeschichte 92, 170, 183
Geisteswissenschaften 101, 103, 106, 214
Gemeinsprache 126–128
Gesamtdarstellung 193
Geschäftsschriftgut 48f.
Geschichte 9, 11, 13f., 21, 24, 27f., 33, 36, 42, 45, 50, 54–59, 61f., 65, 86, 89, 98, 100f., 115, 118, 136, 159, 162, 164, 170–174, 177, 183–188, 190–192, 196–218
Geschichte von unten 86
Geschichtsbild 168
Geschichtsphilosophie 42, 213
Geschichtsschreibung 20, 86, 113, 188, 214
Geschichtswissenschaft 7, 9–14, 17, 29–31, 38, 42, 44f., 47f., 50, 73, 83–87, 89, 93–96, 114, 118f., 126f., 135, 141, 169–172, 174, 179f., 183, 185–189, 192f., 195, 201–203, 212–217
Gesellschaft 24, 46, 86f., 89, 92, 148, 150f., 153, 155, 158, 161, 163f., 167f., 173–184, 204, 207, 212, 215f.
Gesellschaftsgeschichte 182
Gesetz, allgemeines 95, 102f., 106–109, 135
Gesetzmäßigkeit 94

Handbuch 15, 67, 69, 115, 119
Handschrift 51, 57f.

Herausgeber 51f.
Hermeneutik 104, 109, 214
Heuristik 105
Hilfsmittel 12f., 67, 119, 123, 144, 147, 212
Hilfswissenschaften 212, 217
Historie 47, 54, 95f., 98, 126, 130, 152, 169f., 194, 197, 200f., 203, 205–207, 209, 213–215
Historik 213f.
Historische Demographie 213
Historischer Sinn 56
Historismus 56, 61, 201
Hypothese 77, 191, 194

Idealtypus 142–147, 152, 215
Ideengeschichte 171
Identifikation 33, 39, 110
Identifikationsmodell 38
Identifikationsurteil 72f.
Ideologie 10, 14, 154–164, 167–169, 203, 216f.
Ideologiekritik 203, 205
Industriearchäologie 86
Information 69
Interpretation 12, 14, 19–21, 23, 30, 37, 52, 69, 123, 169, 212, 216

Kassation 67
Katalog 66
Kategorie 40, 74, 90f., 94, 102, 132, 136, 158, 183
Kausalität 40, 102, 194
Kausalitätsurteil 40f.
Klassifikation 140f.
Kolonialgeschichte 170, 172
Konversationslexikon 120
Korrespondenz 65f., 123
Kritik 96, 195, 209, 216
Kultur 54, 158, 171, 179
Kunstgeschichte 86, 170, 180, 183

Lebensverdienstkurve 91, 94, 96
Lebenswahrscheinlichkeit 94f.
Lebenswelt 163
Lektüre 15, 50f., 53, 71, 105, 122f., 198

Lexikon 119, 123, 175, 215
Lexikonartikel 15, 115, 175
Liedersammlung 62
Literatur 7, 10, 14, 39, 50, 67, 70f., 113–115, 117, 119–123, 183, 186, 211, 213, 215
Literaturangabe 15, 211
Literaturbericht 120
Literaturgeschichte 114, 180, 183
Literaturverzeichnis 121
Literaturwissenschaft 113

Magazin 67
Manuskript 7, 51, 120
Maßstab 36, 42f.
Memoiren 49, 123
Mentalität 14, 96, 151, 154f., 157, 162–167, 215–217
Mentalitätsgeschichte 12, 91f., 96, 151, 163, 165f., 173, 183, 188, 215f.
Methode 7, 9, 11–15, 53, 83–87, 89–96, 109, 113f., 122, 136f., 167, 187, 189, 192, 211-215, 217
Militärgeschichte 171
Mittelalter 9, 18, 58, 61, 136, 139, 206, 212
Monographie 119, 188
Monumenta Germaniae Historica 59
Museum 11, 45, 54, 58f., 61, 218
Musikgeschichte 183

Nachlaß 65
Nachprüfbarkeit 10, 106f., 116f.
Nachweis 15, 36, 116, 186, 188, 194
Nationalmuseum 62
Naturgesetz 102, 161
Naturwissenschaften 101–103, 106, 194, 214
Neuzeit 13, 49, 55, 99, 136, 183, 188, 198, 212, 217

Objektivität 14, 142, 153, 169, 185–190, 194f., 214f.
Oral History 12, 86, 217

Paläographie 217
Paradigma 80
Perspektivität 191, 194
Pertinenzprinzip 66
Philologische Methode 85f.
Philosophie 101, 183, 197, 213
Plausibilität 30, 74, 79, 94, 103, 106, 186, 188
Politik 41, 46, 49, 52f., 89, 110, 131f., 138f., 171f., 174f., 179–184, 186, 188, 198f., 204, 207
Politische Geschichte 12, 86, 89, 150f., 171f., 174, 180-182
Primärliteratur 113
Protokoll 45, 65f., 84
Provenienzprinzip 66

Quelle 14, 44–53, 55, 59, 61f., 67, 70, 83–87, 90, 92f., 95, 113–117, 119, 121, 123, 137f., 186–188, 192, 212f.
Quellenbegriff 138
Quellenedition 44, 50
Quellenkritik 44, 47
Quellenkunde 212
Quellensprache 138
Quellen- und Literaturverzeichnis 10, 117

Rationalisierung 155, 160
Realgeschichte 137
Rechtsgeschichte 170, 180
Rechtswissenschaft 87f., 95, 126
Regest 51
Register 51
Registratur 65–67
Rekonstruktion 189, 216
Repertorium 66
Rezension 120f.

Sachakte 66
Sammelband 119, 121, 216
Sammeln, Sammlung 11, 56–59, 61f., 69, 218
Schrift 52, 104, 205
Sekundärliteratur 113
Semantik 85, 215

221

Semiophoren 58
Serie 66
Sozialer Wandel 164
Sozialgeschichte 11f., 67, 150f., 173, 180–182, 184, 216–218
Sozialstruktur 141f., 147, 166
Sozial- und Wirtschaftsgeschichte 86, 213
Sozialwissenschaften 86
Soziologie 87, 166, 169
Speicher 69
Spezialgeschichte 180, 182f.
Sprache 12, 14, 36, 104, 109, 111, 117, 119, 125f., 128, 130, 132–138, 154, 166, 176, 205, 215
Staat 17f., 30, 46, 54, 60–65, 74, 76f., 80, 87, 114, 130, 133f., 150, 171–179, 181f., 198, 203–205, 215
Staatengeschichte 171, 180
Staatensystem 172
Stadtgeschichte 183
Struktur 14, 72, 88, 99, 104, 108, 136, 140–142, 147–152, 154–156, 163, 165f., 173, 203, 215–217
Strukturgeschichte 12, 122, 148, 150–152, 215f.
Strukturkonflikt 148f.
Studienausgabe 51
Subjektivität 13, 185, 187–191
Symbol 24, 27, 107
Synthese 115, 193

Tagebuch 49f., 54, 85, 123
Tatsache 13f., 17–23, 25, 27–32, 36–38, 44–47, 50, 52f., 56, 69f., 73, 79, 95, 102, 118, 154, 163, 167, 187, 189f., 194, 205, 212
Tatsachenwissen 69
Terminologie 133, 137
Testament 92
Theorie 12, 142f., 151, 167, 211–216
These 52, 74, 76–80, 114, 118, 167, 172, 187, 203f.
Tradition 18, 45, 48f., 61, 68, 70, 86, 101, 105, 109, 125, 145, 168, 183, 195, 206f.
Traditionsquelle 48f.

Transskription 50
Typus 14, 96, 140–142, 144–147, 164, 215, 217

Überlieferung 45, 48f., 52, 55–57, 61, 67, 86f., 217f.
Überrest 48f., 68
Überrestquelle 48
Umwelt 10, 46, 55
Untersuchung 96, 188
Urkunde 62–65
Ursache 29, 39, 41f., 71f., 100, 102f., 107
Urteil 13–15, 32f., 35–42, 44, 70, 72, 94, 109, 122, 127, 133–135, 144, 187, 189–191, 193, 201f., 204f., 213

Variante 52
Verfassungsgeschichte 97, 136, 138f., 171, 173
Vergangenheit 14, 17, 20, 32, 44, 46, 55f., 59, 61, 64, 67, 99, 136, 170, 178, 189–191, 197, 199–203, 213, 217
Vergleich 35f., 38, 122, 134, 141f., 145
Verifikation 36f., 70
Verstehen 10, 95, 98, 101, 103–106, 108–112, 136, 214
Vorurteil 109, 186

Werturteil 40f.
Wirkungsgeschichte 26
Wirtschaft 87–89, 151, 153, 157, 179, 212
Wirtschaftsgeschichte 89, 170, 180
Wirtschaftstheorie 90, 106, 143
Wirtschaftswissenschaft 87, 89, 95
Wissenschaft 9, 13f., 17, 20, 29f., 38, 56, 67, 69f., 72, 79, 81, 85, 87, 89, 95f., 102, 122, 125f., 144, 167, 169–171, 179, 185, 191, 195f., 211, 216
Wissenschaftssprache 125
Wissenschaftstheorie 102
Wissenssoziologie 163, 216
Wörterbuch 119

Zeit 54, 60, 66, 76, 107, 112, 115, 118, 134, 150, 192, 197f., 201, 206, 208, 215
Zeitebene 149, 152
Zeitgeschichte 213
Zeitschrift 119–121, 123, 166, 186, 216
Zeitung 49, 55, 69
Zeitzeuge 86
Zeuge 86
Zeugnis 55f., 85
Zukunft 68, 81, 114, 178, 199, 203, 205
Zweckmäßigkeitsurteil 40f.